PETITES HISTOIRES DES EXPRESSIONS

Gilles Henry

L'habit ne fait pas le moine

Marianne Tillier

Les expressions de nos grands-mères

Isabelle Korda

Dans les bras de Morphée

ÉDITIONS FRANCE LOISIRS

TEXTES INTÉGRAUX

L'HABIT NE FAIT PAS LE MOINE :
La première édition de cet ouvrage a paru chez Tallandier sous le titre : *Petit dictionnaire des expressions nées de l'histoire*

LES EXPRESSIONS DE NOS GRANDS-MÈRES :

DANS LES BRAS DE MORPHÉE :
L'éditeur et l'auteur remercient Caroline Pichon pour sa participation à l'établissement de l'édition.

Édition du Club France Loisirs,
avec l'autorisation des Éditions Points et Tallandier

Éditions France Loisirs,
123, boulevard de Grenelle, Paris
www.franceloisirs.com

ISBN : 978-2-298-03893-4

L'habit ne fait pas le moine

A, B, C,
C'est ainsi que commencent toujours
les dictionnaires…

À bâtons rompus

Il existe de nombreuses expressions dans lesquelles le bâton a son importance : bâton de vieillesse, de commandement, de chantre, de prieur, de Jacob, de chaise, de cire, de réglisse, de foc, etc. On l'utilise beaucoup, y compris lorsque l'on *met des bâtons dans les roues…*

Ainsi, une tapisserie (ou un parquet) était *à bâtons rompus* quand elle présentait un « dessin composé d'une succession de traits et de lignes enchevêtrés, non réguliers ». Une batterie de tambour *à bâtons rompus* était exécutée en donnant « deux coups de suite avec chaque baguette, produisant un roulement inhabituel ».

De ces notions de rupture, de saccades, est sorti le sens actuel de l'expression, signifiant : « sans suite, avec des interruptions nombreuses » et s'applique surtout à la conversation *(mener une conversation à bâtons rompus)*.

À brûle-pourpoint

Dans *Les Femmes savantes*, Molière écrit : « […] une femme en sait toujours assez, quand la capacité de son esprit se hausse, à connaître un pourpoint d'avec un haut-de-chausse ».

Le *pourpoint* était un « vêtement constitué d'une double peau rembourrée de laine ». À l'origine, c'étaient surtout les guerriers qui s'en servaient pour se couvrir la poitrine et le dos : le pourpoint se glissait sous la cuirasse.

Peu à peu, le pourpoint devint vêtement de ville ; on y ajouta des manches, un collet, des basques. Son usage dura environ trois siècles.

Tirer sur quelqu'un à brûle-pourpoint, en termes militaires, voulait dire « tirer un coup de feu sur son ennemi, mais de si près qu'on en brûlait le pourpoint ».

L'expression, aujourd'hui, signifie que l'on « accomplit une action brusquement, sans prévenir et sans ménagement ».

À chaque fou sa marotte

C'est le bon Furetière qui le disait : « À chaque fou sa *marotte* » ... Le mot venait du dialecte normand et qualifiait une « petite fille » – à l'origine appelée Marie. Peu à peu, la *marotte* commença à désigner une « espèce de sceptre surmonté d'une tête coiffée d'un capuchon multicolore à grelots » qui devint l'attribut de la folie.

Charles V Le Sage (1337-1380), tout en combattant les jacqueries et les routiers, se montra bâtisseur et amateur de belles choses ; pour se distraire de ses tâches, il décida de s'attacher les services d'un bouffon, personnage petit, contrefait, laid, mais à l'esprit vif, jamais à court de plaisanteries.

Le fou sut distraire le roi, tant par ses pitreries que par les vérités qu'il distillait. Or, ce personnage avait pour attribut une *marotte* ; ses successeurs maintinrent la tradition, y compris Le Fleurial, plus connu sous le nom de Triboulet, être difforme né à Blois, que Louis XII prit en pitié et qui sut aussi donner de belles reparties à François Ier. Plus tard, il inspirera Victor Hugo.

Alors, *à chaque fou sa marotte*, c'est-à-dire, « à chacun sa manie »...

Acheter chat en poche

Le chat est un animal mystérieux qui a toujours fasciné les hommes. Les artistes et les écrivains aiment à s'entourer de ces félins à l'échine douce qui peut changer brusquement d'aspect.

Au Moyen Âge, le chat avait aussi la réputation d'un animal diabolique. Il arrivait que l'on en vende sur la place ; ils étaient alors enfermés dans un sac, autrement dit une poche que le vendeur ne prenait pas la peine d'ouvrir : l'animal gigotait suffisamment pour que l'acheteur soit persuadé qu'il s'agissait bien d'un chat.

Acheter chat en poche signifie « acquérir un objet sans le voir » ou « conclure une affaire sans même l'examiner ».

À la queue leu leu

Exista-t-il au cours des siècles passés un animal inspirant davantage la peur que ce « quadrupède carnassier et sauvage ressemblant à un grand chien » ? Les témoignages sont innombrables qui racontent les ruses que l'homme et le loup déployaient l'un contre l'autre. C'est que chacun cherchait à manger…

Mais il y avait plusieurs races de loup : le loup commun, au pelage gris fauve, à l'œil jaunâtre, au corps mince, le loup au pelage roux, plus solitaire, le loup indien ou le loup d'Abyssinie.

Autant dire que les expressions ne manquent pas, qui mettent en scène ce redoutable animal : *avoir une faim de loup*, *marcher à pas de loup*, *avoir vu le loup*, *la faim fait sortir le loup du bois*, *il faut hurler avec les loups*, *quand on parle du loup, on en voit la queue*, *il fait un froid de loup*, *les loups ne se mangent pas entre eux*, etc.

Lorsqu'ils étaient en bande, affamés, ils se groupaient autour d'un chef et attaquaient les troupeaux comme les hommes. Alors, les loups (*leu* en vieux français) couraient l'un derrière l'autre, la tête de l'un derrière la queue de l'autre, *à la queue du loup le loup*, expression devenue peu à peu *à la queue leu leu*… Aujourd'hui, heureusement, comme le dit la comptine, « le loup n'y est plus ».

Aller au diable Vauvert

Ancien repaire de brigands, le château de Vauvert, près de Paris, jouit longtemps d'une mauvaise réputation. *Aller au diable Vauvert* signifiait donc « sortir de la capitale avec tout ce que cela comportait de dangers ».

Aller au diable Vauvert, c'est « partir loin en dépit des risques du voyage ».

Allô

Cette interjection que l'on prononce à chaque fois que nous utilisons le téléphone pourrait passer pour une création moderne. Il n'en est rien.

Certains pensent à une déformation de « Allons », manière un peu curieuse d'entamer une conversation. D'autres avancent qu'il s'agit plutôt du cri « Au loup ! » lancé par les Normands lorsqu'ils se furent installés en Angleterre. En effet, les bergers du Leicestershire s'appelaient ou appelaient leurs troupeaux par des « halloo » (rien à voir avec les loups !) et c'est ce mot qui aurait fini par devenir *Allô*.

Guillaume le Conquérant n'imaginait certainement pas que ses hommes contribueraient sans le savoir aux communications internationales du XXe siècle.

Une année sabbatique

Moïse institua le repos du sabbat pour les hommes et les animaux, mais également un temps de repos, tous les sept ans, pour les terres qu'on laissait en jachère.

Cette institution fut reprise dans une acception moderne et *une année sabbatique* est aujourd'hui un « temps qu'il est possible de demander à un employeur pour réaliser un projet personnel ». Hélas, tous les salariés n'y ont pas encore droit… pas même tous les sept ans.

À Pâques ou à la Trinité

Pâques est la fête de la résurrection du Christ ; le nom, comme le dit saint Paul, vient de l'usage juif de faire la pâque, c'est-à-dire de manger de l'agneau, rappelant le dernier repas des apôtres avec leur Maître. Quant à la Trinité, l'Église la célèbre le premier dimanche après la Pentecôte, Pâques et Trinité étant séparées de neuf semaines.

1709. La bataille de Malplaquet permet à Lord Churchill, le duc de Marlborough, de l'emporter sur Villars. Aussitôt après, une chanson fut composée (rappelant une vieille chanson espagnole dont la version française aurait existé du temps des Croisés en Égypte), la *Chanson de Marlborough* : « Il reviendra z-à Pâques… ou à la Trinité. »

Les deux termes ont figuré, en fait, dans des ordonnances édictées par le roi de France au

XIIIe siècle, comme échéances de ses propres dettes. Bien souvent, ces dernières n'étaient pas payées à Pâques et restaient insoldées à la Trinité. Peu à peu, ces dettes furent considérées comme perdues, les échéances semblèrent illusoires et sujettes à caution. Cela ne pouvait qu'augmenter le succès de la chanson et, partant, de l'expression.

À Pâques ou à la Trinité signifie « dans un avenir lointain, indéterminé, autant dire : jamais ».

Après nous le déluge !

Devenue la maîtresse du roi en septembre 1745, Mme de Pompadour joua jusqu'en 1764 un grand rôle à la cour de Louis XV, favorisant les lettres et les arts (le « style Pompadour »), soutenant Voltaire et les encyclopédistes, mais ne parvenant pas à se faire aimer du peuple.

Elle réussit à imposer le maréchal de Soubise à la tête des troupes qui combattirent durant la guerre de Sept Ans ; le 5 novembre 1757, à Rossbach (près de Leipzig), le roi de Prusse Frédéric II, dont les troupes étaient inférieures en nombre, réussit à s'imposer à Soubise, incapable de coordonner l'action de ses hommes. Le soir, 67 canons, 15 étendards et 7 drapeaux français faisaient défaut : un désastre !

On se moqua ouvertement du favori de la Pompadour et d'elle-même, mais elle garda contenance. Alors que le roi venait lui rendre visite, triste, accablé, et qu'elle tenait la pose devant La Tour, qui la peignait, elle déclara : « Il ne faut point s'affliger : vous tomberiez malade. *Après nous le déluge !* »

On emploie toujours cette expression pour signifier que l'« on se moque de ce qui nous survivra et au-delà, pour assumer les risques d'une entreprise et ne pas se soucier de ses conséquences ».

Une auberge espagnole

Jadis, les pèlerins qui se rendaient à Saint-Jacques-de-Compostelle venaient des quatre coins de l'Europe et toutes les nationalités étaient représentées dans les auberges où ils faisaient étape. Cette idée de mélange des peuples s'est élargie et *une auberge espagnole* est aujourd'hui un « lieu où l'on trouve de tout, où l'on peut rencontrer n'importe qui ».

De l'audace, encore de l'audace, toujours de l'audace !

Fils d'un procureur au bailliage, Georges Danton naquit à Arcis-sur-Aube en 1759 et après des études de droit à Paris, s'inscrivit au barreau de la capitale. Son mariage lui permit de s'établir et il adopta les idées nouvelles avec ardeur, présidant le district des Cordeliers avant de fonder le club du même nom en 1790. C'était un redoutable orateur, que l'on soupçonna toutefois d'avoir été acheté par les Anglais ou par la famille royale.

Obligé d'ailleurs de fuir en Angleterre, il fut élu substitut au procureur de la Commune à son retour ; siégeant à la fois au Conseil exécutif et à la commune insurrectionnelle, Danton sut garder le sang-froid nécessaire à l'approche des Prussiens. Face à l'invasion, il empêcha le gouvernement de quitter Paris, envoya en province des commissaires chargés de galvaniser les énergies et surtout de recruter des volontaires, fit enfin arrêter 3 000 suspects dans la capitale.

Le 2 septembre 1792, il convoqua les volontaires au Champ-de-Mars puis prononça à l'Assemblée ces paroles : « Le tocsin qu'on va sonner n'est point un signal d'alarme, c'est la charge sur les ennemis de la patrie. Pour les vaincre, il nous faut *de l'audace, encore de l'audace, toujours de l'audace*, et la France est sauvée ! »

Avoir de la branche

Le sens commun dit que l'« on ne peut pas toujours avoir de la chance ». Beaucoup, aujourd'hui, se contentent d'*avoir de la branche*...

À l'origine, cette expression s'appliquait au cheval ; *avoir de la branche* voulait dire que l'animal avait la « tête petite, le garrot long, le cou flexible » ; en un mot, qu'il avait une « certaine élégance ».

Cette idée s'est déplacée dans le vocabulaire généalogique où, certes, les branches sont bien connues, puisqu'elles désignent les différentes familles issues d'un ascendant commun : branche aînée, cadette, puînée, se subdivisant le cas échéant en rameaux, et ainsi de suite.

Généalogie et élégance ne pouvaient que donner une expression évoquant une classe évidente ; ainsi naquit, au XXe siècle, l'expression *avoir de la branche*, qui signifie aujourd'hui : « avoir de la distinction, de la classe », voire appartenir à une famille ou une « maison » noble.

Avoir des yeux de lynx

Dans la mythologie grecque, Lyncée, fils d'Apharée, l'un des Argonautes, était célèbre par sa vue perçante qui lui permettait de voir ce qui se passait au ciel et dans les enfers à travers les nuages et même les murs les plus épais. Lyncée fut tué par Pollux qui se vengeait ainsi du meurtre de son frère Castor.

Lyncée est resté dans la légende en tant que pilote du navire *Argo* : ce regard exceptionnel qui était le sien lui permettait de voir à travers buissons, rocs et bois, ce qui fut pratique au chasseur qu'il était.

Il semble que Malherbe ait été le dernier à utiliser Lyncée dans cette expression ; le langage populaire l'a transformée en *œil de lynx*, animal connu dans la plus haute Antiquité et réputé pour sa vue perçante.

Le lynx, ou loup-cervier, n'a pas en fait une acuité visuelle supérieure à celle du chat, mais l'expression s'est imposée par analogie, qui signifie : « avoir des yeux vifs et perçants », « voir clair dans les affaires, dans la manière d'être d'autrui ».

Avoir la foi du charbonnier

Kierkegaard a écrit : « La foi est la plus haute passion de tout homme. » À sa manière, le bûcheron le prouve ainsi que nous le montre Fleury de Bellingen qui, en 1656, aimait raconter le conte que voici :

Le Diable, un jour, demanda à un malheureux charbonnier :

— Que crois-tu ?

Le pauvre hère répondit :

— Toujours je crois ce que l'Église croit.

Le Diable insista :

— Mais à quoi l'Église croit-elle ?

L'homme répondit :

— Elle croit ce que je crois.

Le diable eut beau insister, il n'en tira guère plus et se retira confus devant l'entêtement du charbonnier.

Avoir la foi du charbonnier, c'est « posséder une conviction absolue, naïve, sincère, avoir une foi simple qui ne se discute en aucune façon ». Georges Brassens l'a chanté :

> J'voudrais avoir la foi, la foi d'mon charbonnier
> Qu'est heureux comme un pape et con comme un panier...

On ne saurait tout avoir...

Avoir l'air de revenir de Pontoise

Connaissez-vous Pontoise ? La ville est située à une vingtaine de kilomètres de Paris – cela est proche aujourd'hui, mais jadis c'était déjà le bout du monde –, dont le faubourg s'appelle Saint-Ouen-l'Aumône.

Pontoise possède une belle église du XIIe siècle consacrée à saint Maclou ; cette ancienne capitale du Vexin fut le siège des états généraux de 1561 et servit de refuge à Louis XIV enfant pendant la Fronde ainsi qu'au parlement exilé en 1732.

Pour beaucoup, le fait de revenir de cet exil suffisait à justifier l'expression : *avoir l'air de revenir de Pontoise*, « avec un air ahuri et quelque peu marri ».

En fait, il est beaucoup plus probable que les habitants de Pontoise – comme ceux de Chaillot d'ailleurs – ne sont pas plus « ahuris » que d'autres ; ils sont simplement l'objet d'une plaisanterie facile de la part des Parisiens qui les voient comme de « gentils » provinciaux, toujours un peu lourdauds.

Quoi qu'il en soit, *avoir l'air de revenir de Pontoise* veut dire « avoir l'air ahuri ».

Avoir le béguin

Bien que le fait soit douteux, on s'accorde à considérer le nommé Lambert Le Bègue comme fondateur, au XIIe siècle, du premier couvent de béguines, religieuses du tiers-ordre de Saint-François, surtout connu en Belgique, à Liège.

La « coiffe » de ces dernières était « de toile fine » et fut appelée *béguin* ; il en sortit une première expression *être coiffé*, signifiant « être réduit à merci par quelqu'un » puis, de ce sens qui est venu interférer celui de la coiffure béguine, est sortie, au XVIe siècle, l'expression *avoir le béguin*, qui signifie « être amoureux ».

Avoir l'esprit d'escalier (ou dans l'escalier)

Vous n'avez pu répondre à une insolence, vous êtes resté muet face à des arguments de poids, vous n'avez su vous défendre, ne trouvant pas les mots qu'il eût fallu. Or, en rentrant chez vous, miracle, tout devient facile et le regret vous torture de ne pas avoir pensé plus tôt à telle réplique qui aurait joué en votre faveur. « J'aurais dû lui dire... », « j'aurais pu objecter... », « je n'ai pas pensé à lui rappeler que... ». Mais c'est trop tard. Vous avez de l'esprit, certes, mais il s'est exprimé avec un fatal décalage.

Jean-Jacques Rousseau connaissait bien cela, lui qui se plaignait de ne trouver la bonne formule, la bonne idée, la réplique efficace, seulement *dans l'escalier* des demeures où il avait passé des soirées aimables ou orageuses. Il rentrait chez lui, dévalait l'escalier de ses hôtes et son esprit alors s'illuminait. C'était trop tard !

Avoir l'œil américain

Fenimore Cooper (1789-1851) fut le plus populaire des romanciers américains ; il raconta d'extraordinaires aventures d'Indiens et de pionniers, comme *Le Dernier des Mohicans ;* le succès d'*Œil-de-Faucon* fut énorme ; c'était un Indien d'Amérique qui avait l'habitude de regarder de côté, en ayant l'air de regarder face à lui, et qui, ainsi, repérait ennemis ou animaux.

Avoir l'œil américain, c'est « regarder obliquement, avec une acuité particulière, tout en leurrant l'adversaire ».

Avoir maille à partir

Venue tout droit du latin, la *maille* était une « monnaie de billon valant la moitié d'un denier, formée de 95 % de cuivre, 4 % d'étain et 1 % de zinc ».

La moitié d'un denier ! Quand on sait que ce dernier représentait la douzième partie d'un sou tournois ou le tiers d'un liard, on voit que la maille était vraiment une valeur dérisoire… On la retrouve d'ailleurs dans l'expression *n'avoir ni sou ni maille*.

Il était donc quasi impossible de « partir » cette monnaie, c'est-à-dire de la partager encore, sans risquer de faire naître une vive querelle ou un sérieux différend.

Avoir maille à partir signifie « avoir un différend », « être en conflit », et *avoir maille à partir avec la justice* veut dire que l'« on est l'objet de poursuites judiciaires ».

Avoir son bâton de maréchal

Le 8 août 1819, Louis XVIII rendit visite aux élèves de l'école militaire de Saint-Cyr, qui manœuvraient dans la cour du château de Saint-Cloud. Il fut accueilli par le maréchal Oudinot, duc de Reggio (appelé « le Bayard de l'Armée française » par Napoléon), qui avait adhéré à la Restauration et avait été fait pair de France.

Devenir maréchal ! C'était le rêve de tous les militaires que celui de pouvoir un jour posséder ce cylindre orné d'étoiles, insigne du commandement suprême.

En 1819, Oudinot était gouverneur de la 3e Division militaire et major général de la garde royale avec les maréchaux Victor, MacDonald et Marmont (aussi « fidèles » que lui). Le roi fit un discours destiné aux élèves et leur dit : « Rappelez-vous qu'il n'est aucun de vous qui n'ait dans sa giberne le bâton de maréchal du duc de Reggio ; c'est à vous de l'en faire sortir. »

Avoir son bâton de maréchal est, aujourd'hui, « être arrivé à la plus haute situation à laquelle on puisse prétendre » et, partant, « être couronné du succès que l'on attendait ».

Avoir voix au chapitre

Pendant les premiers siècles de l'Église, l'évêque était assisté d'un collège de prêtres, vivant en commun avec lui et formant son conseil. Ces communautés durèrent jusqu'au Xe siècle, puis les prêtres commencèrent à se partager les revenus des églises auxquels ils étaient attachés. La sécularisation prônée par Boniface VIII entraîna leur dissolution, trois siècles plus tard.

Mais certains chanoines, continuant d'apprécier leur mode de vie, poursuivirent leur activité (ce n'est pas pour rien que l'on évoque avec gourmandise le « teint de chanoine », rose, fleuri sinon épanoui), dorénavant séparée entre chanoines réguliers (vivant avec une règle commune) et chanoines séculiers (vivant « dans le siècle ») indépendants de toute règle.

Quoi qu'il en soit, le « collège des chanoines » était appelé *chapitre*, nom qui qualifia également le « lieu de leur réunion » : ainsi y eut-il des chapitres collégiaux et des chapitres cathédraux, au cours desquels les religieux discutaient consciencieusement de leurs affaires.

Chacun d'eux était consulté et avait le droit d'exprimer son opinion – ce dont étaient privés les serviteurs et autres moinillons – : ils avaient *voix au chapitre*. Aujourd'hui, *avoir voix au chapitre*, c'est « être écouté dans un milieu particulier » et, partant, « avoir quelque influence ».

Le baiser de Judas

La tribu de Juda était la plus nombreuse et la plus importante des douze tribus historiques du peuple d'Israël. L'une des villes où vivait la tribu se nommait Carioth.

Judas Iscariote était un des apôtres, le douzième. Né à Carioth, son nom lui était tout naturellement attribué et il aurait pu le porter avec honneur. Hélas ! Il vendit le Christ ; il le trahit pour trente deniers…

Le baiser de Judas est tristement connu : selon le signe convenu pour désigner le Christ à ceux qui venaient se saisir de sa personne, Judas alla à lui, au jardin des Oliviers, et lui donna un baiser lorsque les prêtres arrivèrent.

Pris de remords, Judas jeta l'argent et se pendit.

C'est dans la *Chronique des ducs de Normandie* que le terme de *judas*, au sens de « traître », paraît, devenant ainsi nom commun.

Bâti comme l'as de pique

L'as fut une unité de poids (subdivisée en 12 onces) puis une unité monétaire chez les Romains (d'abord lingot de cuivre de 327 g avant de ne plus peser que 2,24 g) ; mais c'est dans le jeu que le mot s'est imposé : « un seul point marqué sur un dé ou sur une carte ».

Et c'est bien dans le jeu de cartes que l'as s'est imposé avec les cartes aux couleurs françaises dans le courant du XVe siècle (entre 1422 et 1450) : pique, cœur, trèfle, carreau. On pense que le roi de pique, David, est l'emblème de Charles VII, que le trèfle représente la garde d'une épée, le cœur la bravoure, le carreau et le pique les armes de ce nom.

Comme la forme de l'as de pique se rapproche de celle du croupion de volaille, l'expression a caractérisé « cet endroit charnu et apprécié » mais s'est par ailleurs appliquée de manière un peu injurieuse à « un homme mal vêtu ou mal bâti, large du bas et étroit des épaules » : *être bâti comme l'as de pique* s'applique à un « homme laid et mal bâti ». On dit aussi *être coiffé, être vêtu*, etc., *comme l'as de pique*, ce qui n'est pas plus flatteur !

Battre la chamade

L'art militaire a son vocabulaire et les dictionnaires s'y rapportant ne manquent pas. De même que pour le protocole, il y a des opérations à accomplir en fonction de telle ou telle situation, qu'on soit en temps de paix ou en temps de guerre.

La chamade était le signal que donnaient les assiégés, avec le tambour (le plus souvent), la trompette ou en arborant un drapeau blanc pour avertir qu'ils voulaient parlementer.

Au sens figuré, *battre la chamade* signifie « céder » ou « capituler » et l'on sait que le cœur peut, lui aussi, battre à ce rythme, sous l'effet de l'émotion.

Un cœur qui *bat la chamade* n'est pas une capitulation, c'est « une belle aventure qui commence ».

Battre sa coulpe

C'est le mot latin *culpa* (faute) qui a donné coulpe. Au Moyen Âge, les hommes étaient volontiers démonstratifs dans leurs gestes, sinon dans leurs sentiments, car ils leur accordaient une grande importance, souvent symbolique. Les pénitents, par exemple, manifestaient leurs remords en se frappant la poitrine : c'est qu'ils avaient trois actes requis pour obtenir la rémission de leurs péchés : la contrition, la confession et la satisfaction (châtiment ou punition exercée contre soi-même afin de réparer l'injure faite à Dieu).

L'expression évoque donc la faute *(culpa)* aussi bien que les moyens de s'en repentir (se *battre* la poitrine). *Battre sa coulpe*, c'est aujourd'hui « faire son *mea culpa* », « reconnaître ses torts ».

On pense aux pénitents de jadis coupables d'adultère, d'homicide ou d'apostasie et que l'on vit dépouillés de leurs vêtements, revêtus d'une robe de lin blanc, venant, pieds nus, sur le seuil de l'église, s'accuser publiquement des fautes commises. En 1261, c'est la ville entière de Pérouse qui fit pénitence publique et implora le pardon. Si l'histoire est pleine de crimes et de péchés, elle est aussi riche en remords et en pénitences.

Battre son plein

Voici une expression qui peut être trompeuse.

Battre son plein peut être pris dans un premier sens où « le son – le bruit – est total » ; ainsi, *la cloche bat son plein* signifie, par exemple, qu'elle « a atteint la plénitude du volume sonore possible ».

Battre son plein peut aussi vouloir exprimer une « notion de plénitude », telle qu'on la trouve dans le langage maritime, dans l'expression *la mer bat son plein* : c'est la « pleine mer », quand, la marée ayant atteint son plus haut niveau – sa plénitude –, elle demeure un temps stationnaire.

Aujourd'hui, dans le langage commun, *battre son plein*, c'est « connaître son plus haut point d'activité, son intensité ou son affluence la plus grande ».

Les beaux esprits se rencontrent

François-Marie Arouet naquit en 1694 et ses dispositions lui permirent d'entreprendre de brillantes études à l'issue desquelles il entra chez un procureur. Mais foin de la basoche, notre homme aimait écrire !... Il devint Voltaire en 1720 et ne cessa de se tailler un empire dans le monde des Lettres (il est reçu à l'Académie française en 1746) tout en voyageant à travers l'Europe.

De son fief de Ferney, il correspond avec les plus beaux esprits de son temps et se fait le défenseur des grandes causes : Calas, Sirven, La Barre, Lally-Tollendal. Est-ce l'homme de justice qu'il faut le plus admirer ou bien le philosophe, l'historien, l'épistolier, le critique littéraire, l'auteur dramatique ?

Le 30 juin 1760, il écrit à M. Thiériot : « Les beaux esprits se rencontrent. » Il soulignait ainsi la

« situation de deux personnes qui expriment la même idée en même temps », ou « font la même chose » ; mais encore fallait-il que cette idée ou cette chose en valussent la peine !

Aujourd'hui, l'expression continue d'exprimer l'idée telle qu'elle fut formulée par Voltaire : « avoir les mêmes pensées qu'un autre sur un même sujet, et être satisfait de les partager ». On dit aussi, dans le même sens : *Les grands esprits se rencontrent.*

Boire à tire-larigot

L'origine de cette expression est, comme beaucoup d'autres, extrêmement difficile à préciser.

Pour certains, un *larigot* est un « petit flageolet qui a donné son nom à l'un des jeux de l'orgue le plus aigu, dont le son fait penser à celui d'une petite flûte » : on aurait *bu à tire-larigot* comme on se sert de la flûte, « en suçant goulûment l'instrument ». « Flûter » une bouteille vient peut-être de là.

Pour d'autres, *la Rigaud* était une « pièce d'artillerie » et les soldats qui l'utilisaient étaient fort assoiffés : ils buvaient comme ils tiraient *à la Rigaud.*

D'autres encore pensent plutôt à l'une des grosses cloches de la cathédrale de Rouen, appelée « La Rigaud », du nom de son donateur. Elle était fort lourde et le sonneur qui *tirait à la Rigaude* avait vite soif ; ne disait-on pas également que le généreux donateur avait également acheté une vigne pour régaler le sonneur ?

Boire comme un Templier

L'ordre du Temple a été fondé par un chevalier champenois, Hugues de Payns, après la première croisade ; son but : assurer la garde des Lieux saints et la protection des pèlerins sur la route du Sépulcre. Il reçut sa règle de saint Bernard, en 1128.

Son essor fut rapide : bien qu'ils aient été chassés de Terre sainte par les Arabes, les Templiers développèrent dans toute l'Europe de nombreuses commanderies ; de multiples donations leur permirent de devenir pratiquement le banquier des pays occidentaux : les rois de France et d'Angleterre leur confièrent la garde du Trésor, ils reçurent pour le pape l'argent de Saint-Pierre et des Croisades.

Les Templiers étaient donc, comme les Lombards, les financiers de l'Europe : cela ne pouvait que leur attirer des inimitiés, d'autant que la rigidité de leur règle avait tendance à s'altérer. Sous Philippe le Bel, ils furent accusés de corruption et le roi leur intenta un procès, avant que le pape ne les condamne à son tour en 1312 : deux ans plus tard, le grand maître fut supplicié, ainsi que de nombreux chevaliers.

De tous les travers prêtés aux Templiers, celui de se comporter comme de solides soudards est resté : *boire comme un Templier*, c'est « être un grand buveur », à l'image de la mauvaise réputation qu'on fit à ces hommes-là.

La boîte de Pandore

Créée par Héphaïstos, Pandore était une femme douée et protégée des dieux ; Athéna, en particulier, la couvait ; un jour, elle reçut de Zeus une boîte qui contenait tous les maux.

Pandore épousa le frère de Prométhée, et Zeus, pour se venger de ce dernier et de l'humanité qu'il voulait détruire, incita le marié Épiméthée à ouvrir *la boîte de Pandore.*

Lorsque la boîte fut ouverte, les maux se répandirent sur la Terre et, au fond de la boîte, ne resta plus que l'espérance.

La boîte de Pandore est « ce qui peut, malgré les apparences, causer beaucoup de maux ou de désagréments ».

Bon comme la romaine

La *salade* appelée « romaine », née à Chypre, fut implantée en Italie. Lorsque François Rabelais se rendit dans la Ville éternelle en 1534, il étudia les variétés nouvelles en botanique et rapporta des graines de romaines pour les offrir à son premier protecteur, l'évêque Geoffroy d'Estissac.

Ce dernier fit semer les graines et eut le plaisir de voir pousser la nouvelle salade dans ses terres du Poitou : tout le monde s'en régala et l'on prit l'habitude d'apprécier les mets par référence à la « qualité gastronomique de la nouveauté » : c'était *bon comme la romaine.*

Aujourd'hui, la romaine est parfois appelée chicon.

Un bouc émissaire

L'expiation est une cérémonie religieuse destinée à effacer la souillure. C'est une purification. Pour les Juifs, c'est le Yom Kippour, fête marquée par le jeûne, la prière et l'offrande d'un coq.

Dans la Bible, le jour de l'Expiation, le prêtre chargeait symboliquement un bouc, par des imprécations et des malédictions, de tous les péchés d'Israël, avant de le chasser, sous le nom d'Azazel (« l'émissaire » ou « le renvoyé ») aux confins du désert.

On trouve cette relation dans le Lévitique (XVI, 21-22), IIIe Livre du Pentateuque (les cinq premiers livres de la Bible, pour les Grecs, écrits par Moïse, selon la tradition) contenant les lois relatives aux exercices du culte.

Le terme latin fut traduit en français au XVIIe siècle et commença de signifier : « personne sur laquelle on fait retomber tous les torts et toutes les responsabilités, qu'on accuse de tous les malheurs qui surviennent ».

Un bouillon d'onze heures

« Tout cela, c'est la mer à boire », disait Jean de La Fontaine. Mais un bouillon ? Et à onze heures ?

L'origine est quelque peu mystérieuse et évoque le breuvage que la sorcière prépare pour le soir (onze heures du soir… on n'est pas loin de l'heure fatale !), même si, après coup, on constate qu'il ne s'agit que d'une inoffensive tisane.

Un bouillon d'onze heures, c'est donc un « breuvage empoisonné dont les effets néfastes se feront sentir à minuit ». En d'autres termes, prendre *un bouillon d'onze heures*, c'est « mourir ».

Broyer du noir

Jadis, les plus grands peintres préparaient eux-mêmes leurs couleurs, jaloux de leur procédé de fabrication. Souvent, ils broyaient telle ou telle matière pour en faire une poudre et l'intégrer à leur palette.

En ce sens, *broyer du noir* se comprend comme une « manière, pour le peintre, de préparer cette teinte indispensable afin de terminer un tableau ».

Dans un autre registre, celui de la digestion alimentaire, le XVIIIe siècle pensait que l'estomac broyait les aliments comme une meule et que la digestion en était le résultat. L'expression est ainsi connue en 1771. La bile noire était, quant à elle, la sécrétion qui provoquait – pensait-on, dès l'Antiquité – des accès de mélancolie. *Se faire de la bile* vient d'ailleurs de là.

Mais le cerveau, à son tour, ne pouvait-il broyer de noires idées ? C'est ainsi que naquit l'expression *broyer du noir*, avec le sens actuel de « se laisser aller à des pensées tristes et sombres », ce qui, le plus souvent, ne fait pas *voir la vie en rose.*

Brûler ce qu'on a adoré

Isaac et Malet, Lagarde et Michard, deux couples d'auteurs dont les célèbres manuels scolaires ont accompagné des générations d'élèves durant leur scolarité. Au début du siècle, on disposait de ce même genre de manuels et les historiens savaient remettre au goût du jour les grands moments de l'Histoire de France.

On aimait beaucoup, en particulier, la scène relatant le baptême de Clovis : l'évêque Remi prononçait ces paroles, autant à l'endroit du roi qu'à celui des catéchumènes : « Courbe la tête, fier Sicambre, adore ce que tu as brûlé, brûle ce que tu as adoré. »

Peu à peu, la formule s'est cassée en deux et notre siècle a surtout retenu *brûle ce que tu as adoré*, exprimant le « reniement d'un sentiment antérieur ».

Casser sa pipe

C'est dans *La Verdure dorée* que Tristan Derème a écrit :

> La gloire éclôt, jaunit, se fripe
> Et s'effeuille de l'aube au soir,
> Et j'aime mieux ma pipe
> Que renifler son encensoir.

Une belle origine a été donnée, un temps, à cette expression. Un acteur du boulevard, Mercier, connaissait un grand succès dans une pièce où il tenait le rôle du fameux marin Jean Bart. Il avait l'habitude de fumer la pipe pour faire « plus vrai », chacun connaissant le brûle-gueule que tout homme de mer se doit d'avoir à la bouche.

Un soir, la belle pipe de Mercier lui tomba des lèvres et se cassa. L'acteur venait de s'affaisser, terrassé sur scène. La pipe était cassée et l'acteur était mort.

Il semble pourtant bien établi que l'expression ait été connue du temps de Mazarin. En 1649, une mazarinade parlait en effet de *casser sa pipe* avec le sens de « casser son tuyau », c'est-à-dire de « mourir ».

Casser sa pipe, c'est effectivement « rompre le tuyau » par où passe la vie !

Cela fera du bruit dans Landerneau

Ou comment une pièce de théâtre enrichit notre vocabulaire...

Alexandre Duval (1767-1842) donna en 1796 une petite comédie en un acte, intitulée *Les Héritiers*, histoire d'un officier de marine que l'on a cru mort et qui surgit brusquement dans sa ville d'origine – Landerneau –, au milieu de ses héritiers déconcertés, pour mettre fin à leurs calculs intéressés.

Le valet Alain, apprenant son arrivée et le rebondissement inattendu des événements, s'écrie : « Oh ! Le bon tour ! Je ne dirai rien, mais cela fera du bruit dans Landerneau ! » Le succès fut au rendez-vous et la petite ville du Finistère située sur l'Elorn, près de la rade de Brest, passait ainsi à la postérité.

Cela fera du bruit dans Landerneau signifie que « l'affaire aura un grand retentissement » ou qu'« il se fera beaucoup de commérages à propos de tel ou tel petit fait ».

L'expression a pris un tour plus particulier, puisqu'on parle également du *Landerneau administratif* ou *politique*, c'est-à-dire du « petit monde de l'administration » ou « des sphères dirigeantes avec leurs potins, leur jargon et leurs manies quelque peu dérisoires ».

Ce n'est pas le Pérou

Le Pérou ! Voilà bien un nom qui fait rêver !

Aujourd'hui État de l'Amérique du Sud borné par l'océan Pacifique, l'Équateur, le Brésil et la Bolivie, au relief essentiellement formé par la chaîne des Andes qui le traverse entièrement, le Pérou fut fondé par Manco-Capac, chef des Incas.

La capitale était Cuzco – qui signifie « le nombril de la terre » – et cet empire parvint à un degré élevé de splendeur au XVIe siècle, lorsque survinrent les aventuriers espagnols, emmenés par les Pizarre et autres Almagro. La « conquête », on le sait, se fit avec brutalité.

Les derniers Incas furent capturés et mis à mort en 1532 : dès lors, le Pérou devint une vice-royauté espagnole. On y développa à plein l'activité minière, le sous-sol étant très riche. Dans le même temps, les mines furent concentrées dans les mains de quelques grands propriétaires.

Quarante années après les découvertes de Colomb, huit tonnes d'or péruvien étaient parvenues à Séville. Par la suite, des centaines de tonnes furent extraites des mines du Potosí.

Ainsi se créa la réputation du Pérou : un pays riche en or, en argent – voire en étain –, qui faisait rêver les hommes. Aussi, *gagner le Pérou* commença de signifier qu'« on avait accumulé une belle fortune » et que l'« on avait trouvé un bon filon ». À l'inverse, on se mit à dire de « quelque chose de peu de valeur » que *cela n'était pas le Pérou.*

C'est de l'iroquois

Les Iroquois faisaient partie des quarante à cinquante millions d'hommes d'origine asiatique (des peuplades sibériennes ayant passé le détroit de Behring à la fin de la dernière période glaciaire) qui vivaient en Amérique lorsque Christophe Colomb la découvrit. Il fut surpris de voir que ses habitants se fardaient rituellement le visage avec de l'ocre rouge : ainsi naquirent les « Peaux-Rouges ».

L'Iroquois, en tant que langue, est agglutinant, formé par un système d'articulation simple de cinq voyelles et huit consonnes, comprenant l'iroquois proprement dit, l'oneida, l'onondaga, le seneca, le huron, le tuscatora, le cayuga. La complexité supposée de cette langue fit que l'on dit bientôt *c'est de l'iroquois* pour dire « c'est indéchiffrable, incompréhensible, inintelligible ».

Les hommes entre eux, n'étant jamais à court de qualificatif amical, disent également : *c'est de l'hébreu*, *du chinois*, *du grec*, etc.

C'est du demi-monde

L'histoire des ancêtres d'Alexandre Dumas est extraordinaire : les aventures vécues par le grand-père et le grand-oncle normands de l'écrivain en Haïti (ils furent négriers et leur débarcadère était situé à Montecristo) ont fortement influencé le « bon Dumas », qui sut, par la plume, être un digne descendant.

Son propre fils ne pouvait faire moins que de se consacrer, lui aussi, à la création. Il mit en scène, plus volontiers au théâtre, des pièces à thèses, influencé qu'il était par ce qu'il avait vu durant son enfance. En 1855, il écrivit *Le Demi-Monde* qui représentait « la classe des déclassées, séparée des honnêtes femmes par le scandale public, des courtisanes par l'argent ».

Le *demi-monde* continue aujourd'hui de définir le « monde des femmes déclassées et de mœurs galantes », là où la galanterie s'exerce le plus ouvertement.

Même si un chercheur a montré que le terme existait dans la langue anglaise dès 1823, Dumas fils continue de garder le bénéfice de sa création, le succès de sa pièce en faisant foi.

C'est reparti comme en 14

La Première Guerre mondiale commença en août 1914, dans le plus grand enthousiasme ; la France était sûre de sa force ; on partait à Berlin pour donner une leçon à l'Allemand. Les soldats rejoignaient le front avec un extraordinaire allant, chantant avec entrain, « la fleur au fusil ». On sait ce qui devait suivre : les âpres combats, les innombrables morts, les destins brisés. Quel gâchis !

Mais on se souvint de cet inoubliable départ au front des premiers combattants et l'on s'écria plus tard, dans telle ou telle circonstance enthousiasmante, requérant ardeur, illusion et naïveté : *C'est reparti comme en 14.*

L'expression aujourd'hui signifie « recommencer avec ardeur, avec entrain » parfois aussi, « faire preuve d'enthousiasme alors que les circonstances ne s'y prêtent pas ».

C'est un bas-bleu

L'action se passe en 1781, dans un club littéraire anglais animé par lady Montagu. Le salon était d'ordinaire brillant et animé, mais un personnage, surtout, se distinguait par l'excellence de sa conversation : M. Stillingfleet.

Cet élégant causeur se singularisait par sa tenue, toujours extrêmement stricte et grave. Pour parfaire le tout, il portait invariablement des bas bleus. Peu à peu, l'habitude se prit de parler des *bas-bleus* et plusieurs clubs adoptèrent ce mot.

Bientôt les dames devinrent des habituées de ces clubs et reçurent, elles aussi, le nom de *bas-bleus*. Au début du XIXe siècle, le mot traversa la Manche et caractérisa des « femmes de lettres le plus souvent pédantes ».

C'est le sens de l'expression actuelle ; *un bas-bleu* est « une femme pédante qui a des prétentions littéraires et pratique la littérature surtout dans les cocktails et les salons ».

C'est un bleu

Nous sommes en 1793. Dans l'Ouest, les royalistes se soulèvent contre le gouvernement de la République. C'est l'insurrection, suscitée, chez les paysans, par la Constitution civile du clergé, les décrets contre les prêtres réfractaires ; bientôt ce sera la guerre ouverte alors que l'on réquisitionne 300 000 hommes.

L'insurrection naquit en Vendée, se développa en Poitou, en Anjou, en Bretagne, les Chouans menant violemment l'action et prenant le nom d'armée catholique et royale, commandée par Stofflet, Cathelineau, La Rochejaquelein, Charrette, d'Elbée.

C'est alors qu'une « guerre inexpiable » se déroula entre Blancs (les royalistes) et Bleus (les soldats de la Révolution). Pourquoi ces appellations ? La bannière des premiers était effectivement de couleur blanche (symbolisant le drapeau blanc du roi), arborant un cœur et une croix ; quant aux seconds, les soldats de la Ire République française, leur habit était bleu.

Il s'agissait de recrues nouvellement incorporées. C'est pourquoi on les baptisa du nom de *bleus*, qui continue de qualifier les « nouveaux arrivés dans le contingent » et plus largement les « novices ».

C'est un champion

Notre monde médiatique s'intéresse de plus en plus aux exploits sportifs. Toutes les disciplines sont concernées et la télévision amplifie largement, par la retransmission en direct, l'intérêt que suscitent ces modernes jeux du stade.

À l'origine, le *champion* était « celui qui combattait dans un champ (du latin *campus)* clos afin de défendre une cause pour lui-même ou pour autrui » (au Moyen Âge, on pouvait se faire remplacer dans les combats judiciaires : Dieu ne pouvait que faire triompher l'innocent !).

Peu à peu, toutefois, à partir du XIIIe siècle, le champion n'eut plus la possibilité de représenter quelqu'un que dans certains cas tels que maladie, infirmité, vieillesse, etc.

Aujourd'hui le terme de *champion* a tendance à s'appliquer aussi à « celui qui est considéré comme le meilleur dans sa catégorie, que ce soit dans le monde politique ou dans celui des idées ».

C'est un chevalier

Beau chevalier qui partez pour la guerre
Qu'allez-vous faire
Si loin d'ici ?

Ces beaux vers d'Alfred de Musset se trouvent à l'acte III de *Barberine ;* ils rappellent la noble apparence du chevalier, ce personnage un peu mythique des temps anciens.

Déjà, en Grèce, les chevaliers constituaient la seconde classe, l'aristocratie de l'État. Sous les Romains, ils formaient le corps des cavaliers, issus des patriciens, et on leur octroyait de nombreux privilèges.

Au Moyen Âge, on qualifia du terme de *chevalier* « celui qui avait été agrégé à la chevalerie », sorte de confrérie de la noblesse médiévale, qui apparut au XIe siècle. La chevalerie était rattachée à d'anciennes coutumes germaniques, ainsi qu'aux pratiques romaines adaptées et idéalisées par l'Église.

Le *chevalier* (d'origine noble et qui recevait l'adoubement) devait faire preuve de générosité, protéger le faible et avoir le culte de la femme, base de l'élévation morale dont il devait témoigner. Ce qui le faisait se battre pour la beauté du fait, le plaisir, le renom du combat et la glorification des dames, tout en vouant à l'Église un attachement absolu.

Les sentiments chevaleresques aboutissaient au point d'honneur illustré par un « écu sans tache », au fil des tournois et des cours d'amour : vaste programme pour l'an 2000 !

C'est un esprit frondeur

Vers 1650 circulait en France ce libelle, dirigé contre Mazarin, le cardinal-ministre d'Anne d'Autriche et de Louis XIV :

Un vent de Fronde
A soufflé ce matin ;
Je crois qu'il gronde
Contre le Mazarin.

La Fronde – plus exactement la guerre de la Fronde – est cette période de troubles politiques qui, entre 1648 et 1653, ébranla le gouvernement de Mazarin, pendant la minorité de Louis XIV. Elle fut la conséquence des expédients que prit ce gouvernement, sur le plan fiscal, afin de combler les difficultés financières qui s'accumulaient et auxquels vinrent se mêler les ambitions politiques du parlement.

Un conseiller de cette institution précisa à ses confrères qu'il fallait *imiter les frondeurs*, ces enfants de Paris qui s'attaquaient à coups de lance-pierres et prenaient la fuite devant les gens d'armes pour y revenir peu après, une fois le champ redevenu libre.

Un *esprit frondeur* est « quelqu'un qui aime condamner, attaquer, se révolter et contredire ».

C'est un garnement

Le mot *garnement* vient de la famille du verbe garnir qui contenait l'idée de « protection ». Protection à l'aide d'un vêtement, d'un équipement ou d'une habitation. Par une étrange mutation, ce sens est venu s'appliquer à celui qui « protégeait » – en les faisant travailler pour son compte – des femmes de mauvaise vie. La Fontaine écrivait d'ailleurs : « Le peuple des souris croit qu'on a pendu le mauvais garnement. »

Le *garnement* était désormais devenu un « mauvais sujet », un « voyou », un « proxénète » avant la lettre. Mais peu à peu le mot s'est affaibli et *un garnement* qualifie aujourd'hui « un enfant ou un adolescent turbulent » plutôt que dangereux et en tout cas à cent lieux du monde trouble de la prostitution.

C'est un vieux renard

Le poète latin Lucien écrivait : « Il est plus facile de tenir dans ses bras cinq éléphants qu'un renard. »

À quoi Juvénal répondait : « Un renard change de poil, non de caractère. »

C'est assez dire si le renard possède une réputation de malignité et de ruse. C'était déjà le cas en l'an mille mais l'animal s'appelait alors goupil (du bas latin *vulpiculus*).

À partir du XIIe siècle parurent des romans mettant en scène des animaux affublés d'un nom propre ; on y voyait Noble le Lion, Brun l'Ours, Isengrin le Loup, Tibert le Chat, Chantecler le Coq, Pinte la Poule, Grimbert le Blaireau et bien sûr Renart le Goupil.

Le succès fut immédiat et le *Roman de Renart* a traversé les siècles et les frontières : c'est qu'il parodiait la société féodale, outre les mille tours que Renart, en particulier, jouait à Isengrin, son adversaire habituel, et aux autres animaux. Renart fut tellement apprécié qu'il laissa son nom au goupil…

Aujourd'hui, on dit d'un homme qu'il *est un vieux renard* pour qualifier « quelqu'un de malin, cauteleux et rusé ».

C'est un vilain

La mémoire collective conserve certains mots du passé : « Graissez les bottes à un vilain, il dira qu'on les lui brûle », ou encore : « Oignez vilain, il vous poindra. Poignez vilain, il vous oindra. »

Le *vilain* était ce « paysan qui cultivait la terre », ce « roturier auquel des tâches modestes pouvaient être confiées ». Il pouvait heureusement faire fonctionner *la savonnette à vilain*, comme nous allons le voir.

Jadis, il habitait dans une « villa », c'est-à-dire une ferme. Le vilain ne pouvait que commettre des « vilenies » et les descriptions physiques qu'on en connaît ne lui sont guère favorables.

Puisque le *vilain* était « celui qui n'était pas noble », il était donc « ignoble » et ce sens l'a plutôt emporté ; mais aujourd'hui, *être vilain* est tout de même moins grave et qualifie ce qui « est certes fâcheux ou incommode, mais sans grande conséquence ». Le petit garçon ou la petite fille qualifiés de vilain ou de vilaine n'y pensent plus le lendemain...

C'est un vrai cordon-bleu

Qui ne connaît le fameux cordon rouge ? Ce ruban moiré et couleur de feu est l'ambition de beaucoup de personnes, puisqu'il représente la Légion d'honneur.

Il existe aussi un *cordon bleu*, également moiré et bleu, qui représente aujourd'hui l'« ordre du Mérite national ». Mais sous l'Ancien Régime, ce *cordon bleu* était celui de l'« ordre du Saint-Esprit », fondé par Henri III le 31 décembre 1578. Cette distinction était réservée à l'élite : pas plus de cent membres, dont le roi était le grand-maître, les dauphins et princes du sang admis de droit, très jeunes. Il fallait prouver trois quartiers de noblesse et avoir un âge certain pour recevoir la croix accrochée à cet envié *cordon bleu* (qui se portait en sautoir, de l'épaule gauche au côté droit).

Au début du XXe siècle, une sorte de mode des *cordons bleus* se développa. Et s'il y eut le *cordon bleu* des beaux esprits, il y eut aussi celui des cuisinières. On pourrait également évoquer le *ruban bleu* qui couronnait les « paquebots effectuant la traversée de l'Atlantique dans le meilleur temps ».

Bientôt, on dit d'une « excellente cuisinière » – un peu en guise de plaisanterie – qu'elle était *un vrai cordon-bleu*. Le terme est resté.

C'est une autre paire de manches

La *manche*, c'est cette « partie du vêtement dans laquelle on enfile le bras » et qui a connu, au cours des siècles, bien des variantes : manches à gigot, bouffantes près de l'épaule, manches pendantes, simples bandes d'étoffe que l'on attachait aux manches de certaines robes de cérémonie, voire fausses manches, ces demi-manches en lustrine destinées à protéger les manches elles-mêmes.

Il semble qu'une coutume ait été à l'origine de l'expression : comme on ne fixait pas les manches aux vêtements de manière définitive – on ne le faisait qu'au dernier moment – les dames d'atour pouvaient remettre leur manche au chevalier qui l'accrochait, en guise de déférence, à sa lance ou sur son écu, pendant le tournoi.

C'était un gage d'amour ou de fidélité amoureuse, qui prit peu à peu un tour particulier : on changeait peut-être fréquemment de manches, au rythme des choix amoureux. *Une autre paire de manches* aurait donc été synonyme d'« un autre amour », voire d'« une infidélité ». Et c'est peut-être ce sens que comprit Mlle de Lespinasse, qui entendit, selon certains mémoires, le naturaliste Buffon utiliser l'expression.

C'est une autre paire de manches, autrement dit « c'est une autre affaire, ce n'est pas la même chose ».

C'est une pétaudière

L'expression doit beaucoup à Molière et à Rabelais, grands amateurs et créateurs de mots d'esprit : le mot latin *peto* (je prie ou je mendie) en serait l'origine, ou le mot *petere* (demander) ou encore le verbe *péter*, ce qui, connaissant nos auteurs, n'aurait rien d'extravagant.

Quoi qu'il en soit, le terme de *pétaud* s'appliqua au « chef d'une assemblée de gueux », car depuis le XIVe siècle, on avait l'habitude de désigner le roi des soldats, le roi des paysans, le roi des mendiants, celui des merciers comme des arbalétriers (en somme le chef d'une corporation), d'un sobriquet. Le roi des mendiants devint donc le Roi Pétaud et comme il régnait sur « un groupe où tout le monde parlait et commandait à la fois », on ne tarda guère à parler du lieu comme d'*une pétaudière.*

Rabelais ajouta une connotation certaine au nom avec ce « roi péteur », personnage insolite, fugueur et volage, illustrant parfaitement la notion de « désordre » attachée dorénavant au nom.

De nos jours, on utilise l'expression *c'est une pétaudière* pour qualifier « un lieu de désordre et d'anarchie », « une maison où il n'y a ni ordre ni autorité », « un lieu de confusion où tout est désordonné, où tout le monde commande ».

On n'y respecte rien, chacun y parle haut,
Et c'est tout justement la cour du Roi Pétaud.
(Molière)

La chair à canon

On ne prête qu'aux riches ! Les mots ou phrases prononcés par le jeune Bonaparte puis l'empereur Napoléon sont légion.

Le lieutenant d'artillerie qui fut formé à Brienne excellait dans l'art militaire et son premier exploit eut lieu sur le petit Gibraltar, à Toulon, le 18 décembre 1793. Puis vinrent les campagnes d'Italie, d'Égypte, les glorieuses batailles de la Grande Armée contre les Autrichiens, les Anglais, les Russes.

Il y eut Austerlitz, Iéna, Eylau, Friedland, Eckmühl, Wagram, mais aussi Borodino et Waterloo. À Leipzig, la bataille des Nations réunit tous les protagonistes européens et des dizaines de milliers de soldats, qui s'entre-tuèrent à qui mieux mieux...

De ces « troupes vouées à la mort », Napoléon disait qu'elles étaient de *la chair à canon*, expression qui parle – effroyablement – d'elle-même.

Une chaleur caniculaire

Canicule est une étoile de la constellation du Grand Chien (Canicule vient du latin *canicula*, petite chienne). On l'appelle aussi Sirius. Du

22 juillet au 22 août, Canicule se lève et se couche en même temps que le Soleil. Elle est donc l'étoile de la chaleur.

Les Romains redoutaient cette période de grandes chaleurs, et afin d'apaiser Canicule, ils lui offraient un chien roux (roux comme le soleil) en sacrifice.

Aujourd'hui, *une chaleur caniculaire* a conservé tout son sens mais, à voir les millions de touristes qui se pressent autour de la Méditerranée sous les auspices de Canicule, il semble bien que cette étoile n'ait plus besoin de sacrifices.

Des châteaux en Espagne

Au XIe siècle, Henri de Bourgogne conquit de nombreux territoires sur les Infidèles, au-delà des Pyrénées, à l'occasion des croisades favorisées par les alliances familiales, l'influence des moines de Cîteaux et des papes bourguignons.

Les chevaliers qui l'avaient suivi furent récompensés par les biens qu'il leur distribua – particulièrement des châteaux ; outre que cela garantissait la sécurité des nouvelles conquêtes territoriales, les générations suivantes eurent un exemple à suivre : quel plaisir que de posséder *un château en Espagne*. L'expression est synonyme de rêve et d'utopies. *Bâtir des châteaux en Espagne*, c'est « faire des projets merveilleux ».

Chercher des noises

« Cherchez et vous trouverez », disait Confucius, et le Nouveau Testament reprit la formule. Mais on a beau chercher, trouve-t-on facilement l'origine de cette expression ?

Une noise, c'est une « querelle », une « dispute », dont l'origine remonte au latin *nausea*, qui signifiait nausée. C'est dire que la querelle représentait bien des inconvénients.

Notons que l'anglais a emprunté le terme à notre langue : *noise*, on le sait, veut dire bruit outre-Manche. La vieille querelle franco-britannique fut souvent bruyante, il est vrai !

Chercher des noises à quelqu'un c'est lui « chercher une querelle, vouloir une dispute de mauvais aloi ».

J'oubliais ! Il existe une jolie variante : *chercher noise pour noisette* ; « chercher querelle pour une noisette », c'est-à-dire « pour presque rien ».

Le cheval de Troie

La ville de Troie (aussi appelée Ilion ou Pergame) était la capitale de la Troade, en Asie Mineure, et aurait été en butte aux désirs d'expansion des Grecs ; d'où la guerre de Troie, aux nombreux épisodes, tous fameux.

Les Grecs assiégeaient Troie sans succès depuis dix ans. Ils amenèrent devant la ville un immense cheval de bois, empli de guerriers ; les Troyens, sans méfiance, abattirent un pan de mur et le cheval fut dans la place : les guerriers sortirent alors que la troupe, à l'extérieur, attaquait la ville.

Troie fut prise grâce à cette ruse ; l'image est restée, l'expression également.

La cheville ouvrière

Au temps des voitures à cheval, la cheville était une pièce essentielle de l'attelage. Elle reliait le train avant au corps de la voiture et, à ce titre, était soumise à dure épreuve. On prit bientôt l'habitude de dire de cette grosse cheville qu'elle « travaillait », dans le sens « d'être travaillée » par des forces et des contraintes physiques. Au XVIIIe siècle, cette même pièce fut appelée *la cheville ouvrière* puisqu'elle était l'« élément essentiel de l'attelage ».

L'expression s'est conservée dans notre langue et *la cheville ouvrière* désigne « celui ou celle qui est un élément essentiel d'une entreprise ou d'une action ».

La cinquième colonne

L'histoire ne connaît pas les frontières, du moins linguistiques. *La cinquième colonne* est une expression née en novembre 1936, lorsque les nationalistes attaquèrent Madrid.

Ils annoncèrent à la radio que la capitale allait être prise par cinq colonnes d'hommes en armes, quatre avançant déjà sur les quatre routes principales menant à la capitale, la cinquième formée à l'intérieur même de la ville par les sympathisants de Franco.

Cette *cinquième colonne* représentait bien les traîtres à la démocratie, les espions à la solde de l'ennemi de la liberté. L'expression désigne aujourd'hui « les espions, les traîtres de l'intérieur qui minent, par leur propagande, leurs intrigues, voire leurs attentats la confiance d'un pays ».

La cinquième colonne qualifie également « les services secrets d'espionnage ennemi ».

Coincer la bulle

Essayez donc de coincer une bulle. Pas si facile !

Un peu avant 1940, les élèves de l'École de géodésie Baille avaient parfois des difficultés à régler la bulle d'un niveau d'eau incorporé à certains instruments astronomiques ou géodésiques avant l'immobilisation pour fixer l'horizontalité.

Les artilleurs eurent ensuite le même problème avec la mise en place de la plaque de certains mortiers, sur lesquels il fallait aussi *coincer la bulle.*

Mais dans l'armée, le système D est toujours le plus fort et finalement on arrivait à passer le temps en... attendant qu'il passe. *Coincer la bulle*, c'est « rester sans rien faire, se reposer », expression qui fut notamment très à la mode dans les années 1950.

Colosse aux pieds d'argile

Daniel, prophète hébreu du VIIe siècle av. J.-C., a connu une existence pleine d'imprévus : il appartenait à la tribu de Juda, fut capturé et emmené comme captif à Babylone ; là, il expliqua les songes de Nabuchodonosor et, dans le festin de Balthazar, les trois caractères mystérieux, sauva Suzanne du supplice, fut jeté dans la fosse aux lions et réussit à en sortir, avant d'obtenir de Darius le renvoi des Juifs en Palestine : c'est ce que rapporte Le Livre de Daniel.

Les songes de Nabuchodonosor ? Deux rois portèrent ce nom : le premier régna sur Ninive et le second battit un Pharaon sans parvenir à prendre l'Égypte, se « contentant » de Jérusalem ; après une révolte des Juifs, il déporta toute la population, mais finit dans la folie.

Dans son Livre, Daniel interpréta l'un de ses rêves : « Voici ce que vous avez vu. Une grande statue, d'une hauteur extraordinaire… tête d'or pur… poitrine et bras d'argent… ventre et cuisses d'airain… jambes de fer… une partie des pieds en fer, l'autre d'argile. »

Depuis, un *colosse aux pieds d'argile* se rapporte à une « gloire ou une puissance peu solide et peu durable, fondée sur des bases fragiles ».

Un compte d'apothicaire

Un proverbe dit : « erreur n'est pas compte » et un autre ajoute : « Les bons comptes font les bons amis. » Peut-être n'était-ce pas le précepte suivi jadis par les apothicaires…

L'ancêtre de notre pharmacien d'aujourd'hui tenait boutique dans un local fort modeste. Là, il préparait, vendait et administrait des médicaments. Cela nécessitait un certain niveau de culture, l'apprentissage de la médecine et de la préparation des drogues. Autant dire que la plupart des clients étaient impressionnés par le savoir de l'apothicaire. Ce dernier, qui vendait aussi des denrées telles que le sucre (sous Henri IV et Louis XIII, par exemple), en était bien conscient.

Aussi l'apothicaire prit-il l'habitude de vendre en petites quantités, mais à des prix élevés, ses remèdes ; très vite, il devint pour le client grugé un trompeur dont les comptes ou mémoires étaient particulièrement redoutés.

Un compte d'apothicaire est aujourd'hui « un mémoire sur lequel il y a beaucoup à rabattre » et caractérise « une facture exagérée sur laquelle chaque article est marqué au prix fort ». C'est aussi « un calcul compliqué dont les résultats ne valent pas qu'on s'y intéresse ».

Connaître sur le bout du doigt

Certains pensent que cette expression est une variante de *savoir sur l'ongle*, qu'Érasme, le grand humaniste du XVIe siècle, considérait comme une métaphore empruntée des marbriers : ces derniers grattaient avec leur ongle la jointure des marbres pour savoir si le travail était bien fait.

Il est peut-être une autre origine qui résiderait dans cette manière que l'on a parfois de lire, en suivant chaque ligne du bout du doigt. *Savoir une chose sur le bout du doigt*, c'est « la connaître à fond », et, pour ainsi dire, « à livre ouvert ».

Convoquer le ban et l'arrière-ban

Sous l'Ancien Régime, tout fief devait le service militaire à son seigneur et c'est par une proclamation que le suzerain convoquait ses vassaux en cas de guerre. Il faut dire que ce dernier avait également le pouvoir de rendre la justice, de lever des impôts et de réquisitionner bêtes et hommes. Il ne s'en privait point... Cela dura des siècles, avant d'être remplacé par une imposition ; notons que la dernière convocation à laquelle procéda le roi de France eut lieu en 1758.

La proclamation se subdivisait en ban – qui s'adressait aux vassaux directs – et en arrière-ban, qui concernait les arrière-vassaux ; c'est-à-dire que le seigneur convoquait ses hommes et ceux de ses subordonnés. Déjà, *réunir le ban et l'arrière-ban* signifiait que l'« on avait recours, pour se défendre, à tout le monde disponible, à tous les hommes en état de se battre ».

C'est assez dire l'importance du ban, proclamation solennelle (« ouvrez le ban ») dont le nom se retrouve dans plusieurs expressions : *être mis au ban* de la société, c'est « être mis à l'écart » ; se trouver en *rupture de ban* s'applique à un « condamné quittant le lieu où il est assigné à résidence » et plus largement à « quiconque renie ou abandonne son milieu ».

Il vaut mieux *réunir le ban et l'arrière-ban* de ses amis pour fêter un événement...

La corne d'abondance

Il existe un très beau poème d'Ovide, tiré de ses *Métamorphoses* : « Tandis que sa main brutale tenait ma corne résistante, il la brisa et l'arracha de mon front mutilé. Les Naïades la remplirent de fruits et de fleurs odorantes, la consacrèrent aux dieux et la Bonne Abondance s'enrichit de ma corne. »

Voilà l'origine fabuleuse de la fameuse *corne d'abondance :* le combat entre Hercule et le fleuve Acheloüs, alors métamorphosé en taureau.

Cette corne, dite également *corne d'Amalthée*, est figurée remplie de fruits et de fleurs, et fut, selon la légende, arrachée (comme dans le poème d'Ovide), de la tête d'Acheloüs, ou de celle de la chèvre Amalthée qui avait nourri Jupiter.

Il y a, sans doute, dans ces légendes une allusion à une partie de la très fertile Libye, qui a la forme d'une corne de bœuf, et qui fut donnée jadis par le roi Hammon à sa fille Amalthée.

Mais la corne présente un double symbole : pointe, elle évoque le mâle, réceptacle, elle évoque la femme. D'où, dans la tradition latine, sa représentation de la fécondité. *La corne d'abondance* est aujourd'hui « l'emblème de l'agriculture et du commerce » et c'est bien normal.

Côté cour, côté jardin

Dans *Le Mariage de Figaro*, Beaumarchais dénonce par la voix de Figaro les injustices sociales, l'inégalité des conditions, les privilèges et l'insolence des nobles. Or, il se trouve qu'en ce jour de 1784, aux Tuileries, les comédiens-français répétaient la pièce, installés dans la salle des machines (on attendait la construction de l'actuel Odéon).

La scène où les comédiens répétaient regardait la Seine ; ils avaient donc côté cœur – à gauche – la cour du Palais des Tuileries et à droite un jardin superbe qui s'étendait jusqu'à la place Louis-XV (aujourd'hui place de la Concorde).

À gauche : la cour. À droite : le jardin. L'habitude se prit de donner ces noms et de les adopter pour le théâtre. Dorénavant, le côté *cour* serait le « côté de la scène qui se trouverait à gauche de l'acteur », le côté *jardin* « celui qui se trouverait à sa droite, quand il regarde la scène ». *Côté cour, côté jardin*, le succès fut total et la pièce comme l'expression ont traversé les âges.

Une cote mal taillée

La *cote*, c'était « la part que chacun devait payer dans une dépense commune, en particulier en matière d'impôt » : aujourd'hui encore chacun paye sa cote, mobilière ou foncière.

Et *tailler* veut dire « soumettre à l'impôt », se référant à cette taille d'avant la Révolution, soit personnelle, soit réelle, qu'avaient à payer les roturiers. Elle vit le jour vers 1050 et devint perpétuelle en 1445 : c'est dire le nombre des paysans corvéables qui furent aussi « taillables ».

À l'origine, la *cote mal taillée* était donc simplement « une imposition mal établie ».

Mais si l'on songe, pour *une cote mal taillée*, à « une tunique mal coupée », on est près de la vérité. On faisait en effet un jeu de mots, se rapportant à une personne plus ou moins bien taillée (habillée) puisque plus ou moins bien « taillée » (imposée).

Et tel un vêtement mal bâti, *une cote mal taillée* (orthographiée *cotte* jusqu'au XVe siècle et que l'on retrouve avec la cotte de mailles) est devenue « une estimation approximative », « un compromis qui ne satisfait personne ».

Le coup de Jarnac

Guy Chabot, seigneur de Jarnac, né en 1509, se rendit célèbre le 10 juillet 1547.

Devant le château de Saint-Germain-en-Laye et en présence des membres de la Cour, le baron de

Jarnac réglait, l'épée à la main, une affaire d'honneur. Son adversaire, François Vivonne de La Châtaigneraie, était un duelliste réputé. Jarnac risquait gros.

Au cours du combat, le baron réussit à porter un coup inattendu – mais non interdit – au jarret de Vivonne qui s'écroula, se trouvant dans l'impossibilité physique de poursuivre le combat.

Fameux *coup de Jarnac*. Notons que s'il fut honnête, le sens en a été détourné, puisqu'il signifie aujourd'hui un « coup donné par traîtrise ».

Un coup de Trafalgar

Le cap de Trafalgar se trouve au sud de la péninsule ibérique, entre Cadix et Tarifa, à une vingtaine de kilomètres des côtes du Maroc. Des vents violents soufflent sur la région à peu près toute l'année et le passage du détroit est toujours une épreuve tant par les conditions climatiques que par l'intensité du trafic qui s'y effectue.

Le 21 octobre 1805, l'amiral Villeneuve tente de gagner Naples avec la flotte franco-espagnole de Cadix. Mais alors qu'il s'apprête à franchir le détroit, il est surpris par l'amiral Nelson, au large du fameux cap. C'est un désastre pour les Français. Villeneuve est fait prisonnier et une vingtaine de ses navires sont capturés par les Anglais qui, de leur côté, n'en perdent pas un seul.

Cette victoire britannique aura un retentissement considérable en Europe : en effet, elle marque l'une des toutes premières défaites de Napoléon. Et Nelson qui est tué au cours des combats de ce sombre 21 octobre sera dès lors vénéré comme un demi-dieu.

Un coup de Trafalgar est resté dans la langue française comme l'expression d'« un désastre », d'« une action rapide, fulgurante et risquée dont la réussite dépendra de la ruse et de la surprise ».

La cour des Miracles

« Et quel temps fut jamais fertile en miracles ? » s'interrogeait Jean Racine.

À Paris, en tout cas, un lieu reproduisait en la parodiant la suite fastueuse et colorée d'un prince, avec tous ses gens empressés ; ce lieu était un repaire où se réunissaient les gueux et les mendiants de la capitale, en plein quartier des Halles.

À la vérité, c'était plutôt un cul-de-sac, une impasse immonde qui voyait, le soir venu, se retrouver tous les brigands et les faux estropiés ; alors, comme par miracle, le « travail » journalier terminé, les infirmités guérissaient aussitôt, mais c'était souvent pour sombrer dans la beuverie, les plaisanteries salaces ou les règlements de compte.

Victor Hugo a décrit *la cour des Miracles* dans *Notre-Dame de Paris*, insistant sur ce « cercle magique où les officiers du Châtelet et les sergents de la prévôté qui s'y aventuraient disparaissaient en miettes » ; Théophile Gautier a parlé de ces « coquillards, francs-mitoux, sabouleux... Bohèmes,

Égyptiens, Zingari... » auxquels Bertold Brecht donnera la parole dans son fameux *Opéra de Quat'sous*.

Et il est bien vrai qu'il fallut l'action déterminée du lieutenant de police de Louis XIV, le fameux La Reynie, pour parvenir à chasser les gueux de *la cour des Miracles*.

Courir comme un dératé

Pline, dans son *Histoire naturelle*, rapporte que les Anciens desséchaient – en fait, réduisaient et empêchaient de gonfler – la rate des coureurs afin d'améliorer leur performance, en utilisant une décoction de prêles.

La légende fut déformée et, à la fin du XVIIe siècle, des chirurgiens pratiquèrent des essais réels sur des animaux : nul ne put prouver qu'un animal *dératé* courait plus vite que les autres, mais l'idée frappa les gens, qui retinrent seulement l'image du dératé.

Aujourd'hui, l'expression continue de signifier « courir extrêmement vite ». Plutôt que de se doper, Ben Johnson aurait pu se faire enlever la rate, encore que, à ce qu'on sache, le champion Carl Lewis ne s'est pas livré à une pareille opération.

Courir le guilledou

« Rien ne sert de courir, il faut partir à point. » Telle est la leçon formulée par le bon La Fontaine dans *Le Lièvre et la tortue*. Le bon sens populaire, pour d'autres, dit qu'« il ne faut jamais courir deux lièvres à la fois ». En matière amoureuse, la leçon vaut d'être retenue, surtout lorsque quelqu'un *court le guilledou*…

C'est Agrippa d'Aubigné qui utilise *courir le guildron* pour « courir l'aventure », pendant qu'on se sert également de *courir le guidrou* pour « fréquenter les mauvais lieux ». Puis le poète Scarron parle en 1644 du *guilledou* qui aurait évoqué le « loup-garou ».

Plus probablement, le mot vient d'une forme dérivée du verbe *guiller* – tromper – et d'une altération de l'adjectif *doux*, dont le sens évoque l'idée d'« attirance sexuelle mêlée à celle de tromperie ou de ruse ».

Si *guiller* est tromper, il faut convenir que les prénoms Guillaume, Guillemette, Guillot ou Gilles étaient parfois donnés aux trompeurs ou aux trompés.

Courir le guilledou signifie toujours aujourd'hui « rechercher des aventures galantes ».

Cousin à la mode de Bretagne

Les Bretons avaient l'habitude de donner le nom de cousin à des parents pourtant fort éloignés, par amitié.

L'usage s'en est répandu et l'on continue de se considérer parfois comme *cousins à la mode de Bretagne*, « quand on ne sait pas exactement quel lien familial unit différentes personnes que l'amitié réunit ».

Crier haro sur le baudet

Le *Coutumier de Normandie* précisait que le *haro* (à l'origine cri de détresse, d'appel au secours) permettait de désigner au public le coupable d'un acte délictueux que chacun avait devoir d'essayer d'arrêter. Il ajoutait qu'il pouvait être « interjeté non seulement pour maléfice de corps et pour chose où il y aurait éminent péril, mais pour toute introduction de procès possessoire ». C'est ainsi qu'est resté *Faire haro sur quelqu'un ou quelque chose*, pour « manifester sa réprobation et réclamer un châtiment contre un coupable ».

Puis survint le bon Jean de La Fontaine, qui aimait dépeindre dans ses *Fables* le caractère et les défauts de l'homme sous l'apparence des animaux. Dans *Les Animaux malades de la peste*, ces derniers, victimes d'une épidémie *(Ils ne mouraient pas tous, mais tous étaient frappés)*, cherchent le coupable qui détournerait d'eux la colère divine, disculpent le lion, le tigre et autres rois de la gent animale. Restait un baudet qui avait brouté un peu d'herbe dans le pré d'un couvent : un âne, autant dire le coupable idéal !

« À ces mots, on *cria haro sur le baudet* », « rendant responsable d'un désastre un être inoffensif et d'ordinaire innocent ».

N'est-ce pas ce qui survient dans la plupart des « affaires » politiques ?

La croix et la bannière

Le Flamand Guido Gezelle a écrit : « Vivre… Ce n'est demander ici-bas ni paix ni trêve. Vivre, c'est porter la bannière de la croix presque dans les mains de Dieu. »

Au Moyen Âge, une *bannière* était un « signe de ralliement, utilisé par l'armée et les corporations religieuses » ; ainsi utilisait-on la bannière de Saint-Denis comme la bannière de France ou d'Angleterre.

La bannière chrétienne recevait une consécration religieuse lors de la cérémonie de bénédiction des drapeaux. On pouvait ensuite l'arborer dans les processions paroissiales, en particulier pour honorer la Vierge.

Quant à la Vraie Croix, il s'agit de celle de Jésus-Christ. Dans les cérémonies que nous évoquions, les crucifix étaient portés au sommet d'une hampe.

La croix et la bannière fait allusion à ces processions où, suivant la Croix du Christ et la bannière de la Vierge, les fidèles défilaient en grand apparat. On comprend, dès lors, que l'expression signifie « le comble des cérémonies, des formalités, tout un appareil solennel, de grandes complications » : c'est *la croix et la bannière* veut dire qu'« on doit employer non sans difficulté tous les moyens de persuasion ou de flatterie pour accomplir son action ».

Croquer le marmot

Que les gourmands se détrompent ! Il ne s'agit pas d'une expression culinaire, sous prétexte que notre vocabulaire connaît le *croquembouche*, le *croque-monsieur* et *à la croque-au-sel !* D'ailleurs, il faudrait un singulier appétit pour dévorer un pauvre marmot. Mais au fait, de quel marmot s'agit-il ?

Dans le langage familier, certes, le *marmot* est un « petit garçon » ; mais c'est d'abord le nom que l'on donnait à de « petites espèces de singes », ainsi qu'à une « petite figure grotesque, de pierre ou de bois qui servait fréquemment de heurtoir à une porte ».

On a longtemps pensé que les peintres, faisant antichambre avant d'être reçus par quelque puissant seigneur, dessinaient – *croquaient* – des petits personnages sur le mur ; on a également proposé que le *marmot* étant la « partie figurée d'un chenet », l'expression aurait signifié « tisonner avec ardeur en attendant » ; enfin, le marteau de fonte orné d'une figurine aurait été embrassé par un vassal rendant hommage à son suzerain.

Il semble bien que l'expression vienne de *croquer* (frapper) *le marmot*, c'est-à-dire « le heurtoir orné d'une figure grotesque jadis placé sur les portes qui restaient souvent closes ».

D'où l'expression qui signifie « attendre longtemps et en se morfondant ».

Cueillir des lauriers

Le laurier est un arbre aromatique de la famille des lauracées, aux feuilles lisses, luisantes, souvent persistantes, à fleurs terminales ou axillaires. Son fruit est une baie de couleur noire.

Les Anciens couronnaient leurs grands hommes avec le laurier noble (parfois appelé laurier-sauce) et les vainqueurs étaient récompensés par des couronnes de laurier, devenu le symbole de la gloire et du triomphe.

Cueillir des lauriers signifie « remporter des victoires ».

Dans les bras de Morphée

Morphée était le dieu des songes, dans la mythologie gréco-romaine, fils du Sommeil et de la Nuit. Il caractérise donc parfaitement le sommeil.

Être *dans les bras de Morphée* signifie plaisamment que l'« on est plongé dans le sommeil réparateur ».

La danse de Saint-Guy

Vitus, né en Sicile, de parents païens, instruit par saint Modeste, fut livré par son père au gouverneur de la province ; il réussit à s'enfuir, fut pris en Lucanie et martyrisé sous Dioclétien : dorénavant, on l'appela saint Vit ou saint Guy.

Son nom a été donné à une maladie – du nom scientifique de chorée – caractérisée par des « mouvements musculaires désordonnés, partiels ou généraux, que l'on observe surtout dans les membres ».

Si la « chorée de Sydenham » n'évoque pas grand-chose, *la danse de Saint-Guy* est beaucoup plus explicite. Mais sa réputation n'est pas meilleure pour autant.

De but en blanc

L'art de la guerre est fort difficile ; les artilleurs ne me démentiront point, qui vous expliqueront ce qu'est le *but en blanc.*

Il s'agit du « second point d'intersection où la ligne de tir suivie par le projectile, à la sortie du canon, coupe la ligne de mire de l'arme ». Et la *portée de but en blanc* est la « distance du point nommé *but en blanc* à la bouche de l'arme à feu, lorsque toutefois la ligne de mire est dans un plan horizontal ». Repos !

On affirme également que *tirer de but en blanc*, c'est « tirer d'une butte en visant, par la ligne de mire, le centre de la cible qui est généralement peint en blanc ». Cela n'exigeait pas de mise au point – il n'y avait pas non plus de hausse mobile – et l'on tirait sans précaution particulière.

De nos jours, *de but en blanc* signifie : « sans détour, brusquement, sans aucune formalité ni précaution ».

Découvrir le pot aux roses

« Mignonne, allons voir si la rose », chantait Ronsard dans son *Ode à Cassandre*. « Et rose, elle a vécu ce que vivent les roses, l'espace d'un matin », répondait tristement, comme en écho, Malherbe dans sa *Consolation à M. du Périer*.

S'agit-il de ce rose d'une poudre qu'utilisaient les dames pour se maquiller ? *Trouver le pot au rose* d'une femme voudrait dire que l'« on est fort intime avec elle ».

S'agit-il de cet appareil qui permettait de distiller l'essence de rose, produit précieux que tous les parfumeurs se disputaient et cachaient soigneusement ?

S'agit-il de la poudre que les alchimistes obtenaient après avoir transformé le vil plomb en or véritable ?

Misons plutôt sur le pot de fard de couleur rose, contenant l'idée de supercherie, et éclairant le sens de l'expression, qui signifie « découvrir la fin, le mystère d'une affaire secrète ou d'une intrigue ».

Les dieux ont soif

Anatole France (1844-1924) est un peu tombé dans l'oubli aujourd'hui, malgré son prix Nobel obtenu en 1921, et c'est dommage. Il a écrit des poèmes, des ouvrages critiques, quelques pièces de théâtre, des contes, des nouvelles, de nombreux romans et on lui doit une volumineuse correspondance.

France fut une manière de philosophe qui a goûté à toutes les idées au fur et à mesure qu'il avançait en âge, mais en toute liberté. S'intéressant à la Révolution française, il écrivit *Les Dieux ont soif*, titre emprunté au journal de Camille Desmoulins.

Les Dieux ont soif évoque cette période agitée, où « la vie reprend ses droits contre la littérature et l'intelligence ». Le titre exprime que « les dieux – ceux des idées et des passions qui mènent les hommes – ont soif de sang et de sacrifices humains, comme les dieux barbares de l'Antiquité ».

Les écuries d'Augias

Augias, roi d'Élide, possédait un troupeau de trois mille bœufs ; il s'en occupait si peu qu'il y avait trente ans que les étables n'avaient pas été nettoyées. C'est assez dire le volume d'immondices accumulées !

Prenant conscience de son incurie, il se décida à les faire mettre en état : Hercule reçut l'ordre de nettoyer les lieux – contre un dixième du troupeau en guise de paiement – en une seule journée.

Hercule employa les grands moyens et détourna le cours du fleuve Alphée, qui vint balayer en un instant les ordures accumulées.

L'expression qui a vu le jour après cet exploit, *nettoyer les écuries d'Augias*, signifie « réformer radicalement des pratiques abusives ».

Et dire qu'Augias refusa de payer Hercule ! Ce dernier se vengea en tuant le roi et en pillant sa ville.

En odeur de sainteté

C'est Graham Greene qui a écrit dans *La Puissance et la Gloire* : « La meilleure odeur est celle du pain. » Voire.

On a jadis rapporté que le corps d'un saint passait pour dégager une odeur suave qui le distinguait des autres cadavres au moment de la mort. Ceux de Philippe de Néri (né à Florence en 1515, fondateur de la congrégation de l'Oratoire à Rome) et de Thérèse d'Ávila (née également en 1515 en Espagne ; la lecture qu'elle fit des *Confessions* de saint Augustin entraîna sa conversion, après une vie de frivolité) avaient, paraît-il, cette particularité.

Être en odeur de sainteté signifie « être en état de perfection tel qu'une canonisation est envisageable ». Aujourd'hui, l'expression s'applique à « celui qui bénéficie de bonnes grâces, d'estime et qui est considéré comme un favori ».

En son for intérieur

Maxime Gorki écrivait dans *La Petite Mendiante* : « Le monde intérieur de l'homme contemporain est si complexe et si varié qu'à l'étudier on peut totalement et pleinement satisfaire la soif vaniteuse qu'a l'intelligence d'en connaître davantage. »

Le mot latin *forum* désignait le lieu – place publique – où était rendue la justice puis qualifia la juridiction ecclésiastique, l'ensemble des pouvoirs de l'Église en ce domaine.

On distingua alors le *for intérieur* (l'Église condamnant les fautes après les confessions et les pénitences) du *for extérieur* (ce qui touchait à la religion et qui revenait aux tribunaux ecclésiastiques). Dans ce sens, on parlait de « lois et coutumes locales », tels les fors du Béarn.

À partir du XVIIIe siècle, le sens évolua : le *for extérieur* qualifia les « institutions civiles, juges et tribunaux », ou le « jugement de la société » ; le *for intérieur* s'appliqua au « jugement de la conscience sur les choses morales » (dans le secret de sa pensée) et, par extension, la « conscience elle-même ».

Entre la poire et le fromage

Que d'accords, de contrats, de marchés se sont conclus à la fin de repas d'affaires bien arrosés, dans la torpeur que procurent la première digestion et l'effet des alcools. Mais le fromage n'est-il pas servi *avant* le dessert et ne devrait-on pas dire alors, *entre le fromage et la poire* ? Eh bien, non !

Dans les temps anciens, les légumes n'étaient que très rarement servis aux repas. Juste avant le fromage, on croquait seulement une poire bien juteuse pour se laver la bouche et réveiller les papilles. C'était alors un moment de détente (version sobre du célèbre trou normand), avant de déguster les fromages.

Si l'habitude a disparu, l'expression est demeurée, qui marque ce « moment, à la fin du repas, où les langues se délient et la sérénité facilite les rapports ». Ce peut être parfois dangereux…

Entrer dans la peau de son personnage

« Je suis un mensonge qui dit toujours la vérité », écrit Jean Cocteau pour illustrer le statut du comédien. C'est d'ailleurs là tout le paradoxe ! Et tout l'intérêt du théâtre.

L'expression *entrer dans la peau de son personnage* semble avoir pris naissance sur les planches, c'est bien le moins ! Dans la pièce de Ponsard : *Charlotte Corday*, jouée au Théâtre-Français en mars 1850, l'acteur Bignon tenant le rôle de Danton devait déclarer peu après la première : « Je crois que je suis entré dans la peau du bonhomme. »

Le succès ne fut pas seulement réservé à la pièce. La formule elle aussi fut bientôt en vogue, à tel point d'ailleurs qu'*entrer dans la peau de son personnage*, c'est-à-dire « s'identifier parfaitement à son rôle », n'a pas pris une ride. On n'en dira pas autant de l'œuvre de Ponsard !

Entrer en lice

Nous entrerons dans la carrière
Quand nos aînés n'y seront plus.

Cette strophe de *La Marseillaise*, chantée pour la première fois à la fête civique du 14 octobre 1792, venait compléter le fameux texte créé par Rouget de Lisle. Mais est-il nécessaire que les « anciens » aient laissé la place pour qu'on puisse *entrer en lice* ?

Du francique signifiant *barrière* est venu le terme *lice* qui servit, à partir du XIIe siècle, à désigner le champ clos où se déroulaient les tournois ; en effet, le château fort était par fonction défensif et son enceinte très haute, entourée de douves pleines d'eau, n'enserrait généralement qu'une cour assez restreinte en dimensions, interdisant aux chevaux d'évoluer au gré de leurs cavaliers, qui avaient besoin d'espace pour manœuvrer lances et écus.

Entrer en lice, c'est-à-dire « pénétrer dans le lieu des compétitions », a pris peu à peu le sens de « s'apprêter à combattre », « intervenir dans un débat », car aujourd'hui les tournois sont plus pacifiques et les joutes sont oratoires, ce qui ne veut pas dire que les coups portés y soient moins douloureux !

L'épée de Damoclès

Au IVe siècle av. J.-C., à Syracuse, vivait Damoclès, un des courtisans de Denys le Tyran : il vantait sans cesse le bonheur de son maître.

Denys l'invita un jour à participer à un banquet, le revêtit des habits royaux et lui fit servir un fastueux repas par les plus belles courtisanes. Damoclès était ravi.

Jusqu'au moment où Denys le Tyran lui dit de regarder au-dessus de sa tête ; Damoclès vit alors une lourde épée nue, suspendue au plafond par un simple crin de cheval. Il semble qu'il comprit la leçon.

L'épée de Damoclès désigna alors « un péril, sans cesse menaçant et provoquant l'angoisse ».

Espèces sonnantes et trébuchantes

Jadis, le bon *aloi* (dont la racine a aussi donné *alliage)* correspondait au « titre légal des matières d'or et d'argent que contenait la monnaie » : on avait un argent *de bon aloi* ou de l'or *de mauvais aloi* et il en est resté une expression.

On constatait le bon aloi de la monnaie métallique – la pièce – en la faisant résonner sur une surface dure : plus elle était pure, plus elle résonnait ; posséder des *espèces sonnantes* était plutôt rassurant. Ainsi Panurge régla-t-il, en faisant tinter une belle pièce sur une pierre, un rôtisseur qui voulait lui faire payer… le fumet d'une viande senti au détour de la rue !

On pesait également la monnaie, pour vérifier la quantité de métal ; on se servait pour cela d'une petite balance très sensible, spécialement conçue pour les corps légers, appelée trébuchet. Les *espèces trébuchantes* étaient alors les « monnaies répondant au poids légal ».

Ainsi des *espèces sonnantes et trébuchantes* étaient des « espèces qui permettaient un paiement légal et authentique ». Plus tard, les espèces sont devenues billets de banques et l'expression désigne aujourd'hui, tout simplement, « l'argent en espèces ».

L'été de la Saint-Martin

Henri Bosco disait dans *Le Mas Théotime* : « L'été s'enfonce dans septembre avec ses grandes poussières, ses buées du matin et, le soir, ses parfums immenses d'herbes sèches, de pins, de rocailles brûlantes et de bois calciné. »

Saint Martin naquit en Hongrie au IVe siècle ; officier dans les légions, il avait un sens aigu de la charité qui l'amena, un jour d'hiver, à partager son manteau avec un pauvre. Il devint évêque de Tours et fonda le monastère de Marmoutier, avant d'être considéré comme l'un des « patrons » de la Gaule.

À Tours, l'abbaye de Saint-Martin était fort vénérée et sa fête – le 11 novembre – était l'occasion d'une célèbre foire : beaucoup de contrats ruraux étaient – et restent encore – signés ce jour-là.

Cette période de l'arrière-saison est souvent l'occasion de très beaux jours, ensoleillés et chauds, que l'on nomme *l'été de la Saint-Martin*. D'ailleurs, la nature, miraculeusement, se met à refleurir à l'automne. Comme l'activité commerciale qui se déroule lors de la foire est intense, l'expression s'est appliquée au « regain de jeunesse et de goût de vivre qui prend brusquement certains hommes d'âge mûr ». Redoutable *été de la Saint-Martin*.

Être au septième ciel

Une pensée hindoue s'interroge (et nous interroge) : « À quoi bon monter au ciel, puisqu'il faudra ensuite revenir sur terre. »

Certes, mais c'est oublier combien le ciel fut primordial chez nos ancêtres : les expressions comportant le mot ciel sont nombreuses en astronomie, en météorologie, en chimie.

Les astronomes de l'Antiquité voulaient expliquer les mouvements apparents des astres en imaginant diverses sphères transparentes et concentriques à la Terre : ils « voyaient » sept voûtes de cristal successives, chacune étant un ciel et l'ensemble formant le firmament.

On mesurait l'intensité du plaisir par rapport à ces « ciels », les troisième et septième étant, pour des raisons symboliques, particulièrement appréciés : saint Paul fut en extase jusqu'au troisième ciel ; quant à nous, plus modestement mais non moins sûrement, lorsque nous *sommes au septième ciel*, c'est que « nous éprouvons un intense bonheur, un grand ravissement des sens ».

Être aux abois

Une expression chinoise de Tchouang-Tseu (mort environ en 315 av. J.-C.) dit : « Un chien n'est pas un bon chien parce qu'il aboie beaucoup. »

Cette locution vient directement du vocabulaire relatif à la vénerie et à la chasse à courre : les *abois*

– aboiements – sont les « cris des chiens entourant la bête poursuivie, qui s'est arrêtée et fait face à ses poursuivants ». Et l'on dit que le cerf *est aux abois* lorsque, après une longue poursuite, il « s'arrête, épuisé, sans pouvoir aller plus loin, et commence à recevoir les aboiements des chiens qui l'entourent ». Dans la même chasse, on pouvait dire également, quelques instants plus tôt, lorsque la bête « courait encore en regardant derrière pour vérifier où se trouvaient ses poursuivants », qu'elle *tenait les abois.*

Aujourd'hui, on dit de quelqu'un qu'il est *aux abois* lorsque, après une « chasse à l'homme », il « est dans une situation désespérée, qu'il n'a plus de ressources, est près de sa fin ou de sa ruine, à la dernière extrémité ». (On peut appliquer l'expression à « une ville, une place ou une forteresse assiégée et qui ne peut plus se défendre ».)

Être chocolat

Certains attribuent cette expression au monde de la boxe, le mot *choc* étant un phonème de *chocolat. Être chocolat* aurait été, en somme, « être choqué, sonné, K.-O ». L'origine est douteuse toutefois.

D'autres précisent que l'expression remonterait à la fin du XIXe siècle, alors que les très appréciés clowns Footit et Chocolat donnaient leur numéro, en 1896, au Nouveau-Cirque de Paris.

Footit était malin et mettait souvent son compère en difficulté dans des scènes au demeurant pleines d'humour. Footit ne manquait pas une occasion de le montrer en disant : « Il est Chocolat », et ce dernier reprenait souvent la complainte en souriant : « Je suis Chocolat. »

Les titis parisiens s'emparèrent de l'expression et lui donnèrent un sens particulier : *être chocolat* commença de signifier « être idiot, éberlué, trompé, dupé ». C'est encore la signification actuelle.

Être collet monté

Comme d'autres illustres familles, les Médicis surent lancer la mode (vestimentaire mais pas seulement) et se créer leur clientèle, depuis Cosme surnommé « Le père de la Patrie », en 1400, Laurent dit « Le Magnifique », en 1480, jusqu'à Laurent II qui fut le père de Catherine, née à Florence et mariée à quatorze ans au dauphin de France, futur Henri II.

Malgré sa santé chétive, Catherine eut dix enfants ; sur le plan politique, elle essaya de réconcilier catholiques et protestants, mais ne fut pas étrangère à la fameuse nuit de la Saint-Barthélemy. Cela n'empêchait pas de lancer des modes : ainsi celle des *collets montés*, « pièce d'habillement enroulée autour du cou » et qui était une « collerette soutenue par du carton ou des fils de fer et de l'empois ».

On abandonna peu après la collerette et à la génération suivante, à la fin du règne de Louis XIII puis sous Louis XIV, on utilisa volontiers l'expression pour qualifier « quelque chose de suranné et démodé, comme au bon vieux temps »... comme au temps des *collets montés*.

Aujourd'hui l'expression s'applique « à ceux qui affectent la pruderie ou une gravité outrée, guindée, affectée, aux pédants et aux prétentieux ».

Être comme l'âne de Buridan

Jean Buridan (1295-1360) naquit à Béthune ; ce philosophe scolastique appartenait à l'école nominaliste qui définissait les idées générales comme n'étant que des mots, des noms.

Buridan se détacha du lot et devint recteur de l'université de Paris, préparant le terrain de la philosophie moderne.

Il aurait proposé un sophisme promis au succès : supposons un âne également pressé par la faim et la soif, placé à distance égale d'un seau d'eau et d'un picotin d'avoine ; l'animal commencerait-il par boire ou par manger ? Ou bien, faute de se décider, se laisserait-il mourir de faim et de soif ?

Le sophisme était contraire à la logique aristotélicienne, mais Buridan faisait progresser la question en introduisant la notion de liberté de l'homme dont les actes ne sont pas déterminés par des causes extérieures.

Aussi, *être comme l'âne de Buridan* signifie « ne pas savoir quel parti prendre, hésiter indéfiniment ».

Qu'un philosophe soit passé à la postérité en raison d'un âne, cela relativise bien des choses !

Être dans la dèche

L'expression est populaire, voire argotique. Son origine est mal connue. Si on la dit venir de Provence ou d'Anjou (du latin *decadere*, « déchoir »), on a peu d'éléments de certitude, toutefois.

Pourtant, un auteur du XIXe siècle a donné son interprétation : un certain Hann, tambour-major au Cirque-Olympique, voulait devenir acteur ; on lui accorda de prononcer une courte phrase dans une pièce où, habillé en tambour-major de la garde, il se faisait réprimander par Napoléon.

L'homme devait dire : « Quelle déception, mon empereur ! » Mais il était allemand, sa prononciation surprit et l'on entendit, à la première : « *Quelle dèche*, mon empereur. » Le public qui applaudit à ce qu'il croyait être une trouvaille d'auteur fit le reste et reprit l'expression.

Être dans la dèche signifie aujourd'hui « être dans la misère ou dans une gêne passagère ».

Être en panne

Ah, la maudite panne de voiture, le dimanche soir, en rentrant du sacro-saint week-end ! Il y a vraiment de quoi pester contre le sort…

À l'origine, l'expression est un terme de marine signifiant, en parlant d'un bateau, qu'à la fois sa voilure et son gouvernail sont orientés de façon à neutraliser les effets du vent et à immobiliser le bâtiment. Au XVIIe siècle, *mettre un bateau en panne* consistait à « mettre certaines voiles dans un sens et d'autres dans le sens opposé, pour obtenir cette immobilisation ».

Dans cette situation, le navire est astreint à changer très lentement de place en dérivant sur un flanc ; la *panne sèche* caractérise la « manière de tenir en panne par le seul jeu du gouvernail, sans que l'on ait besoin de commander la voilure ».

Être en panne appliqué à l'automobile est né avec le siècle. Mais si la *panne* des marins est voulue, celle de l'automobiliste est toujours imprévisible et accidentelle. Tout le monde sait cela !

Être Gros-Jean comme devant

La Fontaine l'a chanté dans *La Laitière et le pot au lait* :

> Quelque accident fait-il que je rentre en moi-même,
> Je suis Gros-Jean comme devant.

Gros-Jean est un nom propre, devenu depuis longtemps l'appellation du paysan, avec bientôt une connotation péjorative : Gros-Jean serait lourdaud et niais, en même temps qu'ignorant, un peu simple et peu fortuné.

Le pauvre Jean a donné naissance, il est vrai, à un certain nombre d'expressions peu valorisantes : Jean le Veau, pour désigner un imbécile, Jean des Vignes, qualifiant un homme mal avisé, Jean de

Lagny, un peu niais et surtout lent, Jean-Lorgne, badaud imbécile, Jean-Farine, un benêt.

Être Gros-Jean comme devant, c'est « se trouver dans la même situation qu'avant et guère plus avancé, en dépit de ce que l'on a pu faire ou imaginer pour essayer de changer les choses ».

Être jusqu'au-boutiste

La Première Guerre mondiale fut terrible jusqu'à la fin. On s'opposait volontiers sur la question de savoir s'il fallait poursuivre les combats jusqu'au bout, en prenant le terrible risque de faire mourir encore tant d'hommes, de part et d'autre, ou au contraire savoir s'arrêter à temps.

Comment décider, dans de telles circonstances, alors que les belligérants étaient si déterminés ? Face aux « pacifistes », qui voulaient l'arrêt des hostilités et la signature de la paix, se trouvaient les « défaitistes » qui acceptaient que l'ennemi l'emportât pourvu que cesse l'hécatombe ; une troisième catégorie, les *jusqu'au-boutistes*, étaient partisans de la guerre à outrance jusqu'à la victoire finale.

Le terme *jusqu'au-boutiste* se forgea de lui-même à la fin de la guerre. Il est depuis employé pour désigner « les inconditionnels d'une solution, dans tel ou tel conflit, telle ou telle situation bloquée ».

Être la coqueluche

La coqueluche fut de tout temps une maladie redoutée : infectieuse, épidémique, contagieuse, elle se caractérise par des quintes de toux d'allure spasmodique et des inspirations longues et sifflantes, appelées *chant du coq*.

Les enfants y sont sensibles et passent par quatre étapes : incubation, invasion, quintes puis déclin ; c'est la reprise respiratoire bruyante – le *chant du coq* – qui caractérise la maladie.

Jadis, les médecins prescrivaient parfois aux malades de porter un « capuchon » appelé *coqueluche*, afin de garder la tête bien au chaud.

L'expression a alors évoqué, en raison de cet étrange bonnet, « être coiffé de quelqu'un », autrement dit « être protégé, surveillé avec affection ». Elle signifie encore « être le favori, être fort en vogue ».

Si tel acteur est adoré par des « groupies », tel autre en *est la coqueluche*.

Être le dindon de la farce

Le dindon est un gros oiseau gallinacé, dont la tête et le devant du cou sont dénudés et munis de caroncules érectiles, surtout chez le mâle. Entre autres variétés, on connaît le dindon de Sologne, le dindon du Honduras et du Yucatán.

Cet animal, quand il fait la roue, relève les plumes qui recouvrent sa queue ; le mâle possède en outre des éperons. Il a toujours été reconnu pour sa grande sottise.

Au Moyen Âge, dans les farces, ces comédies bouffonnes que l'on jouait fréquemment sur le Pont-Neuf, on appelait *pères dindons* les « pères trop crédules et bernés par leurs fils » ; *un franc dindon* est d'ailleurs toujours un « homme sans intelligence ». Dans ces pièces, le père était donc *le dindon de la farce*.

L'expression signifie toujours « être victime, dupe, dans une affaire, une entreprise ou une aventure » ; « faire les frais d'une plaisanterie ».

Être marqué à l'A

Jadis, les pièces de monnaie étaient identifiées par une lettre frappée sur l'une des deux faces. Ces lettres furent prises dans l'ordre alphabétique et attribuées selon l'importance du lieu où les pièces étaient frappées.

Le *A* fut donc tout naturellement réservé à Paris, en particulier dès 1539, étape importante dans les décisions prises par François Ier pour développer l'unité du royaume. La marque AA fut utilisée pour les pièces frappées à Metz, et ainsi de suite.

Entre la première lettre de l'alphabet et la première ville du royaume, on comprend que *marqué à l'A* commença bientôt de signifier : « doué d'une éminente qualité, avoir un grand mérite ».

L'expression a vieilli, mais, avec les délocalisations d'aujourd'hui, on se demande s'il ne vaut pas mieux *être marqué à l'X*... prestigieuse école française.

Être mis à l'index

Index est l'abréviation de *Index librorum prohibitorum*, catalogue des livres défendus. Dès les premiers siècles chrétiens, des ouvrages publiés par les hérétiques furent condamnés par des conciles, bientôt par les États chrétiens.

Ainsi, en Espagne, sous Philippe II, des listes furent dressées par les soins de l'Inquisition. Plus tard, ce furent les papes, à commencer par Paul IV qui, en 1559, fit rédiger par la Congrégation du Saint-Office le premier *Index*. Pie V institua ensuite la Congrégation de l'Index.

Être mis à l'index se dit de la « défense faite par une autorité d'exposer à la vente un ouvrage, une création et pour une personne de l'exclure, de lui réserver un mauvais accueil, de la mettre sur la touche ».

Mais comme l'a dit Léon Bloy en 1915 : « Je me fous absolument de l'Index qui ne représente pour moi qu'un guichet derrière lequel on déshonore l'Église. »

Être né sous une bonne étoile

De tout temps, l'astrologie a joué un grand rôle dans le destin des hommes, qu'ils y croient profondément ou qu'ils soient sceptiques.

Cette science enseigne que les astres exercent une influence sur les destinées humaines et qu'ainsi, pouvant la déterminer, on peut lire l'avenir. On voit quelle utilisation les hommes sans scrupule peuvent tirer de ces dons de vision, en politique comme en religion et, plus simplement, dans la vie quotidienne.

Déjà, il y a deux mille ans, Manilius développait une doctrine astrologique dans *Les Astronomiques*.

Ce poème en huit mille vers donnait les combinaisons des sept principaux astres et des douze constellations.

Tout naturellement, des spécialistes appelés astrologues se mirent à l'étude et ont donné, à l'aide d'horoscopes (commencement de la première « maison » ou point de l'écliptique qui se lève au moment de l'observation), d'innombrables conclusions à l'usage de leurs clients.

On comprend donc ce que signifie l'expression, selon que l'on est *né sous une bonne ou une mauvaise étoile :* c'est « avoir – ou pas – de la chance dans la vie, en fonction de ce qu'en ont décidé les astres ». La justesse de vue est souvent contestable mais c'est toujours d'un excellent rapport financier !

Être sur la sellette

Jadis, on obligeait tout accusé à s'asseoir sur un petit siège de bois, très bas, appelé *sellette*. L'homme qu'on interrogeait ainsi avait la plupart du temps commis un délit qui pouvait entraîner une peine afflictive : il était réellement *sur la sellette*.

Là, on le pressait de questions pour l'obliger à avouer ses crimes. L'avantage psychologique des juges sur l'homme était incontestable et les humiliations ne manquaient pas pour pimenter la situation.

Si l'expression signifiait « être exposé au jugement d'autrui, à la critique », elle a aujourd'hui un sens plus large : quiconque *est sur la sellette* « se trouve en position délicate », qu'il s'agisse d'un étudiant lors d'un oral ou d'un homme politique mis en cause pour diverses questions… et en direct à la télévision !

Être tiré à quatre épingles

Qu'est-ce qu'une épingle ? Une aiguille de laiton, de cuivre, de fer ou d'acier, pointue à une extrémité, ayant une tête à l'autre, qu'on utilise pour fixer quelque chose ; on se sert aujourd'hui d'épingles de nourrice, d'épingles de sûreté, d'épingles à cheveux ou de cravate.

Jadis, les femmes portaient un fichu qui était fixé par quatre épingles, afin qu'il tînt correctement ; on a retrouvé un règlement du XVIe siècle demandant aux pèlerins de passage de donner quatre épingles pour attacher le corset des hommes et les chapeaux de fleurs des femmes. C'est dire combien le désir d'être bien habillé est de tous les temps.

Quoi qu'il en soit, il fallait quatre épingles que l'on fixait aux quatre coins d'une pièce d'étoffe, si l'on voulait qu'elle soit correctement tendue et le tailleur qui essaye un costume ajuste encore de nos jours ses tissus avec des épingles…

Être tiré à quatre épingles signifie aujourd'hui « être mis avec une élégance impeccable, un soin méticuleux » et au sens figuré s'applique à « un discours dont le style est d'une recherche affectée ».

Et tout le Saint-Frusquin

Le *frusquin* était, jadis, « tout ce qu'un homme possédait » : le pauvre n'avait en général que quelques sous et des nippes, des vieux habits, des vêtements rapiécés. On trouve le mot mentionné en 1628.

Une analogie s'est établie plus tard avec Saint-Crépin, patron des cordonniers, qui représentait l'ensemble de ses outils. Ainsi le *Saint-Frusquin* devenait l'« ensemble de tout ce que l'on possédait ».

Le *Saint-Frusquin*, aujourd'hui, désigne plus volontiers « l'argent que l'on possède, l'avoir en général, dans un sens un peu péjoratif ».

L'exactitude est la politesse des rois

Louis XVIII avait reçu une éducation soignée, lui permettant de montrer une bonne culture générale et approfondie en diverses matières ; il avait par ailleurs un esprit acéré et ses formules faisaient souvent mouche.

D'abord comte de Provence, puis comte de Lille, enfin Louis XVIII dès le 8 juin 1795 (date présumée de la mort de Louis XVII), le roi, en raison de ses pérégrinations forcées en Europe, développa un bel esprit de repartie et une bonne appréciation des événements.

Il ne détestait point les maximes et autres pensées, comme certains en écrivaient à l'époque (Chamfort, par exemple) et vers 1820, il donna celle-ci, à méditer encore, car elle est toujours d'actualité : *L'exactitude est la politesse des rois.*

Faire amende honorable

L'amende est aussi ancienne que les régimes que l'homme a établis ! Tous les peuples de l'Antiquité l'ont introduite dans leur système de pénalité. Dans l'ancien droit français, on distinguait celles fixées par les ordonnances et celles laissées à la discrétion des juges.

L'*amende honorable* consistait à « confesser publiquement le crime pour lequel on avait été condamné » et à « en demander pardon ». Pas n'importe comment, mais ce n'était pas n'importe quel crime : le coupable avait souvent causé un scandale public, comme un sacrilège ou une banqueroute frauduleuse ; les faussaires y étaient fréquemment condamnés, ils y perdaient leur honneur. L'homme qui *faisait amende honorable* se présentait en chemise, la corde au cou ; l'exécution suivait.

La peine de l'*amende honorable* a été abolie en septembre 1791 par la Constituante, rétablie sous la Restauration et définitivement supprimée en 1830.

Aujourd'hui l'expression signifie : « reconnaître qu'on a eu tort, présenter ses excuses, demander pardon, sans qu'il soit nécessaire de se mettre à genoux ». Les temps changent.

Faire bonne chère

Dans *Le Cheval s'étant voulu venger du cerf*, La Fontaine a donné ce vers :

> … Que sert la bonne chère
> Quand on n'a pas la liberté !

À l'origine, le mot *chière* qualifiait « le visage » puis s'appliqua à « la mine » ou à « l'air d'une personne » ; ainsi, *faire belle, bonne chière* s'utilisait pour « faire bon visage, accueillir aimablement », avant de signifier « traiter avec hospitalité ».

Mais la *chair* était forte ! Du moins le mot, qui parvint à attirer à lui *chière ;* peu à peu le bon accueil devint un bon repas, ce qui somme toute paraît bien normal. C'est pourquoi, dès le XVIe siècle, *faire bonne chère* signifia « bien manger ».

Faire des pataquès

Un soir, au théâtre, un jeune homme est installé dans une loge, à côté de deux femmes du demi-monde peu discrètes et encore moins cultivées mais qui veulent se donner l'air de parler le beau langage en faisant des liaisons. Un éventail tombe à terre. Le jeune homme le ramasse et dit à la première :

— Madame, cet éventail est-il à vous ?

— Il n'est point-z-à moi.

— Est-il à vous, demande le jeune homme à la seconde ?

— Il n'est pas-t-à moi.

— Il n'est point-z-à vous, il n'est pas-t-à vous, mais alors, je ne sais pat-à-qu'est-ce ?

S'il n'est pas sûr que l'histoire soit authentique, elle est néanmoins charmante.

Faire des pataquès équivaut à « parler en faisant des erreurs grossières de langage, des liaisons fausses notamment, et à commettre des gaffes ». Par extension, l'expression s'applique à un « discours incompréhensible et confus ».

Cela survient parfois t-aux meilleurs orateurs...

Faire des salamalecs

Chaque peuple possède ses habitudes, qu'il n'est pas toujours facile de partager. L'Histoire est pleine d'exemples à ce sujet. Ainsi les Turcs, qui utilisaient volontiers une formule particulière pour se saluer : tout en portant la main à la poitrine, ils disaient *Salamaleikoum*, signifiant : « La paix soit avec vous, salut sur toi. »

Gestes et paroles furent évidemment mal « traduits » dans le cours des siècles et la formule est devenue *salamalec*, vidée de sens et n'exprimant plus que les révérences.

Faire des salamalecs, c'est aujourd'hui « faire des révérences à outrance et donner dans l'obséquiosité ».

Faire du potin

La *potine* était un « petit pot de terre cuite dans lequel on mettait des braises ». Et c'est autour des potines que se déroulaient les veillées. Chacun avait la sienne, il faisait bon, on pouvait bavarder.

Et de quoi étaient faits ces bavardages ? La plupart du temps des affaires courantes, des ragots, des réputations qui se faisaient et se défaisaient, etc. Le tout dans un bourdonnement où chacun avait quelque chose à dire.

De *potine* à *potin* il n'y avait qu'un *e* ; et si les antiques pots de terre ont disparu, les *potins* demeurent. Et *faire du potin*, c'est-à-dire « faire du bruit », a conservé l'idée de « bavardages confus qui dérangent les proches voisins ».

Faire florès

Au XVIe siècle, un roman qui fut bientôt célèbre racontait les aventures de Florès de Grèce. Même si ce nom fait penser au mot latin qui signifie « fleur », c'est le héros, brillant et élégant, qui réussit à s'imposer dans le vocabulaire.

Faire florès signifiait jadis « manifester une grande joie » et a aujourd'hui le sens de : « connaître de grands succès, réussir brillamment, incluant par ailleurs l'idée de grand nombre ».

Faire la nique à quelqu'un

Voilà qui n'est guère gentil !

Au Moyen Âge, on appelait *nique* ou *faire le niquet* un « signe de mépris ou de dérision consistant à lever le nez en l'air avec un profond air d'impertinence ».

De l'attitude prise par le personnage qui *faisait le niquet*, un peu arrogante sinon moqueuse, s'est formée l'expression *faire la nique* qui signifie aujourd'hui « se moquer de quelqu'un, le narguer, lui montrer qu'on se soucie fort peu de lui ».

Faire le Jacques

Jacques est le « surnom donné volontiers au paysan français dans les siècles passés ». On ne l'appréciait guère, ce Jacques ! On le trouvait assez niais ou stupide, voire simple d'esprit. Mais n'était-ce pas plutôt une conséquence de la peur engendrée par les réactions violentes des « Jacques » que les nobles baptisèrent jacqueries ?

Tout le monde avait encore en mémoire la jacquerie de mai 1358, lorsque les paysans du Beauvaisis, profitant de la captivité de Jean le Bon en Angleterre et de la rébellion d'Étienne Marcel contre le Dauphin, se soulevèrent contre les nobles. Aidés d'artisans, de petits marchands, de sergents royaux et de quelques prêtres, les paysans attaquèrent les châteaux, les brûlèrent, les pillèrent. Cela dura un mois, puis Charles le Mauvais extermina les révoltés devant la ville de Meaux. On se retrouverait en 1789...

Le surnom de Jacques (voire de Gilles ou de Guillaume) resta au paysan et on l'appelait aussi parfois Jacques Bonhomme : il avait cessé de faire peur et on s'en moquait un peu.

Dès lors, *faire le Jacques* commença de signifier « faire l'imbécile, se conduire stupidement ».

Faire le mariolle

La Vierge Marie a eu, dans le langage populaire, plusieurs diminutifs, dont celui de Marion, puis celui de Mariolle.

Au XIIIe siècle, ce mot passait « pour un terme de mépris désignant la Vierge Marie » et caractérisait en conséquence un « personnage peu édifiant ».

Un mariolle est « celui qui fait le joli cœur, le godelureau, l'intéressant » ; il *fait le mariolle*.

Faire ripaille

Au XVe siècle, le duc de Savoie, Amédée VIII, affligé par la mort de son épouse, Marie de Bourgogne, et ayant par ailleurs renoncé à la tiare pontificale qu'il avait portée quelques années, décida de se retirer dans un prieuré de Haute-Savoie afin d'y mener une vie d'austérité et de méditations.

Entouré de ses proches – seigneurs et compagnons de route –, Amédée VIII mena là une vie monacale d'où les femmes étaient évidemment exclues. Mais les banquets ne manquaient pas et le vin de Savoie était servi en abondance.

Or, le prieuré était celui de Ripaille. Ainsi, très vite, *faire ripaille* voulut dire « faire un festin, si possible bien arrosé ». L'expression n'a pas retenu le caractère austère de cette vie au prieuré de Ripaille. On dit aussi *ripailler*.

Fier comme Artaban

L'histoire a connu un capitaine des gardes de Xerxès, du nom d'Artaban, qui assassina son supérieur avant de l'être à son tour.

Mais la littérature, par la plume de La Calprenède (1610-1663), fit connaître un autre personnage de ce nom : dans la pièce *Cléopâtre*, l'auteur a créé un homme très fort physiquement, Artaban, dont les aventures se déroulent en un nombre impressionnant de volumes.

La fierté de ce personnage était telle qu'elle passa dans le langage avec l'expression *fier comme Artaban*.

Le fil d'Ariane

Fille du roi de Crète, Minos, et de Pasiphaé, Ariane, sœur de Phèdre, vécut dans le palais de son père. Un jour, Thésée aborda l'île pour accomplir sa mission : tuer le Minotaure.

Ariane tomba amoureuse de Thésée, auquel elle fournit le moyen de sortir vivant du labyrinthe de Dédale : un rouleau de fil dévidé au fur et à mesure.

Thésée enleva la belle Ariane, l'aima, puis l'abandonna sur l'île, alors déserte, de Naxos. Heureusement pour elle, Dionysos l'épousa. Au sens figuré, une *ariane* est une « femme délaissée » et le *fil d'Ariane* est le « moyen de se diriger au milieu des difficultés ».

Fin de siècle

Les expressions ne manquent pas qui mettent en jeu le siècle où l'homme vit. Ainsi « Il faut être de son siècle », et « Il ne faut pas devancer son siècle », de Paul-Louis Courier (1772-1825).

Il est difficile de bien se situer dans son siècle ; les centenaires sont peu nombreux, même si les progrès récents de la médecine permettent de vivre bien plus vieux que jadis. Tout de même, on ne trouvera guère d'hommes qui, comme Jean Theurel, naquirent à la fin d'un siècle (1699), en traversèrent entièrement un second et moururent dans un troisième (en 1807)...

Chaque siècle a pourtant connu ses générations de jeunes esprits qui voulaient changer les choses ; n'est-ce pas normal ? À la fin du XIXe et au début du XXe, des jeunes gens voulurent introduire de nouvelles conceptions de vie et stigmatisèrent les êtres peu recommandables de cette *fin de siècle ;* une pièce de Jouvenot portant ce titre fut créée en 1888 et contribua à diffuser le terme ; puis Henri Lavedan, et Gyp (une descendante de Mirabeau…), la romancière de *Petit Bob*, le reprirent et l'appliquèrent à tous les « petits vannés » et les « petits crevés » de l'époque.

Être fin de siècle, c'est « être décadent, voire déliquescent », et le comportement *fin de siècle* est toujours d'actualité.

La folle de Chaillot

Chaillot était un village situé hors de Paris, dans les faubourgs en 1659, et introduit dans l'enceinte de la capitale en 1787. On considérait, à Paris, les habitants de Chaillot, ainsi que ceux des villages alentour, comme de « gentils campagnards », pas bien malins, un peu ahuris, sinon fous… devant les merveilles de la capitale. Il en naquit l'expression *folle de Chaillot*, traduisant la « supériorité intellectuelle de l'homme de la ville sur l'homme de la campagne ».

Plus récemment, la pièce de Jean Giraudoux *la Folle de Chaillot* (1945) redonna vie à cette expression.

Foncer tête baissée

Montaigne lui-même le disait : « Je voudrais aussi qu'on fût soigneux de lui choisir un conducteur qui eût plutôt la tête bien faite que bien pleine et qu'on y requît tous les deux, mais plus les mœurs et l'entendement que la science. »

La tête bien faite ? Encore faut-il pouvoir la conserver.

Dans l'Antiquité puis au Moyen Âge, les guerriers casqués portaient des bassinets à visière pour se protéger le visage des coups d'épée. Cela les obligeait à pencher la tête en avant pour se jeter dans la mêlée. L'attitude des gaillards est un peu celle de nos rudes rugbymen qui, lors de la mêlée, se jettent sur l'équipe adverse, *tête baissée*, pour éviter les coups.

Antiquité, temps modernes, même combat : *foncer tête baissée* signifie « aller hardiment, sans redouter les coups ».

Fort comme un Turc

République depuis 1923, la Turquie – ou plutôt l'Empire ottoman – est l'État fondé en Asie par Othman, chef d'un peuple de guerriers qui devinrent les Turcs ottomans (en raison de son nom) ou Osmanlis. Cet État s'est développé à coups de conquêtes en Europe, en Asie et en Afrique.

Ces guerriers turcs, ces redoutables Ottomans, ont, dans leurs combats avec les Européens, montré leur courage, parfois leur cruauté ; en tout cas, leur force impressionna, et *fort comme un Turc* qualifie une « personne extrêmement robuste physiquement ».

Les fourches Caudines

Les Romains affrontaient les Samnites ; ils étaient dans un défilé appelé *les fourches Caudines* et situé dans les montagnes du Samnium, près de l'ancienne Caudium. Ils étaient encerclés et ne purent sortir du défilé qu'en se rendant et en « passant *sous les fourches Caudines* ».

Cet épisode s'est déroulé en 321 av. J.-C. mais chacun en garde la mémoire : par allusion, on passe *sous les fourches Caudines* lorsqu'« on subit des conditions très dures et humiliantes ».

Franchir le Rubicon

En 49 av. J.-C., César est gouverneur de la Gaule cisalpine et a décidé de se rendre à Rome ; il se trouve devant le Rubicon, une petite rivière située entre Ravenne et Rimini, matérialisant la frontière avec l'Italie.

César sait qu'il est interdit à un général romain d'entrer en armes en Italie ; s'il franchit le Rubicon avec son armée, cela signifie qu'il déclare la guerre à la République et viole l'une de ses lois.

Jules César a mûrement réfléchi ; il prononce les mots « alea jacta est » (« le sort en est jeté ! »)… et *franchit le Rubicon.*

L'expression signifie « faire un pas décisif et irréversible ».

Gagner ses éperons

Shakespeare a écrit : « Celui qui éperonne trop sa monture la fatigue vite, et tel qui mangeait trop goulûment est étouffé par la nourriture. »

Qu'est donc un *éperon* ? Tout simplement une « petite branche de fer munie d'une molette, qui s'adaptait aux talons du cavalier et avec laquelle il piquait les flancs de son cheval quand il voulait accélérer sa course ». Ainsi *donnait-on de l'éperon.*

Cela renvoie au monde de la chevalerie et à certains rites : ainsi le nouveau chevalier recevait-il les armes, officialisant son état, en même temps que des éperons, qui symbolisaient son statut de chef. En langage moderne, *il prenait du galon* !

C'est au cours du XIXe siècle, qui redécouvrit les attraits du Moyen Âge grâce aux romantiques… et aux historiens, que le langage retrouva certaines couleurs médiévales. On aima qualifier, par exemple, celui qui faisait ses premières armes avec distinction, en disant de lui qu'il était un *nouveau chevalier*. Il *gagnait ses éperons* quand il « obtenait une situation plus élevée ».

Des gens huppés

L'écrivain flamand Auguste Snieders (1825-1904) a écrit dans *Bonjour Philippe* : « Les gens riches sont toujours respectueux. Une injure de leur part doit être prise comme un compliment. Bien des gens s'en glorifieraient comme d'une faveur. C'est toujours un avantage d'avoir affaire avec les grands. »

Autrefois, les gens d'importance portaient des plumes à leur chapeau et comme ils ressemblaient aux *huppes* – « oiseaux dont la tête est ornée d'une touffe de plumes » –, on disait d'eux qu'il s'agissait de *gens huppés*.

Ces gens importants étant la plupart du temps riches et d'allure distinguée, l'expression *gens huppés* continue de désigner des « personnes de haut rang et de distinction ».

Graisser la patte

On l'aura compris, la « graisse » symbolise la corruption et le gain illicite. Son origine remonte aux habitudes des vendeurs de jambon dont la foire se tenait rituellement sur le parvis de Notre-Dame, à Paris.

L'église touchait une dîme sur le produit des ventes, et les marchands, afin de se concilier les bonnes grâces des inspecteurs chargés de la surveillance et de la transparence des opérations (!), leur glissaient dans la main… un gros morceau de lard. C'était au sens propre, *graisser la patte*.

L'origine de l'expression *graisser le marteau* est à peu près similaire, nous l'avons vu plus haut.

Pour s'en tenir à « la patte », l'expression signifie : « donner illégalement de l'argent à quelqu'un pour obtenir quelque chose ».

L'habit ne fait pas le moine

C'est ce que lançait Shakespeare dans son *Henri VIII*, alors que Sedaine affirmera plus tard : « Ici l'habit fait valoir l'homme, Là l'homme fait valoir l'habit. »

L'*habit*, c'est le « vêtement qui couvre le corps », hormis les « accessoires » comme linge, bonnet ou chaussures. Plus que nous encore, nos ancêtres distinguaient leur semblable à ses vêtements, qui représentaient sa qualité, son statut : l'armure du chevalier, la blouse de l'artisan, la robe du moine. Et il ne faisait pas bon jouer avec cette apparence : le rusé était un trompeur que la société rejetait.

Dès le XIIIe siècle, les *Sermons sur le Carême* donnaient son sens à l'expression, qu'ils reprenaient aux *Décrétales* de Grégoire IX. Il est bien vrai qu'un habit à la française (sous Louis XIV) ou qu'un habit à brevet (sous Louis XV, très chamarré) n'ont rien à voir avec le fameux habit vert de l'Académie.

Les *Fabliaux* et *Le Roman de la Rose* donnèrent, avant Charles d'Orléans et Rabelais, un grand élan à la formule qui se veut prudente et fait la distinction entre l'être et le paraître, que ce soit au plan visuel ou au plan psychologique.

Nous en sommes d'accord : « il ne faut pas juger les gens d'après leur apparence, ni leur dehors, souvent trompeurs » !

L'heure H

L'expression est récente et date de la Seconde Guerre mondiale.

Il semble que les Allemands aient été les inventeurs de la formule qui servait à désigner le moment de leur offensive ; la presse allemande s'en fit l'écho, mais les Français paraissent avoir mal compris son sens : nous crûmes à un « coup de hache », une offensive éclair, en somme !

Quoi qu'il en soit, *l'heure H* arriva, malheureusement pour la France, bien plus vite qu'on ne l'attendait. Depuis, la formule est utilisée pour parler d'« un moment prévu pour une opération quelconque ou de l'heure décisive de cette action ».

En juin 1944, la Normandie vécut à l'heure, si l'on peut dire, du *Jour J* (le *D Day* en américain), manière, sans aucun doute, de se venger des Allemands.

Il y a loin de la coupe aux lèvres

Graham Greene a écrit : « On n'est un être humain que si l'on vide la coupe. »

Ceci paraît bien facile. Ce n'était pourtant pas le cas du temps des Anciens qui mangeaient à demi couchés, habillés d'amples vêtements et buvaient dans des coupes larges autant que basses. On comprend que dans ces conditions, *il y avait loin de la coupe aux lèvres*, car il fallait ramener le récipient plein de liquide à la bouche sans trembler, au risque d'en vider le contenu.

L'expression signifie aujourd'hui qu'« il peut survenir bien des événements entre un désir et sa réalisation, entre la conception d'un projet et son aboutissement ».

Un impératif catégorique

Emmanuel Kant naquit à Koenigsberg en 1724. Précepteur dans différentes familles nobles de la région, il enseigna à l'université de sa ville natale à partir de 1758 et devint professeur de logique et de métaphysique en 1770. Il devait mourir en 1804. Sa philosophie peut se définir comme une analyse et une critique des données de la science et de la morale.

C'est à partir de 1781 qu'il écrivit ses grands ouvrages, en particulier, en 1785 : *Fondement de la métaphysique des mœurs.*

Dans ce livre, il utilise cette formule : *kategorischer Imperativ*, qu'on a traduit dans notre langue par *impératif catégorique*. C'est le « respect du devoir ou de la raison conçu chez l'homme comme le respect de l'humanité en lui et dans les autres » : « Agis de telle sorte que tu uses de l'humanité, en ta personne et dans celle d'autrui, toujours comme fin et jamais simplement comme moyen. »

Il s'agit – et c'est le sens actuel de la formule – d'« un principe de vie ou de conduite auquel on ne peut ni ne doit se soustraire ».

Impossible n'est pas français

Encore une phrase célèbre dans la mémoire collective des Français ! Pourtant, elle n'a pas été exactement prononcée ainsi ; la lettre et l'esprit...

Jean Léonard, comte Le Marois, était un Normand de Bricquebec (où il vit le jour en 1776) dans la Manche ; brave devenu général, il prit part aux guerres du Consulat et de l'Empire, mais resta dans l'ombre de plus grands que lui. Un jour, il « buta » sur un problème et crut bon de s'ouvrir à Napoléon de ce qu'il ne croyait pas possible de réaliser.

L'Empereur lui répondit dans une lettre : « Ce n'est pas possible, m'écrivez-vous : cela n'est pas français. »

La postérité retint seulement l'effet positif de la phrase, qui est devenue pour certains une « composante du tempérament français ».

Jarnicoton

Chacun sait que le roi Henri IV, s'il utilisait de jolies formules *(Ralliez-vous à mon panache blanc ! Paris vaut bien une messe !)*, jurait volontiers, et grossièrement. C'est d'ailleurs ce que lui reprochait souvent son confesseur, le père Pierre Coton.

Ce dernier, né à Néronde en 1564, jésuite, fut prédicateur et confesseur d'Henri IV avant d'être celui de Louis XIII. Il influença tant le bon roi Henri qu'il exposa ce dernier aux critiques des protestants, avant de privilégier la politique « des dévots ».

Lassé d'entendre le roi jurer – blasphémer, plutôt – à tout moment *Jarnidieu* (qui voulait dire : Je renie Dieu), le père Coton lui conseilla d'utiliser son nom.

Le roi l'entendit volontiers et ne jura plus que *Jarnicoton*, qui voulait simplement dire : « Je renie Coton ! »

L'histoire ne dit pas si le destin du bon père en fut changé.

Jeter aux oubliettes

« La mort nous a oubliés », disait une très vieille femme qui avait ses quatre-vingt-dix ans. « Chut ! » répondait Fontenelle, alerte centenaire.

Les oubliettes étaient ces cachots souterrains qui auraient été aménagés dans certains châteaux féodaux pour recevoir des prisonniers condamnés à la prison perpétuelle et que l'on « oubliait » volontairement en les laissant mourir de faim.

Il faut bien convenir qu'hormis certains prisonniers du Mont-Saint-Michel et de quelques forteresses spécialisées dans la garde de condamnés, la plupart des endroits donnés comme oubliettes se sont avérés être des caves, des fosses d'aisance, des silos ou des citernes.

Mais l'imaginaire collectif a beaucoup travaillé et la Révolution a donné son lot d'images terrifiantes ; pourtant, les prisonniers étaient plutôt mis en lieu sûr dans les sinistres cages en fer conçues par La Balue et qui se balançaient au moindre mouvement du prisonnier, ne tardant pas à le rendre fou.

Aujourd'hui, être *jeté aux oubliettes* c'est « être volontairement laissé de côté et oublié ». Pour longtemps !

Jeter le gant

Au Moyen Âge, le gant faisait partie de l'armure, il était en cuir et revêtu de lames métalliques imbriquées : on l'appelait un gantelet.

C'est sous Henri III que le gant commença d'être porté... par les femmes, et sous Louis XIV qu'on adopta les gants de peau, dont la Suède se fit une spécialité.

Mais, chargé d'une valeur symbolique, le gant a joué un rôle important. Jadis, le vassal remettait son gant droit au suzerain, en guise d'hommage personnel. Parfois, le seigneur qui chargeait un messager d'une mission lui remettait en dépôt un bâton et un gant, signes d'une délégation des pouvoirs.

Surtout, la coutume consistait pour les chevaliers à jeter leur gantelet à terre lorsqu'ils voulaient défier quelqu'un au combat. Et celui qui « se manifestait pour combattre contre lui » *relevait le gant*, autre définition.

L'idée de conflit a perduré et aujourd'hui, l'expression signifie « lancer un défi ».

Jeter le mouchoir à une femme

Le poète Alexandre Arnoux a écrit dans ses *Petits Poèmes* :

> Je fais un nœud à mon mouchoir
> Pour me rappeler que j'existe.

Le mouchoir a parfois joué un grand rôle dans les harems…

On rapporte, en effet, que, jadis, les sultans aimaient à se distraire de gentille façon : après avoir longtemps hésité, ils laissaient tomber un mouchoir devant l'élue de leur cœur.

Ainsi *jeter le mouchoir à une femme* signifiait « lui donner la préférence, la choisir parmi d'autres ».

Un auteur rapporte que le maréchal de Villeroi, se trouvant à Lyon en 1717 pour mater une sédition, profita du séjour pour organiser de nombreuses fêtes et qu'une dame de Paris, l'apprenant, aurait écrit : « Mandez-moi donc à qui M. le maréchal a jeté le mouchoir. »

On pourrait remettre ce jeu à l'honneur.

Jurer ses grands dieux

Dans l'Antiquité, les Grecs donnaient le nom d'Olympe à la montagne de Thessalie où ils plaçaient la demeure de Zeus et de plusieurs dieux.

Zeus habitait le sommet le plus élevé de la montagne, dans un superbe palais construit par

Héphaïstos. Les poètes s'emparèrent du mythe et les douze dieux qui habitaient là furent nommés les Olympiens : Zeus, Arès, Poséidon, Héphaïstos, Hadès, Apollon, Héra, Hestia, Athéna, Déméter, Artémis et Aphrodite.

Les Grecs, puis les Latins, prirent l'habitude d'invoquer ces grands dieux dans des circonstances particulières ; ils s'engageaient alors plus volontiers à jurer par ces dieux que par d'autres, moins importants. Ils *juraient leurs grands dieux.*

De nos jours, l'expression signifie « faire de grands serments, affirmer solennellement ».

J'y suis, j'y reste

322 jours de siège… Sébastopol tenait toujours, malgré les batailles de l'Alma, de Balaklava, d'Inkerman. Le 5 septembre, 814 pièces alliées pilonnèrent pendant 72 heures, anéantissant 7 500 Russes. Le 8, les zouaves de la division Mac-Mahon s'emparèrent à midi de la redoute de Malakoff, clé de la défense russe.

Marie Edme Patrice de Mac-Mahon (descendant d'Irlandais émigrés, né à Sully en Saône-et-Loire en 1808, il avait, lui aussi, commencé sa carrière en Algérie) pouvait planter le drapeau tricolore sur une éminence et féliciter ses braves zouaves.

Dans le courant de l'après-midi, un général vint prévenir Mac-Mahon de ce que le fort était sans doute miné et que les Russes allaient sûrement faire sauter l'ouvrage ; il insista en demandant l'évacuation. Il ne pouvait en être question pour le général, qui répondit avec hauteur : « J'y suis, j'y reste. »

De fait, peu après, une explosion se produisit, mais sans faire de gros dégâts. Le drapeau français continua de flotter sur les ruines et le siège s'acheva enfin, les troupes de Gortchakov décidant l'évacuation. *J'y suis, j'y reste* s'emploie pour dire que l'« on est bien décidé à camper sur ses positions ».

Laid comme les sept péchés capitaux

« À tout péché miséricorde », dit le proverbe.

Mais qu'est-ce qu'un péché ? La transgression volontaire de la loi divine, qui procède du péché originel, accompli par ce malheureux Adam, qui entraîna, avec sa propre déchéance, celle de toute sa postérité. Mais s'il y a péché mortel, il y a également péché véniel, tout est question de proportions !

Les sept péchés capitaux sont connus : orgueil, avarice, luxure, envie, gourmandise, colère et paresse.

Si Eugène Sue les a incarnés dans un de ses romans, il ne faisait guère que reprendre la tradition de Jérôme Bosch, qui les avaient peints, et surtout des sculpteurs du Moyen Âge qui les avaient représentés dans la pierre, sur les portails des églises. Ces derniers avaient sculpté des formes hideuses, craignant l'enfer plus que tout ; les péchés, dans leur esprit, ne pouvaient que présenter ces formes monstrueuses. La peur est parfois bonne conseillère…

On comprend que celui qui est qualifié (gentiment ?) de *laid comme les sept péchés capitaux* n'a guère de chance de tourner la tête aux actrices de cinéma, à moins qu'on ne lui confie le rôle de Quasimodo !

Lancer un ballon d'essai

Les frères Montgolfier (Joseph, né en 1740, et Jacques, né en 1745) ont d'abord été les directeurs d'importantes papeteries à Annonay, avant de devenir les inventeurs des aérostats qui prirent tout naturellement leur nom.

Après la première démonstration de juin 1783, suivie de la présentation au roi, en septembre, à Versailles, eut lieu la première ascension d'une montgolfière avec deux aéronautes : le 21 novembre 1783, Pilâtre du Rozier et d'Arlandes s'élevèrent dans un engin gonflé à l'hydrogène. L'homme venait de s'affranchir de la pesanteur ! Tout un symbole, quelques mois avant la Révolution.

Dans les multiples expériences développées depuis, on a pris l'habitude de lancer avant l'ascension, pour connaître la direction du vent ou la vitesse du courant atmosphérique, un ballon. C'est, au sens propre, un ballon-pilote ou *ballon d'essai*.

Au sens figuré, *lancer un ballon d'essai*, c'est « tester une idée dans le public, jauger la réaction, tâter le terrain ». Cela est de plus en plus fréquemment utilisé en politique, mais également dans le monde de la communication et de la publicité.

Loi du talion

C'est une « loi en vertu de laquelle le coupable est traité de la même manière que celle dont il a usé (ou voulu user) envers sa victime ; c'est une peine égale et semblable au crime ».

La *loi du talion* était appliquée depuis la plus haute Antiquité. Elle existait chez les Hébreux et elle est évoquée dans l'*Exode* : œil pour œil, dent pour dent, main pour main, pied pour pied, fracture pour fracture, plaie pour plaie. On la rencontre chez Solon, dans les Douzes Tables, dans le Coran, etc.

Mais toutes les législations civilisées ont fini par faire disparaître cette *loi du talion* (qualifiée de « loi la plus équitable » par Voltaire), jugée trop barbare et beaucoup trop inique.

Long d'une toise

L'Europe se fera d'abord en unifiant les mesures de poids, de longueur, de capacité, de surface, de monnaie surtout. C'est ce que la France a fait, en son temps, lorsqu'elle a adopté des systèmes uniques, après 1789.

Il le fallait... Rien que pour les longueurs, les unités ne manquaient pas : le point (0,188 m), la ligne (0,225 m), le pouce (2,706 cm), le pied du roi (0,324 m) et enfin la toise (1,949 m). La toise équivalait à 6 pieds, lesquels valaient 12 pouces, qui valaient 12 lignes, etc. On n'en aurait jamais fini.

Heureusement, le système décimal est venu simplifier tout cela, mais il reste quelques traces dans le vocabulaire, comme *long d'une toise*, qui signifie tout simplement « très long ».

Manger à la même écuelle

L'*écuelle* est une « pièce de vaisselle, en argent, en terre (ou en bois, la plupart du temps), dans laquelle on servait habituellement le potage ou le bouillon du repas familial ».

Une tradition existait encore récemment dans les campagnes de l'ouest de la France, ainsi que dans le Centre : le jour de leurs noces, les familles faisaient *manger dans la même écuelle* les nouveaux mariés ; geste symbolique de leur entrée dans le cercle élargi.

Manger à la même écuelle signifie de nos jours « vivre dans une étroite intimité et, par extension, avoir les mêmes sources de profits, les mêmes intérêts ».

Mener une vie de bâton de chaise

Un *bâton de chaise* est bien peu de chose, mais cela rendait tellement service ! Il s'agissait jadis d'une « pièce de bois, sorte de bâton mobile, utilisé pour manœuvrer une chaise à porteurs ». Ce véhicule à une place des siècles passés était porté à bras d'hommes, à l'aide de deux bâtons de chaise, justement.

La chaise à porteurs fut tout à fait à la mode au XVIIe siècle, mais elle commença à ressembler à une caisse fermée. Peu importe, il fallait la mouvoir avec le même procédé : bras de gaillards indispensables !

Autant dire que les *bâtons de chaise* – à porteurs – avaient une vie remuante et remuée : ils barraient la porte de la chaise, on les enlevait prestement pour laisser sortir le passager et on refaisait l'opération inverse, tout aussi rapidement, avant de repartir, à vide autant qu'à plein.

Une vraie vie de bâton de chaise ! Expression qui veut dire aujourd'hui : « mener une vie désordonnée, très agitée ».

Mentir comme un arracheur de dents

Depuis le XVIe siècle, on connaît ce proverbe qui reste d'actualité : « Les gourmands font leur fosse avec leurs dents », que l'on trouve également sous la forme « les gourmands creusent leur tombe avec leurs dents ». Encore faut-il en avoir de solides et hors d'atteinte des pernicieuses caries.

Jadis, le dentiste exerçait son art sur les places publiques ou les champs de foire et il ne pouvait endormir la douleur faute d'analgésiques : il n'avait guère recours qu'à ses sinistres instruments pour procéder à l'extraction.

Mais le dentiste avait une arme « psychologique » : il mentait effrontément à ses patients, affirmant que l'extraction n'entraînerait aucune douleur et que l'affaire serait rapide. Il suffit de voir la grimace du patient, sur certains tableaux rapportant la scène, pour s'interroger...

Mentir comme un arracheur de dents a conservé tout son sens aujourd'hui encore : c'est « mentir effrontément ».

Une mesure draconienne

Le législateur athénien Dracon se fit connaître au VIIe siècle avant J.-C. pour sa sévérité sans borne. Les délits les plus mineurs étaient punis de mort ou d'exil et les fauteurs de trouble, les simples voleurs se voyaient frappés de peines lourdes, le plus souvent disproportionnées à leurs actes.

Dracon édicta un certain nombre de lois réunies dans le Code Dracon, mais ses excès firent qu'il fut bientôt chassé d'Athènes ; il serait mort en exil bien qu'une autre version de la fin de sa vie veuille qu'il ait été étouffé par des monceaux d'offrandes qu'on aurait jetées sur lui au cours d'une représentation théâtrale. Ces deux versions sont radicalement opposées et ne nous renseignent pas sur le crédit dont il put jouir dans la population.

Une mesure draconienne est « une mesure qui rappelle la sévérité de Dracon ; elle est inflexible, rude et parfois difficile à faire admettre ».

Mesurer les autres à son aune

L'aune est une ancienne mesure de longueur de 3 pieds 7 pouces et 10 lignes 5/6 de longueur, soit précisément 1,188 m, du moins pour l'aune de Paris.

On avait également, pour mesurer tant les étoffes et l'arpentage que les itinéraires le pas géographique (5 pieds), la perche de Paris (18 pieds et 3 toises), la perche ordinaire (20 pieds), la perche des Eaux et Forêts (22 pieds), la lieue de poste (2 000 toises) et la lieue commune (2 280 toises). C'est dire combien il existait d'unités de mesure, sans compter que chaque pays avait les siennes. L'aune pouvait ainsi varier de 0,513 m à 2,322 m ! Il fallut attendre 1834 pour que l'aune soit abolie définitivement.

On comprend que chacun puisse *mesurer les autres à son aune*, c'est-à-dire « juger d'autrui par soi-même, avec sa propre capacité et son appréciation ». Comme disait Montesquieu : « Les gens de Paris mesurent tout à leur aune. »

Mettre au violon

Le poète Arno Holz (1863-1929) chante dans *Soudain un violon* : « Soudain, d'une fenêtre, légers, filés, enflant leur onde, purs et profonds, grâce perlée, essor qui se débat, désir qui fuse, joie qui chante, eau mouvante, flamme qui monte, or qui palpite, douceur, lumière, moelleux d'argent les sons fondants d'un violon. »

La musique adoucit les mœurs, dit-on. Et peut-être les mauvais caractères. Car la prison du bailliage du Palais de Justice de Paris servait, selon un témoin du temps de Louis XI (toutefois sujet à caution), à enfermer des pages, des valets qui passaient leur temps à crier et jouer.

Il y avait aussi, dûment établi par bail, un violon fourni par les luthiers de la capitale, destiné aux loisirs des prisonniers. L'expression naquit et, telle une portée de notes, s'envola dans le ciel de Paris : on comprit que « mettre dans la prison qui attient à un corps de garde » devenait *mettre au violon*.

On le dit toujours même si les violons ont quitté nos modernes prisons.

Mettre la table

Ou comment les habitudes quotidiennes peuvent changer !

Jadis, on voyageait de château en château avec ses bagages et avec tous ses ustensiles, transportés dans les chariots que tiraient les chevaux. On se hâtait. Lentement...

Arrivés à l'étape, on déchargeait le matériel et, en particulier à l'heure du repas, on *mettait la table*, autrement dit, on « apportait une grande planche que l'on posait sur des tréteaux ». Il ne restait plus, alors, qu'à disposer une belle nappe sur l'ensemble et le tour était joué : la table était mise, au sens propre.

Après le repas, les serviteurs faisaient l'opération inverse, ce qui était rapide car le nombre d'objets n'était pas important : quelques plats, verres, coupes et couteaux suffisaient. Cela était vrai pour les plus riches et les seigneurs, car pour les pauvres paysans, l'opération ne nécessitait pas de tels déménagements.

Aujourd'hui, tout le monde peut *mettre la table* et cela consiste à « recouvrir la table d'une nappe et à y disposer les assiettes, les verres et les couverts » (d'où *mettre le couvert)*. Après le repas, nul besoin de démonter la table… !

Mettre quelqu'un en quarantaine

La quarantaine ! Il y a peu, c'était un âge déjà respectable. Aujourd'hui, on est encore très jeune à quarante ans et beaucoup d'actrices et de comédiens le savent pertinemment. Mais ce n'est pas de cette quarantaine-là qu'il s'agit ici.

Certes, le nombre quarante y représente la notion centrale : on connaît la quarantaine-le-roi, institution de Philippe Auguste renouvelée par Saint Louis en 1257, interdisant aux seigneurs offensés de se venger durant ce laps de temps. Plus connue, la *quarantaine* est cette « période de quarante jours au cours de laquelle on isolait les personnes et les marchandises en provenance de pays ou de régions où régnait une épidémie ».

Il y avait toutefois de nombreux manquements à cette règle, car on ignorait comment se propageait une maladie contagieuse. Si cette mesure avait été réellement appliquée en 1721 à Marseille, la peste ne serait jamais entrée dans la ville, frappant ensuite la région, et tout le pays.

Mettre quelqu'un en quarantaine, c'est « le tenir à l'écart pour un certain temps du groupe avec lequel il vit habituellement, le mettre en situation d'isolement forcé ».

Mettre sa main au feu

Au Moyen Âge, une des manières de rendre la justice consistait à mettre l'accusé à l'épreuve. Celle-ci était destinée à faire apparaître l'innocence ou la culpabilité de la personne incriminée, sous l'œil bienveillant de Dieu.

Il existait des épreuves plus ou moins redoutables : les duels et les tournois permettaient, par exemple, de prouver lequel des combattants avait le droit pour lui. Mais cela n'avait rien à voir avec l'*épreuve du feu*.

Cette *épreuve du feu* consistait, pour l'accusé, à « saisir avec la main droite une barre de fer rougie au feu et à la porter pendant une dizaine de pas, ou de placer la main dans un gantelet de fer également rougie au feu » ; dans les deux cas, la main innocente, selon la croyance de l'époque, devait être guérie en trois jours. Il y fallait une bonne dose de courage… sinon d'inconscience.

De là nous est venue l'expression *mettre sa main au feu* qui signifie : « soutenir une idée, une opinion par tous les moyens, affirmer énergiquement la réalité d'une chose et montrer la force de sa conviction ».

Mi-figue, mi-raisin

D'un côté la figue, « réceptacle dont la surface interne est tapissée d'une multitude de fleurs qui laissent place aux fruits gorgés d'une matière sucrée », que l'on trouve en Espagne, Italie, Turquie et Afrique du Nord. Celles de Smyrne sont très estimées.

De l'autre, le fruit de la vigne, « arbuste sarmenteux de la famille des ampélidées », aux fleurs nombreuses disposées en grappe. Les variétés sont innombrables et font rêver : Pinot de Bourgogne, Rouget du Jura, Chasselas de Thomery, Muscat de Hambourg ou d'Alexandrie.

Secs, les figues et les raisins étaient particulièrement appréciés de nos ancêtres et l'on raconte que les Vénitiens faisaient venir des raisins de Corinthe, au prix fort. Les commerçants grecs, afin d'augmenter leurs profits, n'auraient pas hésité à mêler à leur production des morceaux de figue, au moindre prix.

Quoi qu'il en soit, figues et raisins étaient les seuls fruits secs pouvant être mangés en Carême : ils étaient peut-être « mêlés de bon et de mauvais », avant que l'expression ne se transforme en « moitié sérieux, moitié en plaisantant » et signifie aujourd'hui : « d'un air à la fois satisfait et mécontent ; ou à la fois sérieux et plaisant ; en même temps de bonne et de mauvaise humeur ».

Un morceau de roi

Comme le disait l'historien et homme d'État Adolphe Thiers à propos de la Restauration : « Il y a eu des royalistes plus royalistes que le roi. »

On l'imagine aisément, les rois ne pouvaient que laisser de nombreuses formules dans la langue française : du *roi des rois* à *manger le pain du roi*, du *roi n'est pas mon cousin* à *être heureux comme un roi*, la personne du souverain est prétexte à exprimer toutes sortes de sentiments.

Elle est aussi révélatrice de la manière de se conduire envers les femmes et l'on sait combien les maîtresses furent nombreuses, quels furent leur rôle historique et leur influence sur Henri IV, le « Vert Galant », François Ier, Louis XIV ou Louis XV : tous avaient un goût prononcé pour les belles femmes et ne manquèrent pas de leur faire des enfants...

Que possédaient ces femmes en commun ? D'être appétissantes et désirables et d'apporter au roi de multiples plaisirs. Le *Dictionnaire de l'Académie* parlait déjà de « morceau friand » ou « de bon morceau ».

Voilà pourquoi *un morceau de roi* désigne aujourd'hui « une fort jolie femme, désirable et appétissante ».

Mort aux vaches !

Ce cri de guerre est célèbre mais il ne doit pas être pris au pied de la lettre. Car, en vérité, on ne veut généralement pas la mort de celui à qui est destinée cette charmante apostrophe. (Cependant on connaît les peines encourues pour avoir lancé un « Mort aux vaches ! » en présence de la police ou des forces de l'ordre qui sont la cible de cette expression.) De plus, les paisibles ruminants n'ont strictement rien à faire dans cette histoire. Alors, pourquoi des vaches ?

Sur les guérites des gardes-frontières allemands était écrit en grosses lettres un *Wache* (*garde* en allemand) prompt à décourager toute tentative d'incursion en Allemagne. Peu avant la Première Guerre mondiale, les Français qui habitaient à la frontière allemande, firent alors la confusion, en un temps où les deux pays voisins ne s'aimaient pas beaucoup. Le *Wache* devint bientôt *vache* et l'on ne se priva pas dès lors d'apostropher les « plantons de Guillaume II » en ces termes.

Tout au long du XXe siècle, on utilisa plus volontiers l'expression pour « insulter les agents de police et de gendarmerie ».

Les moutons de Panurge

Né en 1494 à la maison de campagne de La Devinière, à côté de Chinon où ses parents demeuraient, François Rabelais est un des géants de la littérature. Après une instruction chez les Cordeliers, il reçut la prêtrise en 1511, mais son désir de savoir était immense, il apprit l'histoire naturelle, le latin, le grec, l'hébreu.

Ces études mêmes le rendirent suspect ; il réussit à devenir médecin à Lyon, fut protégé par le cardinal Du Bellay, vécut à Metz, résigna sa cure de Meudon avant de mourir en 1553.

Ce véritable savant est connu pour ses dissections mais principalement pour ses œuvres, telles que *Gargantua*, *Pantagruel*, *Tiers Livre*, dans lesquelles son observation et son imagination, son sens de la connaissance humaine, son humour, font merveille.

Dans le *Pantagruel*, Rabelais décrit un personnage du nom de Panurge, franc fripon, cynique et dévoyé, un peu couard ; l'homme connaît cent aventures, mais une surtout : pour se venger de Dindenault, un marchand de moutons, Panurge s'embarque avec lui sur le bateau, achète un mouton… et le jette aussitôt à la mer.

L'instinct des autres moutons fait le reste ; hélas pour Dindenault, ils sautent tous à la mer. Depuis 1546, *un mouton de Panurge* qualifie « celui qui imite inconsidérément ce qu'il voit faire par un autre, sans avoir recours à son libre arbitre et à son esprit de critique ».

Ne pas peser un grain

Selon la définition du dictionnaire, le poids est la force avec laquelle un corps tend à se rapprocher du centre de la Terre, en vertu de sa pesanteur.

C'est dire que les unités de poids ont été, dans les temps anciens, fort diverses : talent, shekel ou sicle, once ou drachme de l'Égypte, obole, mine ou talent de la Grèce, once ou scrupule de Rome.

Les poids grecs, puis romains, furent introduits en Gaule, puis la livre mérovingienne les supplanta : elle valait 325,63 g et 6 144 grains (cela dura jusqu'au XIe siècle où la livre nouvelle fut divisée en 2 marcs et 16 onces).

Le *grain* était, selon Furetière « le plus petit des poids dont on se sert pour peser les choses précieuses ». Ainsi, un carat de diamant pèse 4 grains et on trouve 480 grains à l'once.

Autant dire que *ne pas peser un grain* signifie que « cela n'entre pas en compte et, donc, n'a pas beaucoup d'importance ».

Ne pas s'embarquer sans biscuit

Est-il un gâteau plus délicat que le *biscuit* ? Qu'il soit à pâte dure (sablé), à pâte semi-dure (napolitain), à pâte pâtissière (boudoir), à pâte semi-liquide (gaufrette) ou fantaisie (macaron)...

Il existe aussi un biscuit militaire, qui porte bien son nom puisqu'il est cuit... deux fois. Cela le durcit suffisamment pour qu'on puisse l'emmener en voyage.

Les marins l'emportaient dans leur bagage, lorsque la traversée s'annonçait longue : c'était un pain en forme de galette appelé naturellement « biscuit de mer ». Il arrivait même que pour des voyages dépassant six mois, on emportât un pain cuit quatre fois !

Mais la mer est tellement dangereuse. À une époque où l'on ignorait encore les procédés de conservation, mieux valait *ne pas s'embarquer sans biscuit*. L'expression signifie aujourd'hui : « ne pas s'engager sans précaution dans une affaire ou une entreprise ».

Ni Dieu, ni maître

Né dans une famille bonapartiste, à Puget-Théniers, en 1805, Louis Auguste Blanqui s'affilia à la Charbonnerie dès 1824. Journaliste, répétiteur, ses idées révolutionnaires lui firent prendre part à des manifestations et il commença à connaître la prison à Nice. Participant aux complots de 1831, il écopa d'une (première) année de prison.

Comme il ne croyait pas à la possibilité de transformer pacifiquement la société, il proposait le « coup de main » révolutionnaire permettant de créer un État populaire tout-puissant (un peu le centralisme communiste avant la lettre). Dès lors, Blanqui fut membre de nombreuses sociétés ayant des visées révolutionnaires et il ne passa pas moins de trente-trois années en prison (on le surnommait « l'Enfermé »).

En 1870, il fonda une armée secrète de 2 500 hommes et prépara une insurrection qui échoua.

Après la Commune de 1871, il fut à nouveau incarcéré et déporté, et, en 1879, il revenait aux affaires publiques puisqu'il était élu député de Bordeaux (mais son élection fut invalidée). L'année suivante, il créa le journal communiste : *Ni Dieu, ni maître*, ce titre étant aussi son slogan. Mais Blanqui mourut quelques mois plus tard. L'expression *Ni Dieu, ni maître* s'emploie toujours pour signifier « un esprit libre voire libertaire ».

Noces de Gamache

Lorsque les écrivains se mettent à rivaliser dans le grandiose, cela peut atteindre des sommets ; on connaissait les repas « pantagruéliques » que Rabelais faisait servir à ses personnages, Gargantua, Pantagruel et autre Panurge ; mais Maître François est égalé par Cervantès dans *Don Quichotte*, qui date du début du XVIIe siècle.

Gamache, riche paysan, épousa la belle Quitteria – les noces forment un des épisodes les plus fameux du roman. Plus que Rabelais, plus que Flaubert, Cervantès décrit un extraordinaire festin : un bœuf entier cuit à la broche et farci de douze cochons de lait, des moutons, des centaines de poulets, lapins et lièvres, des montagnes de pains, des murs de fromages, d'innombrables pâtisseries retirées à la pelle de grandes cuves d'huile bouillante ; de quoi nourrir une armée.

Certes, on ne pouvait que se souvenir d'une pareille débauche, de ces *noces de Gamache* ! C'est ainsi que l'expression *les noces de Gamache* désigne aujourd'hui « tout festin ».

O.K.

À l'heure où l'Europe a décidé de se construire, il lui reste à régler un problème fondamental : quelle sera sa langue ? Comment parlera-t-on en Europe ? Souhaitons, pour notre part, que le français soit choisi, comme il le fut à différentes époques.

Mais, quelle que soit la langue adoptée, certains continueront de dire : « O.K. », comme tant d'Américains. Au fait, d'où vient cette locution ? Des États-Unis, bien entendu.

Elle a été attribuée au général Andrew Jackson (1767-1845), président américain peu familier de l'orthographe : il aurait écrit *Oll Korrect* (avec comme abréviation : *O.K.*) en lieu et place de *All Correct*, signifiant : « approuvé, tout va bien, c'est bon, parfait, d'accord ».

Mais on prétend aussi qu'il s'agirait des initiales d'une expression d'origine indienne ou hollandaise. Nous resterons sur la réserve et continuerons de dire simplement et clairement : « d'accord », lorsqu'il le faudra.

On n'est pas sorti de l'auberge

Au début du XIXe siècle, une affaire criminelle qui fit beaucoup de bruit devait donner naissance à cette expression toujours très employée. Le cadre de cette affaire était une petite auberge située sur une route de montagne, aux confins de l'Ardèche. Les aubergistes qui paraissaient d'une honnêteté sans équivalent profitaient du sommeil des clients pour les assassiner et leur dérober leurs biens. Cela dura vingt ans avant qu'enfin les tenanciers démasqués soient rendus à la justice et exécutés.

L'affaire eut un retentissement considérable dans l'opinion à tel point que chansonniers, trousseurs de vers et auteurs dramatiques s'en inspirèrent jusqu'à la fin du siècle. Mais davantage que ces – souvent – piètres littérateurs, c'est le langage qui a véhiculé jusqu'à nous cette anecdote. L'expression *on n'est pas sorti de l'auberge* l'évoque et signifie que l'« on se trouve dans une situation difficile, complexe, de laquelle on ne saurait sortir facilement ».

Parler français comme une vache espagnole

L'actualité politique le montre encore : il y a des Basques des deux côtés des Pyrénées. Il semble que jadis les Basques espagnols avaient plus de mal à parler français que les autres. Il en naquit l'expression, vers 1858, *parler français comme un basque espagnol*, bientôt déformée en *vache espagnole*.

Partir en croisade

La croisade, menée contre les Infidèles ou les hérétiques, tirait son nom de ce que ses participants arboraient une croix sur leur habit. Les Croisés ne firent d'ailleurs pas de détail : pas moins de huit croisades entre 1096 et 1270 ! Ce qui a peut-être fait écrire à Léon Bloy : « La folie des Croisades est ce qui a le plus honoré la raison humaine. Antérieurement au crétinisme scientifique, les enfants savaient que le Sépulcre du Sauveur est le centre de l'univers, le pivot et le cœur des mondes. »

Tous les avis sont dans la nature ! Il faut avouer qu'Urbain II et Pierre L'Hermite, saint Bernard et Guillaume de Tyr, ne furent pas toujours suivis par des Croisés de la meilleure inspiration divine. Mais il fallait conserver ou reconquérir la Terre sainte et Jérusalem (ce qui survint en 1229). Chevaliers, soldats, artisans, moines, simples pèlerins partaient en croisade, d'abord poussés par la foi et l'enthousiasme, puis avec l'intention de faire des affaires.

Aujourd'hui *partir en croisade* signifie : « s'engager dans une campagne d'opinion et combattre, à une grande échelle, une idée, un fléau », etc. Les raisons, hélas, ne manquent pas !

Passer à tabac

L'origine de cette expression demeure incertaine. On l'aurait employée pour la première fois dans les locaux de la police parisienne, à la fin du Premier Empire. Rappelons que le chef de la brigade de Sûreté était alors le célèbre Vidocq, ancien bagnard haut en couleur.

Or, à cette époque, la criminalité connaissait des taux élevés et on craignait tout autant les conspirations que les actes de ce que l'on appellerait plus tard *la cinquième colonne* (voir page 54). Il y avait donc tout lieu de faire vite avec les suspects pour leur extorquer quelque aveu. Faire vite, c'est-à-dire employer tous les moyens... Lorsqu'un agent de police était arrivé à ses fins, il recevait un paquet de tabac en guise de prime. C'est ainsi que serait née l'expression *passer à tabac* qui devait donner tout naturellement *tabasser*.

Aujourd'hui tout sévice corporel est officiellement interdit, et, dans peu de temps, il sera peut-être interdit de fumer dans les commissariats. Autres temps, autres mœurs !

Pauvre comme Job

La tradition juive fait naître ce personnage biblique dans le Hauran près de Damas ; il vécut après Abraham et avant Moïse.

Les épreuves que lui infligea Dieu – riche et puissant, il perdit ses enfants et ses biens – sont à l'origine de nombreuses expressions : *amis de Job*, « ceux qui se moquent de vous dans le malheur », *fumier de Job*, « la misère ». La plus connue reste *pauvre comme Job* qui désigne « une personne frappée par la plus grande indigence ».

Payer en monnaie de singe

Au temps du roi Saint Louis, une ordonnance édicta l'établissement d'une taxe (en somme un péage) à l'entrée du pont qui reliait l'île de la Cité à la rue Saint-Jacques, sur le Petit-Pont, à Paris. Une exception, toutefois, dont le règlement figurait au *Livre des métiers* : les jongleurs, les bateleurs ou les forains qui possédaient des singes étaient dispensés du paiement du péage à condition que leur numéro soit présenté devant le péager. Gambades ou grimaces tenaient lieu de paiement.

Nombre d'auteurs ont alors utilisé la formule *payer en monnaie de singe* et François Rabelais ne fut pas le dernier, dans le *Quart Livre* notamment, à s'en servir.

Aujourd'hui, l'expression signifie « se moquer, faire des plaisanteries au lieu de payer, payer en fausse monnaie ou en paroles moqueuses à l'adresse du débiteur ». Une pirouette digne du singe...

Un pays de Cocagne

Encore plus loin que le Pérou, encore plus riche, encore plus beau, le *pays de Cocagne* !

Dans la bonne ville de Naples se déroulait chaque année au XVIIe siècle une fête qui célébrait le Vésuve. On érigeait alors une sorte de « monticule censé représenter le volcan d'où jaillissaient viandes, charcuteries et vins ». Ce monticule avait été baptisé *cocagna*, du nom de *Cuccagna*, une petite ville italienne réputée pour sa vie facile et bon marché. Plus tard, on créa le célèbre mât de Cocagne[1], poteau en haut duquel étaient suspendues des victuailles et des bouteilles de vin qu'il s'agissait d'aller chercher.

Le pays de Cocagne est donc « un endroit où l'on trouve de tout en abondance ». L'expression *C'est Cocagne*, encore utilisée aujourd'hui en Provence, signifie : « c'est facile ».

Un péquin

La Chine a toujours fasciné les hommes et particulièrement la ville de Pékin, aujourd'hui immense métropole qui comprend la ville chinoise, la tartare, l'ancienne cité impériale avec son célèbre Temple du ciel.

Les Français n'échappèrent pas à cette fascination et c'est ainsi que l'on baptisa du nom de *pékin* une espèce d'« étoffe de soie », qui fut très en vogue sous Louis XV et « qui présentait des bandes alternativement claires et foncées ». Cette étoffe était utilisée pour la confection de pantalons destinés aux soldats, et on imagine volontiers que ces derniers ne passaient pas inaperçus ; ces militaires habillés de *pékin* se distinguaient des civils. Le sens s'est aujourd'hui inversé et désigne un « civil ».

Une autre histoire rapporte que le mot serait d'origine franc-comtoise et daterait du temps de

1. Voir notre *Petit Dictionnaire des mots qui ont une histoire*, Tallandier, 2003.

l'occupation espagnole : les valets du pays auraient été appelés des *petits* (en espagnol *pequeños)* et le mot aurait été repris par plaisanterie lors de l'expédition française en Chine sous Napoléon III.

Quoi qu'il en soit, de nos jours, un *péquin* est « un civil »... surtout pour un militaire.

La perfide Albion

Dans un poème de la Renaissance, Edmund Spenser parle du « puissant Albion, père du peuple vaillant et guerrier qui occupe les îles de la Bretagne ». Il fait ainsi allusion au géant Albion, le fils du dieu des ondes, Neptune, qui osa, selon la légende, s'opposer à Hercule lorsque ce dernier passa en Gaule méditerranéenne : il vida son carquois de flèches, avant de succomber sous une pluie de pierres dans une plaine baptisée la Crau.

Depuis longtemps, nous avons qualifié de *perfide Albion* cette « Angleterre si proche » – et à la fois si lointaine. L'adjectif *perfide* est appliqué à l'Angleterre par Mme de Sévigné et par Bossuet, mais il faut attendre la période révolutionnaire pour voir éclore l'expression *Perfide Albion.*

Souvent utilisée pour évoquer « la mauvaise foi de l'Angleterre », puis plutôt par plaisanterie – c'est le sens actuel –, on se demande si après les accords de Maastricht sur l'Europe, l'expression ne va pas reprendre un peu de vigueur...

La pomme d'Adam

La pomme ne tombe pas loin du tronc, dit une expression allemande ; on pourrait même ajouter qu'elle est tombée sur la tête du pauvre Adam.

D'après la Bible, Adam est le premier homme ; créé à partir du limon de la terre (son nom en hébreu signifie : fait de terre rouge), il vécut d'abord avec Ève, sa compagne, dans le Paradis terrestre.

Hélas ! Ayant touché aux fruits de l'arbre de la science du bien et du mal, malgré la défense divine, il fut chassé de ce paradis par Dieu et condamné au travail et à la mort, ainsi que toute sa descendance.

On connaît l'histoire : succombant à la tentation, il mordit à belles dents dans le fruit (que les clercs, plus tard, nommeraient *pomme*), mais un morceau lui resta en travers de la gorge. Ce morceau est toujours visible chez tous ses descendants : c'est cette « saillie du cartilage thyroïde, situé à la partie antérieure du cou, qui n'existe que chez l'homme » et qui porte, évidemment, le nom de *pomme d'Adam.*

Une pomme de discorde

Il était une divinité malfaisante, nommée Discorde : fille de la Nuit, sœur des Parques et de la Mort, mère tout à la fois de la Misère, de la Famine, des Batailles, du Meurtre, des Mensonges. Quelle famille !

Virgile la chanta et lui fit accompagner Mars, Bellone et les Furies. Chassée du ciel par Zeus, elle entra dans une folle fureur, et, furieuse de ne pas avoir été invitée aux noces de Thétis (la plus célèbre des Néréides, la mère d'Achille, célèbre par sa beauté) et de Pélée (qui devait prendre part à l'expédition des Argonautes avant de devenir roi d'Iolchos), elle jeta parmi les invités une pomme d'or qui portait ces mots : « À la plus belle. »

Pâris, choisi comme juge, donna cette pomme à Aphrodite, déesse de la Beauté et de l'Amour, ce qui entraîna la colère des autres déesses. Discorde avait trouvé là un fort beau sujet de dispute, puisque la guerre de Troie devait en découler !

On représente Discorde les yeux enflammés de colère, le teint livide, les cheveux hérissés de serpents, un poignard caché sous ses vêtements. Quel portrait !

Une pomme de discorde est « un sujet de dispute, de discussion, une cause de division ».

Porter au pinacle

Nous sommes à Jérusalem, la ville sainte des chrétiens, des juifs et des musulmans... La partie antique, dont il reste des vestiges, était plus au sud que l'actuelle, et ceinte de remparts. L'ancienne ville comprend la citadelle, le quartier chrétien avec le Saint-Sépulcre, le quartier arménien, le quartier juif avec le célèbre Mur des lamentations et le quartier musulman avec la mosquée d'Omar.

Dans cette Jérusalem internationale se trouvait à l'origine un temple, bâti par Salomon. C'est là que Jésus aurait été transporté lorsqu'il fut tenté par le démon. Sur la partie la plus élevée du bâtiment se trouvait le *pinacle*, le couronnement en quelque sorte de cet édifice.

Le mot *pinacle* a généré plusieurs expressions dont *monter au pinacle*, qui signifie « accéder à une situation élevée » et *être au pinacle*, c'est-à-dire « être au faîte d'une carrière ».

Quant à l'expression *porter au pinacle*, elle veut dire que l'« on fait l'éloge appuyé de quelqu'un, un peu comme si on le portait au faîte ».

Pour des prunes

Ne quittons pas si vite les croisades. En 1148, les Croisés mettent le siège devant Damas. La ville est riche et particulièrement célèbre pour ses prunes dont la saveur, dit-on, est exceptionnelle.

Le siège s'éternise et les Croisés perdent patience. Damas ne cédera pas, et, dès lors, il faut faire demi-tour. Que de temps perdu pour rien, tout au plus pour quelques prunes, il est vrai fort savoureuses. Les Croisés en tout cas se désolaient d'avoir fait un voyage aussi long *pour des prunes*. L'expression s'est conservée au fil des âges : elle signifie que l'« on a accompli une action pour presque rien ».

Prendre des vessies pour des lanternes

Le pauvre homme ! « Il n'avait oublié qu'un point : C'était d'éclairer sa lanterne. » Voilà ce qu'écrivait le poète Florian. Essayons d'éclairer la nôtre.

À l'origine existait une autre locution : *vendre vessie pour lanterne*, signifiant, au XIIIe siècle, qu'« entre une vessie de porc gonflée d'air et une lanterne ronde très ressemblante, ce n'était pas sur les objets que l'on se trompait, mais sur les valeurs que pouvaient représenter l'une et l'autre ». Autant dire que l'« on vendait du vent ».

Mais sans doute l'expression se développa-t-elle sur le sens figuré entre la lanterne vue comme « conte à dormir debout » et la vessie comme une « chose creuse, négligeable ». Était-il sot celui qui confondait, non pas deux objets très différents, mais croyait à une illusion plutôt qu'à une autre !

L'expression signifie aujourd'hui : « se tromper grossièrement, prendre les apparences pour des réalités ».

La puce à l'oreille

Depuis que Claude Duneton a écrit un merveilleux livre intitulé *La Puce à l'oreille*, plein de verve et de richesses, il est certes bien difficile de s'exprimer sur le sujet. Nous allons néanmoins essayer : *Ne faites pas la sourde oreille !* Et laissons la plume à Jean de La Fontaine qui écrit :

> Fille qui pense à son amant absent
> Toute la nuit, dit-on, a la puce à l'oreille.

Au Moyen Âge et jusqu'au XVIe siècle, *avoir la puce à l'oreille* signifiait – et Rabelais a fait prononcer l'expression à Panurge – « avoir des démangeaisons amoureuses ». Pourquoi ? Peut-être parce que les picotements ressentis sont un signe, que leur siège soit à l'oreille ou ailleurs dans le corps. Bientôt l'idée de plaisir a fait place à l'idée d'inquiétude.

Aujourd'hui *avoir la puce à l'oreille* signifie « être inquiet, préoccupé, se méfier, se douter de quelque chose sur les bases d'une information ténue ». Il est vrai qu'avec les puces électroniques qui envahissent toutes nos activités, il y a parfois de quoi s'inquiéter.

Le quart d'heure de Rabelais

Bien qu'il ait été beaucoup plus sérieux que la légende ne l'a décrit, Rabelais s'est parfois trouvé dans de surprenantes situations. On dit volontiers que revenant de Rome (il était secrétaire-médecin du cardinal du Bellay) et passant par Lyon (où il publiait ses livres), il se trouva dans une auberge, sans le sou pour payer son repas.

Jamais à court d'idées, « Maître François » aurait laissé sur la table de sa chambre divers sachets avec les étiquettes suivantes : « poison pour le roi », « poison pour la reine ». On imagine que l'aubergiste s'empressa d'alerter la maréchaussée afin qu'elle arrêtât ce criminel. On dit qu'alors, Rabelais, emmené jusqu'à Paris, fut reconnu par le roi qui lui sourit et lui offrit à dîner ; une autre version des faits rapporte qu'il se serait retrouvé en prison... devant une écuelle garnie.

Le quart d'heure de Rabelais évoque « le redoutable moment de payer quand on n'a pas d'argent et, par extension, toute situation désagréable, fâcheuse, déplaisante ». Mais tout le monde n'a pas l'esprit de François Rabelais...

Des querelles byzantines

Quelle n'a pas été la réputation des Byzantins et de leur capitale, Byzance ? On connaît le succès du besant ; le caractère des habitants de Byzance n'en a pas moins. Selon le mot de Michelet en 1846, ils possèdent l'art de la « subtilité excessive ». De là est née l'expression de *querelles byzantines*, dont « la teneur est faite de subtilité raffinée et sans fin »...

Qui m'aime me suive !

Neveu de Philippe le Bel, Philippe naquit en 1293 ; à la mort du roi Charles IV, dernier représentant des Capétiens directs, se posa le problème de la succession au trône. En attendant que la reine Jeanne mette son enfant au monde, les barons confièrent la régence à Philippe, puis le désignèrent comme roi trois mois plus tard.

Il fut alors appelé au secours du comte de Flandre, en butte à la révolte de ses sujets et incapable de les maîtriser. Le 23 mai 1328, Philippe répondit avec son esprit chevaleresque et vint chevaucher en Flandre.

Les barons, quant à eux, furent beaucoup plus réservés, trouvant trop tardif le début de la campagne. Néanmoins, le connétable Gautier de Châtillon essaya de les enflammer en criant : « Qui a bon cœur trouve toujours bon temps pour la bataille. »

Enthousiasmé, Philippe VI de Valois l'embrassa vigoureusement puis s'écria : « Qui m'aime me suive ! » Ce 20 août, les rebelles étaient écrasés à la bataille de Cassel. L'expression est demeurée et appelle une « preuve, par les actes, de fidélité et d'amitié ».

En rang d'oignon

La ville de Blois a connu quelques événements historiques importants ; en 1588, le duc de Guise y fut assassiné et c'est dans la belle salle (datant du XIIIe siècle, que l'on peut encore admirer) dite des « états généraux », que se tinrent effectivement ces derniers, en 1576 et 1588.

Artus de La Fontaine-Solaro, baron d'Oignon, était le grand maître des cérémonies à ces états ; sa fonction lui faisait assigner les places et les rangs des seigneurs et des députés.

Il avait beaucoup d'expérience, « monsieur d'Oignon » ayant exercé sous quatre rois : Henri II et ses trois fils, François II, Charles IX et Henri III.

Sa renommée et sa science de « placer ainsi les personnalités sur une même ligne et par rang de taille » firent naître l'expression *se mettre en rang d'oignon*.

Reprendre ses esprits

Blaise Pascal a écrit : « À mesure que l'on a plus d'esprit, on trouve qu'il y a plus d'hommes originaux. » Mais s'il y a hommes et hommes, il y a esprit et esprit.

Aux XVe et XVIe siècles, on désignait sous le nom d'*esprits animaux*, ou plus simplement *d'esprits*, les petits corps légers et impalpables qui, pensait-on, constituaient le principe de la vie et des sentiments.

Descartes donna le nom d'*esprits animaux* au fluide nerveux dû à des « impulsions venues du dehors, qui provoquent les pressions dans les nerfs » et donnent aux organes le mouvement de la vie.

Reprendre ses esprits (quand on les avait perdus, soit en s'évanouissant, soit en se troublant ou en perdant la tête), ou ses facultés mentales, signifie aujourd'hui « revenir à soi, reprendre conscience, se remettre d'un trouble ou d'une émotion ».

Riche comme Crésus

Le dernier roi de Lydie, Crésus, régna au VIe siècle avant J.-C. Il était célèbre dans toute l'Antiquité pour ses fabuleuses richesses. D'où provenaient ces dernières ? Du fleuve Pactole, qui traversait le pays et dont les eaux charriaient des paillettes d'or depuis que Midas s'y était baigné.

La fin de la vie de Crésus fut emplie de malheurs : il perdit son fils Atys, fut vaincu à Thymbrée (548 av. J.-C.) et assiégé par Cyrus qui, cependant, l'épargna et en fit son conseiller.

La postérité a surtout retenu les immenses richesses de Crésus et l'expression a connu… une belle fortune.

La roche Tarpéienne

Le Capitole désignait à Rome le temple érigé sur le mont Capitolin, l'une des sept collines de la ville. C'est là qu'au jour du triomphe, les généraux vainqueurs venaient offrir un sacrifice à Jupiter.

À l'extrémité se trouvait *la roche Tarpéienne*, d'où l'on précipitait les criminels. Les deux lieux représentaient la gloire et la déchéance de l'homme.

Si rapprochés, ils finirent par donner naissance, dans l'esprit populaire, à l'expression qui illustre « la chute rapide qui suit souvent un triomphe et caractérise les revirements brutaux de la fortune »…

Ronger son frein

Antoinette Deshoulières composa beaucoup de madrigaux et de « bergeries » ; dans *L'Hiver*, elle écrivit :

> … Pour être heureux, pour être sage,
> Il faut savoir donner un frein à ses désirs.

Freiner ses désirs ! On est parfois fort impatient !...

C'était le cas du cheval, véritable complice « utilitaire » de l'homme dans l'ancienne société et qui l'accompagnait dans beaucoup de circonstances, pour son plaisir (la chasse, notamment) ou son travail (le transport des denrées et les labours) ; lorsqu'il piaffait d'impatience, *il rongeait son mors*, le *frein* qu'il avait aux dents, en quelque sorte. L'expression était connue dès la fin du XIVe siècle.

Peu à peu, un mot a remplacé l'autre et *frein* a succédé à *mors*, comme entrave à l'animal. Celui qui « s'impatiente » *ronge son frein*, c'est-à-dire « réprime le dépit ou la colère qu'on éprouve parfois face à une situation imposée par les circonstances ».

Cela vaut mieux, sans doute, que de *se ronger les sangs*...

La roue de la fortune

Qui n'espère, un jour, rencontrer la fortune et « gagner le gros lot » ? Ce n'est certes pas, en France, le PMU ou la Française des jeux qui pensent le contraire.

Les Grecs avaient fait de la Fortune (fille de Zeus) une divinité qui dispensait bien et mal selon ses caprices. Les Romains l'adorèrent dans de nombreux temples sous le nom de *Fortuna*, puis l'on représenta la Fortune sous les traits agréables d'une jeune femme ailée, parfois nue, souvent les yeux bandés, le pied posé sur une roue, ayant à la main une corne d'abondance.

La route tourne : qui aspire à devenir riche doit prendre garde. La Fortune, aux yeux bandés, ne sait à qui elle distribue.

Le mouvement de la roue est continuel et, toujours, les hommes seront sensibles aux charmes de la déesse Fortune : on est au plus haut ou au plus bas de la roue ; tel est le symbole de la vie humaine.

Au sens figuré, *la roue de la fortune* représente « les révolutions, les hasards et les vicissitudes dans la vie des hommes » : la roue tourne et ne s'arrête jamais.

Une ruse de Sioux

Parmi les Indiens d'Amérique du Nord, les Sioux étaient particulièrement réputés pour leurs qualités d'observation ; dans leur territoire (nord-ouest des États-Unis et ouest du Canada), ils savaient utiliser toutes les ressources de la nature pour se défendre comme pour se nourrir ou se déplacer.

Que ce soient les Assiboines, les Omahas, les Minnetares, les Crows ou les Sioux proprement dits, chaque tribu a su montrer, en maintes occasions où les combats opposaient l'homme blanc au « Peau Rouge », sa « disposition d'esprit propre à tromper l'ennemi » colonisateur.

Hélas, toutes les *ruses des Sioux* n'y suffirent pas, puisqu'ils s'éteignent aujourd'hui dans les territoires du Dakota ou de l'Iowa.

Sabler le champagne

Le bouchon a joyeusement sauté, le liquide a empli la flûte, les bulles pétillent et dans le palais picotent les papilles : instants délicieux…

Le *champagne*, tout le monde l'apprécie : c'est un « vin mousseux dont la préparation fut le secret de Dom Pérignon », le cellérier de l'abbaye de Hautvillers en 1682. Mais il faut, pour le boire, qu'il ait été clarifié, débarrassé de son dépôt, sucré, mis en bouteille, ficelé et placé dans la cave.

Il faut savoir attendre avant que de *sabler le champagne* ! Plusieurs fois utilisée par Voltaire, l'expression signifiait qu'on « avalait le contenu du verre d'un trait », à l'image du geste prompt avec lequel un fondeur opère lorsqu'il jette en sable l'objet qu'il façonne, ou par comparaison avec le métal en fusion coulant dans son moule de sable fin.

Aujourd'hui, *sabler le champagne* signifie plus volontiers « boire pour fêter un événement heureux ». Avec le champagne, tout paraît plus agréable.

Se bousculer au portillon

Combien de Parisiens ont utilisé le métro depuis sa création ? Des millions et des millions, sans doute, et les plus anciens se souviennent que dans les années 1920, le portillon donnant accès aux quais se fermait automatiquement à l'arrivée en station d'une nouvelle rame afin de réguler le flot des voyageurs. S'ensuivaient de nombreuses bousculades d'autant que chacun essayait de passer coûte que coûte !

Cela dura jusque dans les années 1960 (il en subsiste encore quelques-uns), comme d'ailleurs les fameux « poinçonneurs » qui, des Lilas à la Porte d'Italie, validaient un à un les tickets.

L'expression exprime toujours l'idée de « concurrence pour parvenir à un but donné » ; ainsi, pour trouver aujourd'hui un emploi, la rivalité est farouche et, pour une place, *on se bouscule au portillon.*

Se faire tirer l'oreille

Au temps des Romains, une coutume voulait que les témoins cités par le plaignant pouvaient être contraints par celui-ci, s'ils ne se présentaient pas au jugement, à y être traînés en leur tirant l'oreille. C'était souvent le cas des payeurs récalcitrants, par exemple.

L'expression est demeurée avec un sens affaibli, puisque *se faire tirer l'oreille* c'est « se faire prier après avoir résisté à une invite ».

Se mettre sur son trente et un

« On peut raisonner quand on a trente ans... Mais quand on se sent près du terme, on est tout petit devant l'infini. » Cette pensée est de Roger

Martin du Gard, écrivain élégant s'il en fut et qui aimait, lui aussi, à *se mettre sur son trente et un.*

L'expression évoque ce que l'on met sur soi et se rattache au mot *trentain* qui, du XIIe au XVIe siècle, a désigné un « drap de qualité supérieure dont la chaîne était composée de trente centaines de fils » : un superbe tissu pour qui en faisait un vêtement !

Peut-être aussi, l'expression se rapporte-t-elle à un jeu de cartes du même nom, dans lequel le vainqueur était celui qui arrivait le premier au total de trente et un.

Les notions de qualité et de chance se sont certainement mêlées pour aboutir à un concept de belle mise et c'est la raison pour laquelle *se mettre sur son trente et un* signifie aujourd'hui : « se parer de ses vêtements les plus élégants ou de ses habits de fête ou de cérémonie », voire simplement « faire toilette ».

À noter qu'il existe un jeu du trente-et-quarante qui pourra vous faire *voir trente-six chandelles tous les trente* ou *trente-six du mois* : de quoi tomber dans le *trente-sixième dessous* !

Se retirer sous sa tente

Dans l'*Iliade*, Homère rapporte qu'Achille était le plus vaillant des héros grecs. Élevé virilement par le centaure Chiron, il vécut ensuite déguisé parmi les filles de Lycomède. Mais le héros devait participer à la guerre de Troie et Ulysse, découvrant la supercherie, l'amena sur le terrain.

Achille y fut glorieux. Mais Agamemnon lui enleva sa captive Briséis et le héros, furieux de dépit, *se retira sous sa tente*, abandonnant la cause des Grecs.

Se retirer sous sa tente signifie « abandonner un parti, un principe ou une cause, par dépit ».

S'en moquer comme de l'an quarante

Le nombre quarante est lié à un certain nombre de symboles, d'institutions ou de pratiques : semaine des quarante heures, lesquelles sont également des prières que l'on fait avant l'ouverture du Carême, tribunal des Quarante et bien sûr les célèbres quarante fauteuils de l'Académie française.

On dit des chevaliers chrétiens du Moyen Âge qu'ils se moquaient de quelque chose comme de l'*alcoran* (déformation du mot Coran, livre sacré des Musulmans) qui peu à peu, se transforma en quarante.

Pendant la Révolution française, les royalistes, ironisant sur le nouveau calendrier révolutionnaire instauré en l'an II se plaisaient à dire qu'ils *s'en moquaient comme de l'an quarante* (sous-entendu de la République).

S'en moquer comme de l'an quarante veut dire « se moquer éperdument d'une chose sans intérêt et que l'on ne craint pas, n'en faire aucun cas, s'en désintéresser absolument ».

Sentir le fagot

« Il y a fagot et fagot », disait Molière, par la bouche de Sganarelle. L'Histoire lui donne raison.

Le *fagot* est un « faisceau de menu bois, de branchages, de sarments, qui brûle aisément et dont on se servait pour allumer un feu ».

Or, il fut un temps où le feu était un élément fort utilisé par la justice ! Le supplice ou la peine du feu équivalaient tout simplement (si l'on peut dire) à brûler vif un condamné…

Lors des combats entre croyants et hérétiques, entre catholiques et protestants, on se fit rôtir à qui mieux-mieux. Comme d'ailleurs dans les siècles précédents, que l'on se soit affronté sur des questions de religion ou de métaphysique, de culte ou de dogme. Celui qui avait tort méritait bien le bûcher !

Dès lors, *sentait le fagot* celui qui « était hérétique ou proche de l'hérésie » et *un écrit qui sentait le fagot* qualifiait « un texte audacieux, bravant les bonnes mœurs et propre à attirer des ennuis à son auteur ».

Aujourd'hui l'expression signifie « donner une impression de danger, inspirer de la méfiance » et, plus largement, « risquer de s'attirer les foudres de la justice ou de l'opinion ».

Sésame, ouvre-toi !

Qui n'a lu, dans son enfance, les célèbres *Contes des Mille et une Nuits*, dont le français Galland fit une si belle traduction ?

L'un de ces contes s'intitule *Ali Baba et les quarante voleurs* ; le héros finit par découvrir la formule cabalistique et magique avec laquelle il est possible d'ouvrir les parois de la caverne où les quarante voleurs amassent leur butin.

Ali Baba et son frère Cassim parviennent à leurs fins en prononçant la célèbre formule : « Sésame, ouvre-toi » et découvrent les immenses richesses entassées dans la caverne aux trésors fermée par une porte mystérieuse.

Outre la formule *Sésame, ouvre-toi* que l'on emploie parfois pour elle-même, le mot *sésame* est resté dans la langue et s'emploie en parlant d'« un moyen ou d'une recommandation permettant d'atteindre un but, comme par enchantement ».

Solide comme le Pont-Neuf

Le Pont-Neuf fut construit entre 1578 – c'était sous Henri III – et 1605 (du temps du bon roi Henri IV), à l'ouest de l'île de la Cité qu'il traverse à sa pointe. C'était le seul pont, à l'époque, qui permettait de franchir à la fois les deux bras de la Seine.

On a longtemps cru que Germain Pilon était l'auteur des mascarons qui en constituent l'ornement. Comme il ne portait pas de maisons, il se distinguait des cinq autres ponts déjà construits : Saint-Michel, Petit-Pont, Notre-Dame, Pont-au-Change, Pont-aux-Meuniers. Il reçut en revanche de nombreuses baraques de bateleurs et devint l'un des centres d'amusement populaires du vieux Paris.

C'est seulement en 1818 que le terre-plein du Pont-Neuf reçut la statue d'Henri IV. Depuis deux siècles, il avait sa réputation : les Parisiens, qui avaient suivi l'édification du Pont-Neuf et constaté la qualité des matériaux, commencèrent à dire et à répéter : « Ce pont sera solide. »

Peu à peu, on prit l'habitude de qualifier les hommes et les choses d'après la réputation du célèbre pont. Aujourd'hui *être solide comme le Pont-Neuf* signifie simplement « être en bonne santé, très vigoureux ».

Sortir de la cuisse de Jupiter

Dionysos (Bacchus en latin) était né des amours de Jupiter avec une simple mortelle. Cette dernière voulut contempler le père au grand jour, mais ne put résister à la vue des éclairs qui l'entouraient : elle fut foudroyée.

Jupiter, pour sauver son fils, lui fit passer à l'intérieur de sa cuisse les mois qui manquaient à l'enfant pour naître à terme. Enfin Dionysos naquit…

On peut certes affirmer que ce n'était pas n'importe qui, celui qui *sortait de la cuisse de Jupiter* !

Sous l'égide

Zeus arborait un « bouclier », appelé *égide* par les Anciens, qui était « recouvert de la peau de la chèvre Amalthée et orné de la tête de Méduse ».

Amalthée joua un grand rôle dans l'existence de Zeus : elle le dissimula, alors qu'il était encore enfant, pour l'arracher aux recherches de Cronos, fils du Ciel et de la Terre, identifié à Saturne.

La peau d'Amalthée joua donc un rôle protecteur, comme d'ailleurs la tête pétrifiante de Méduse, qui recouvrait également le bouclier de Zeus, ce fameux égide.

Ce bouclier, sorte de talisman, fut représenté sur les genoux, plus souvent sur les épaules, des héros et des empereurs romains. Ils avaient des vertus protectrices.

L'expression est restée, signifiant : « sous la protection de ».

Le supplice de Tantale

Le roi de Lydie, Tantale, était fils de Zeus et de la nymphe Plota et devait devenir le père de Pélops et de Niobé.

Il fut condamné à subir dans les enfers une faim et une soif perpétuelles, pour avoir voulu éprouver les limites de la divination.

D'autres rapportent que les véritables motifs étaient ailleurs. Tantale aurait dérobé le nectar et l'ambroisie et les aurait fait goûter aux mortels. On aurait tué son fils Pélops et il l'aurait servi aux dieux lors d'un festin.

Quoi qu'il en soit, le motif de la punition ressortait bien de la même raison : avoir voulu éprouver les qualités divines de connaissance.

Au milieu de la faim et de la soif éternelles, Tantale voyait les eaux se dérober à ses lèvres et les fruits se dérober à ses mains.

Mirabeau est cité au XVIIIe siècle pour avoir donné sa tournure commune à ce mot qui prit un autre sens en 1802 : il fut attribué à un métal, corps simple de numéro atomique 73, « en partie par allusion à son incapacité à être saturé par l'acide, lorsqu'il y est immergé ».

Belle image.

Taillable et corvéable à merci

La *taille* était une « imposition, datant au moins de la première moitié du XIe siècle ». Elle paraît avoir été établie comme taxe temporaire et pour tenir lieu de service militaire. En 1445, elle devenait perpétuelle. On connaissait la taille royale et la taille seigneuriale (ou féodale), impôt perçu sur chaque paysan.

La corvée existait à la période franque. Plus tard, dans la société féodale, elle correspondit à des journées de travail dues au seigneur par les paysans de son domaine ; elle dépendait parfois de son seul bon vouloir ou de son bon plaisir. Certes, on pouvait racheter ces corvées par le paiement d'une redevance en argent.

Les serfs étaient donc *taillables et corvéables à merci*.

Aujourd'hui, l'expression signifie « être bon pour toutes les corvées, sans reconnaissance véritable pour la condition de la personne à qui l'on donne un ordre ». *À merci* précise « le caractère parfois arbitraire de cet ordre ».

Tailler des croupières

Les combats d'antan s'effectuaient autant à pied qu'à cheval. Les affrontements n'en étaient pas moins rudes. Il arrivait aux cavaliers de mettre leur adversaire en fuite d'une manière tout à fait particulière : la troupe poursuivie galopait et ses poursuivants prenaient leur lance ou leur épée et frappaient la croupe du cheval de l'adversaire en essayant de tailler les *croupières*, ce « morceau de cuir rembourré passant sous la queue du cheval et empêchant la selle de glisser sur le garrot ».

Aujourd'hui, *tailler des croupières à quelqu'un*, c'est « lui occasionner des difficultés, des embarras, faire obstacle à ses projets », généralement d'une façon tout de même un peu moins cavalière !

Le talon d'Achille

Fils du roi des Myrmidons et de la nymphe Thétis, Achille fut plongé par sa mère dans le fleuve Styx, afin de le rendre invulnérable. Pour ce faire, elle le tint par le talon.

Élevé par le centaure Chiron, qui le nourrissait de moelle de lion, Achille vécut déguisé en femme à Scyros. Mais un devin avait prédit que l'expédition de Troie ne pourrait réussir sans sa participation.

Il fallut donc le rechercher. C'est Ulysse qui se mit en piste et parvint à le retrouver parmi les filles de Lycomède, avec lesquelles il vivait.

Achille, amené par Ulysse au siège de Troie, s'y couvrit de gloire. Retiré sous sa tente à la suite d'un chagrin, il se décida à retourner au combat le jour de la mort de son ami Patrocle.

Au combat, il tua Hector, mais blessé au talon par Pâris, il succomba ; c'était en effet le seul point de son corps qui n'avait pas été trempé dans le Styx et n'était de ce fait pas invulnérable.

C'est à partir du XVIIIe siècle, qui fut si souvent tenté de remettre la mythologie en usage, que *le talon d'Achille* qualifia « le point faible d'un individu ».

Tirer à boulets rouges

Le Brandebourg est une région sablonneuse du nord de l'Allemagne, arrosée par la Sprée et la Havel, riche en pommes de terre et céréales. D'abord Margraviat en 1203, puis Électorat en 1324, la région, véritable carrefour, devint la propriété des Hohenzollern en 1415 et le noyau de la monarchie prussienne au XVIIIe siècle.

L'Électeur de Brandebourg – particulièrement Frédéric-Guillaume – eut, dit-on, le mérite d'inventer le *boulet rouge*, un « boulet rougi au feu dans une forge et qu'on chargeait dans le canon afin qu'il mette le feu sur les lieux où il tombait ». On mène la guerre comme on peut...

Tirer à boulets rouges, c'est aujourd'hui « attaquer violemment en paroles, avec le but d'offenser, de terrasser son adversaire ».

Tirer à pile ou face

Du temps des Romains, les pièces portaient d'un côté une croix et de l'autre la représentation de la tête de Janus. Déjà, à l'époque, on jouait à *croix ou face*, les « deux côtés d'une pièce de monnaie » permettant de trancher en cas de litige, ou de faire confiance au sort.

Puis, de Louis le Débonnaire (814) à Henri II (1548), on *tira à pile ou croix*, car les motifs avaient changé : la pile était une sorte de colonne et la croix représentait l'Église.

À partir d'Henri II – c'est une ordonnance du 8 août 1548 qui le permit –, la pièce présenta une pile et une face, laquelle représentait l'effigie du souverain, que ce soit Carolus, Henricus, Louis et, plus près de nous, Napoléon.

On n'en continua pas moins à lancer la pièce pour connaître le sort : on *tira* donc *à pile ou face*. Autrement dit, on « s'en remit au hasard »... qui fait parfois les grandes fortunes.

Tirer les vers du nez

Voici une expression difficile à expliquer ; certains font remonter son origine au mot *vrai* qui rappelle une ancienne coutume de Normandie selon laquelle une personne disant qu'elle avait menti se prenait par le bout du nez. Cela semble peu convaincant.

D'autres donnent une interprétation plus simple : l'expression évoquerait les pratiques des anciens charlatans ou diseurs de bonne aventure – il n'en manquait pas – qui, si l'on peut dire au sens propre, *tiraient les vers du nez* de leurs clients, les guérissant par là même de leurs maux de tête, tout en les faisant parler par d'habiles questions sur leur passé et leur avenir.

Tirer les vers du nez est, aujourd'hui, « arracher adroitement une confession à quelqu'un, le faire parler, l'amener par des détours adroits à révéler ce qu'il voulait garder secret ».

Tomber dans le troisième dessous

Le monde du théâtre a son langage propre. Ainsi, depuis toujours appelait-on *dessous* les « différents étages du sous-sol de la scène destinés à recevoir les machinistes et les accessoires ».

À l'Opéra, il y avait trois étages de sous-sol, respectivement appelés premier, deuxième et troisième dessous. Au XIXe siècle, l'habitude s'est prise de dire d'une pièce sifflée qu'elle était *tombée dans le troi-*

sième dessous. L'expression a fait son chemin et s'est appliquée à toutes sortes d'échecs.

Aujourd'hui *tomber dans le troisième dessous* signifie « tomber aussi bas que possible, être dans une situation lamentable, dans la misère, se trouver dans le plus grand discrédit » !

On parle aussi du *trente-sixième dessous*. Tout est relatif !

Tomber de Charybde en Scylla

Dans l'Antiquité, Charybde était un gouffre, et Scylla un écueil, tous deux situés dans le détroit de Messine.

Toute l'attention des marins consistait à essayer d'éviter l'un pour ne pas tomber dans l'autre. Mais c'est précisément ce qui arrivait.

L'expression signifie donc : « échapper à un danger pour tomber dans un autre, plus grave encore. »

Tomber en quenouille

La condition de la femme a longtemps été difficile et il y a peu de temps que, grâce au droit de vote qui lui a été accordé, elle peut se sentir citoyenne à part entière.

Dès le XVIe siècle, la *quenouille*, sorte de « petite canne servant à filer la laine, le chanvre ou le lin », était une occupation exclusive des femmes : *Allez filer votre quenouille !* commença-t-on de dire alors avec un certain mépris.

Si le patrimoine restait aux mains des hommes, celui de la femme ne pouvait être que mal géré ! Le plus souvent, elle se contentait de transmettre son héritage sans avoir pu le valoriser ; *tomber en quenouille* commença donc de signifier « passer, par succession, entre les mains d'une femme ».

Aujourd'hui, l'expression veut dire « être abandonné, laissé à l'abandon (en parlant d'un droit, d'un privilège ou d'un pouvoir) ».

La tournée des grands-ducs

À l'époque des tsars, le titre de grand-duc était conféré aux membres de la proche famille de l'empereur.

Ces grands-ducs, le plus souvent désœuvrés, voyageaient à travers l'Europe ; Paris était leur séjour préféré, ils y faisaient « la tournée des cabarets à la mode, des théâtres, de tous les lieux de plaisir », d'où l'expression faire *la tournée des grands-ducs*.

Tourner casaque

Gendre de Philippe II d'Espagne, Charles-Emmanuel de Savoie eut la réputation d'être un ambitieux, ce qui lui ôtait tout scrupule. Désirant devenir roi, il conclut des alliances paradoxales afin de se trouver toujours dans le sens du vent… de l'Histoire.

Sa *casaque* – ou « justaucorps à larges manches » – qui ne le quittait jamais avait la particularité d'être blanche d'un côté et rouge de l'autre. Ainsi arborait-il le côté blanc quand il s'alliait à la France, le côté rouge quand il se rangeait du côté de l'Espagne. Il lui suffisait alors de *tourner sa casaque*.

L'expression connut un joli succès puisqu'elle est toujours très utilisée aujourd'hui. Elle signifie : « changer d'opinion, de camp, avec une facilité déroutante » (on dit aussi : *retourner sa veste*), ou bien « prendre la fuite en tournant le dos ». Attitude peu loyale et bien malhonnête qui ne réussit pas toujours à ceux qui l'adoptent. Ainsi de Charles-Emmanuel qui ne fut jamais roi et mourut duc de Savoie.

Tous les chemins mènent à Rome

C'est que Rome est la ville sainte du monde catholique, centre de cet immense Empire romain, également résidence de la papauté. Autant dire que les chemins de pèlerinage, particulièrement nombreux, convergeaient vers la Ville éternelle, pour amener le maximum de pèlerins à se recueillir et le plus grand nombre de visiteurs à venir l'admirer.

Fondée par Rémus et Romulus, Rome s'est développée sur les sept collines bordant les rives du Tibre et le roi Servius Tullius construisit une enceinte fortifiée comportant vingt-trois portes. Sous l'influence des conquêtes, Rome commença d'être « envahie » par les peuples soumis et vit se développer sa riche civilisation artistique et culturelle dans toute l'Europe.

Les trésors de cette capitale sont innombrables : Forum, Colisée, Panthéon, arcs de Titus, de Septime Sévère, colonne Trajane, palais, ruines de multiples monuments, basilique Saint-Pierre. Sans oublier le Vatican. Tout l'art des hommes, toute leur histoire et tous les peuples de la terre semblaient converger vers ce musée à ciel ouvert.

L'expression signifie aujourd'hui « arriver au même résultat de plusieurs manières différentes ».

Un travail de Romain

Les Romains, après avoir conquis un immense territoire, furent de grands et véritables bâtisseurs ; la liste est impressionnante de leurs énormes réalisations, particulièrement en architecture.

L'expression représente « une tâche immense pour mener à bien un grand ouvrage », à l'instar de ce que firent les Romains.

Travailler pour le roi de Prusse

Le royaume de Prusse a disparu en novembre 1918 ; terre des chevaliers Teutoniques, duché héréditaire en 1525, son histoire est celle des Hohenzollern-Brandebourg, dont les souverains furent rois de Prusse en 1701 et imposèrent l'unité allemande.

Ces rois n'étaient guère généreux ; Frédéric II, par exemple, ne payait la solde de ses troupes que de manière particulière : il réglait trente jours par mois, tous les mois de l'année, gagnant ainsi un jour chaque mois de trente et un jours. Il n'y a pas de petites bénéfices !

C'était d'abord cela, *travailler pour le roi de Prusse*...

Trouver son chemin de Damas

Paul était hostile aux disciples de Jésus et participa à la lapidation de saint Étienne. Un jour, alors qu'il allait à Damas remplir une mission contre les chrétiens, il eut une vision : sa conversion en découla et il devint ensuite saint Paul, l'Apôtre des Gentils.

L'expression signifie « se convertir à une doctrine après l'avoir combattue » et, par extension, « trouver sa voie ».

Tuer le ver

On lit dans *Ruy Blas* ce texte lu par la reine :

Madame, sous vos pieds, dans l'ombre, un homme est là
Qui vous aime, perdu dans la nuit qui le voile,
Qui souffre, ver de terre amoureux d'une étoile.

Le ver de terre, cependant, n'est pas toujours autant apprécié. Il n'est pas rare, en Normandie, de trouver à la campagne une famille qui, le matin, donne un « p'tit coup de calva » au jeune qui s'en va à l'école ; pour quelle raison ? Pour *tuer le ver*...

En 1519, le *Journal d'un Bourgeois de Paris* relate qu'une jeune femme étant morte subitement, on découvrit à l'autopsie « un ver en vie sur le cœur », qui résista au mithridate mais point à la mie de pain trempée de vin. Le *Bourgeois de Paris* en conclut qu'il fallait « prendre du pain et du vin au matin... de peur de prendre le ver ». On n'est jamais trop prudent !

Tuer le ver, c'est « prendre le matin, à jeun, un verre d'alcool ou de vin blanc ».

Valoir son pesant d'or

C'est à Byzance qu'est né le *besant*, dont le cours était fort apprécié des rois capétiens. Il y avait des besants d'argent et des besants d'or. *Valoir un besant d'or* signifiait « avoir une grande importance ». Par analogie avec l'action de peser, le *b* de *besant* s'est assourdi en *p*, donnant *pesant*.

L'expression est toujours vivante et se rapporte à un « homme d'une grande utilité », aux « choses que l'on regarde comme excellentes ».

Vendre la peau de l'ours

Tout le monde connaît cette célèbre fable de Jean de La Fontaine, *L'Ours et les deux compagnons*, dans laquelle il écrit : « Il m'a dit qu'il ne faut jamais vendre la peau de l'ours qu'on ne l'ait mis par terre. »

On sait pourtant que l'expression proverbiale *vendre la peau de l'ours* était connue depuis longtemps ; Commynes, dans ses *Mémoires*, l'utilise à propos d'une rencontre entre un ambassadeur de Louis XI et Frédéric III d'Allemagne ; et si La Fontaine a repris ce thème de deux chasseurs vendant d'avance la peau d'un ours qu'ils espéraient tuer… et qu'ils ne tueront pas, Ésope et Abstémius l'utilisèrent bien avant lui.

Vendre la peau de l'ours signifie « disposer d'une chose avant d'être assuré de sa possession, se flatter trop tôt d'un succès aléatoire ». Et, par extension, « vivre en fonction d'un avenir acquis d'avance ».

Vendre son âme au diable

L'auteur italien Giovanni Papini a écrit : « Dieu ne s'est incarné qu'une seule fois, dans le Christ, pour s'offrir en victime aux hommes. Le diable s'est incarné d'innombrables fois, en une quantité de personnes et de formes, et toujours aux dépens et à la honte des hommes. »

C'est dire combien est grande la malédiction de *vendre son âme au diable*, ce démon, ce mauvais ange. Les expressions le mettant en scène sont d'ailleurs nombreuses : *ne craindre ni Dieu ni diable* (« n'avoir peur de rien »), *le diable bat sa femme et marie sa fille* (« il fait soleil en même temps qu'il pleut »), *tirer le diable par la queue*

(« avoir de la peine à trouver de quoi vivre »), *se démener comme un beau diable* (« se débattre farouchement et énergiquement »)…

Dans les croyances populaires du Moyen Âge, certains faisaient un pacte avec le diable, abandonnant leur âme pour des avantages matériels : ne disait-on pas que les sorciers donnaient leur âme à Satan et en recevaient en échange un pouvoir surnaturel ?

De cette situation est née l'expression *vendre son âme au diable*, qui signifie aujourd'hui « compromettre son salut par une action impardonnable et être prêt à se renier pour obtenir satisfaction ».

Ventre Saint-Gris

Nous devons quelques bons mots à Henri IV ! C'est peut-être ce qui explique qu'il soit, aujourd'hui encore, si populaire.

Dieu sait s'il jurait, Henri IV ! Avec son accent chantant, il continuait volontiers son enfance paloise en utilisant des jurons fleuris, même après avoir conquis Paris et s'être converti.

Ainsi avait-il l'habitude de jurer « par le ventre et le sang du Christ » (« ventre sangue christi »), qui devint, dans l'oreille des Parisiens, le fameux *Ventre Saint-Gris*, qui n'est ni saint ni gris !

Une vérité de La Palice

En a-t-il fait couler de l'encre, ce brave seigneur de La Palice !

Jacques de Chabannes naquit en 1470 et se fit remarquer comme un fameux capitaine lors des guerres d'Italie ; il devint en 1515 maréchal de France, se distingua dans toutes les grandes batailles, Fornoue, Ravenne, Marignan et Pavie, où il trouva la mort, d'un coup d'arquebusade tiré à bout portant.

Ses soldats, pour lui rendre hommage, chantèrent aussitôt sa bravoure : « Un quart d'heure avant sa mort, il faisait encore envie. »

Ce vers fut mal compris puis déformé en : « Un quart d'heure avant sa mort, il était encore en vie », surtout après que La Monnoye eut composé en 51 couplets *La Chanson de M. de La Palice*, dans laquelle on jouait avec ce fameux vers :

Il mourut le vendredi,
Le dernier jour de son âge ;
S'il fût mort le samedi,
Il eût vécu davantage.

Dès lors, *une vérité de La Palice* fut « une vérité d'une niaise évidence, un truisme prêtant à rire ».

Une victoire à la Pyrrhus

Roi d'Épire entre 318 et 272 av. J.-C., Pyrrhus secourut Tarente contre les Romains. Il utilisa une arme effrayante pour l'ennemi : des éléphants, et profita de l'effet de surprise pour vaincre d'abord à Héraclée (280 av. J.-C.) puis à Asculum, l'année suivante.

Mais cette victoire fut si cher payée, en raison des énormes pertes en vies humaines, que Pyrrhus s'écria : « Encore une victoire comme celle-là et je suis perdu. »

Pyrrus fut vaincu à Bénévent, regagna l'Épire, conquit la Macédoine et fut tué en attaquant Argos. La postérité a retenu sa phrase (plus que ses exploits guerriers) qui s'applique au « succès chèrement acquis », à une « victoire sans lendemain ».

Une vie de patachon

Une *patache* était un « petit bateau qui transportait passagers et messagerie sur les rivières de l'ancienne France ». C'était aussi une « petite embarcation armée affectée aux militaires comme aux douaniers ».

Bientôt le terme de *patache* désigna « toute voiture un peu bringuebalante dont le confort tout relatif n'était pas sans évoquer celui que peut offrir une barque durant une tempête ». Et tout naturellement le conducteur de ces voitures prit le nom de *patachon*. Sa vie était celle d'un nomade et les relais de poste lui procuraient ses seuls vrais plaisirs. Voyage, plaisirs faciles des auberges. Cette *vie de patachon* n'était pas un exemple à suivre.

Une vieille baderne

Le terme *baderne* est bien connu dans le monde de la marine. C'est une « tresse épaisse à trois, quatre, voire cinq torons, que l'on constitue avec des fils provenant de vieux cordages ou câbles qu'on ne peut guère utiliser autrement et destinés au rebut ».

Une fois tressée, la baderne est utilisée pour recouvrir les mâts, les vergues, le cabestan, afin de les garantir des frottements avec toute sorte d'objets, occasionnés par le roulis et le tangage.

On cloue également la baderne, comme un vulgaire paillasson, sur le pont des navires transportant des ballots, des chevaux et des bestiaux, pour éviter à ces derniers de glisser et également les protéger des bastingages.

D'une manière péjorative, le mot *baderne* est venu s'appliquer à « toute chose hors d'état de servir » et *une vieille baderne* qualifie aujourd'hui « quelqu'un qui n'est plus bon à rien ». L'expression est peu élégante et fort méchante !

Vieux comme Hérode

Le premier dit : « Le monde est vieux, mais ce vieux monde attend sa rénovation » (Browning) ; le second surenchérit : « Hélas, le monde est vieux et le soir est venu pour les choses humaines » (Léopardi). Et le dernier l'emporte, avec son *Vieux comme Hérode*. Mais qui était Hérode ?

En réalité, il s'agit d'une dynastie de rois de Judée, qui régna du Ier siècle avant au Ier siècle après J.-C. Hérode le Grand, son fils Hérode Antipas (il bâtit Tibériade en l'honneur de Tibère), Hérode Agrippa Ier, le petit-fils (qui fit mettre à mort saint Jacques le Majeur) et Hérode Agrippa II.

Sans doute la vie de cette dynastie marqua-t-elle les esprits du temps, sans doute l'un d'entre eux (le premier naquit en 73 et mourut en 4 av. J.-C.) vécut-il plus longtemps que la moyenne des hommes. Quoi qu'il en soit, se forgea l'expression *vieux comme Hérode*, en parlant de « quelque chose qui est très ancien ».

Avec l'allongement de la durée moyenne de la vie, nombreux seront ceux qui, un jour prochain, seront aussi vieux qu'Hérode. Ce dernier va sûrement se retourner dans sa tombe...

Un vieux de la vieille

Dans l'histoire militaire de la France, il y a eu beaucoup de « gardes », tantôt corps de troupes, tantôt simples individus investis de fonctions particulières. On connut successivement les gardes du corps, les gardes suisses, les gardes-françaises datant de 1563, la garde nationale appelée « milice bourgeoise » avant la Révolution, la garde constitutionnelle de 1791, la garde consulaire formée par Bonaparte et la garde impériale créée par Napoléon Ier en 1804.

La garde impériale était une troupe d'élite d'environ 100 000 hommes, qui comportait alors la *Vieille Garde* et la *Jeune Garde*. Elle participa à toutes les batailles de l'Empereur, se couvrant d'honneurs et de blessures sur les terrains de l'Europe, y compris à Waterloo, lorsque fut lancée la fameuse phrase : « La garde meurt, mais ne se rend pas. »

Pour beaucoup, la garde était *espoir suprême et suprême pensée* et, après la chute de l'Empereur, les « anciens » se mirent à raconter leurs exploits aux plus jeunes. Ceux-ci parlaient alors des *vieux de la vieille* (garde), expression qui qualifie aujourd'hui « un vétéran, une personne d'expérience dans une profession ou un domaine particulier ».

Un vieux routier

Dans *Vie et opinion de Tristam Shandy*, Laurence Sterne (1713-1768) écrit : « C'est un grand inconvénient pour un homme pressé qu'il y ait trois routes distinctes de Calais à Paris... » Il est vrai que l'on perdait parfois une journée au début du XVIIIe siècle à décider du chemin à prendre, tellement les routes étaient mauvaises. Dans des temps plus anciens, on ne faisait guère la fine bouche : on avançait, à pied, à cheval, en voiture, quel qu'ait été l'état du chemin.

C'était en particulier le cas des vieux soldats, des pillards, qui connaissaient bien ces routes et qu'on nommait de ce fait des routiers. Leur expérience en faisait des *vieux routiers*.

Aujourd'hui, un *vieux routier*, c'est « celui qui possède l'expérience que seules les années peuvent apporter dans une activité donnée ». C'est « un homme *blanchi sous le harnais*, souvent fin et retors et qui ne s'en laisse pas compter ».

Vivre comme un pacha

Le mot *pacha*, d'origine turque, a été utilisé par François Rabelais et plus tard par Jean de La Fontaine : il s'agit d'un « titre que les Turcs donnaient aux gouverneurs de provinces et qui a été en vigueur jusqu'en 1923 en Turquie, jusqu'en 1952 en Égypte et en Jordanie ».

L'insigne caractéristique du pacha était une queue de cheval flottant au bout d'une lance et surmontée d'une boule dorée ; suivant l'importance du pacha, il y avait une, deux ou trois queues.

Bien entendu, un pacha était un personnage important et considéré comme tel ; on comprend comment *faire le pacha* signifie « se donner de grands airs ou prendre des attitudes nonchalantes » et *vivre comme un pacha*, « vivre en grand seigneur ».

Vouer aux gémonies

On redoutait, dans l'ancienne Rome, « l'escalier aux gémissements » (en latin *gemoniae scalae)*. On appelait ainsi un escalier, à double rampe, situé sur la façade de la prison publique, encadrant la porte d'entrée et que l'on voyait parfaitement de tout le Forum. On exposait sur les marches de cet escalier les cadavres des citoyens et prisonniers condamnés et mis à mort par strangulation dans leur cellule.

On les y laissait ainsi, exposés aux insultes du peuple, jusqu'à ce que le magistrat trouve bon de les faire jeter dans le Tibre. Charmante coutume remontant au dictateur Camille, en 385 av. J.-C.

Vouer quelqu'un aux gémonies, c'est « lui promettre la mort et tous les affronts de la multitude, l'accabler publiquement d'outrages ».

Vox populi, vox dei

Alcuin (735-804) naquit à York, en Angleterre et ne tarda pas à devenir un savant théologien qui joua un rôle primordial dans la renaissance intellectuelle menée à l'instigation de l'empereur Charlemagne. Il dirigea lui-même l'École palatine et fut l'auteur de nombreux ouvrages. Il termina sa vie comme abbé de Saint-Martin, une grosse abbaye de France.

À l'apogée de l'« empereur à la barbe fleurie », l'expression individuelle en matière de nomination de fonctionnaires urbains, voire d'évêques, était enregistrée, certes d'une manière moins démocratique qu'aujourd'hui ; il n'empêche : Alcuin, à propos d'une consultation, écrivit à Charlemagne, dans une épître : « La voix du peuple est la voix de

Dieu » ; *Vox populi, vox Dei.* Il semble que Charlemagne ait fait bon usage de la formule qui signifie que « l'opinion la plus partagée est celle à écouter et forcément la meilleure ». Voire…

Index

Les expressions recueillies dans ce dictionnaire sont ici classées dans l'ordre alphabétique, non compris les articles, prépositions, etc. (on cherchera, par exemple, la *Boîte de Pandore* à la lettre B, une *Vieille baderne* à la lettre V), sauf dans certains cas très précis où ils font sens. Le ou les mots-clefs, les termes auxquels se raccrochent l'histoire et l'évolution de l'expression figurent en **caractères gras**. Enfin, le chiffre renvoie à la page concernée.

B

C

T

U/V

Les expressions de nos grands-mères

À mes grands-mères,
Anne-Marie qui n'a jamais prononcé
l'une de ces expressions,
et Monique qui les connaît toutes.

En voiture, Simone, c'est moi qui conduis, c'est toi qui klaxonnes !

« *Démarrons, allons-y ; allez !* »

Simone ? Elle a réellement existé ! En 1929, Simone-Louise de Pinet de Borde obtient son permis de conduire. Elle a alors 19 ans. Simone devient célèbre en participant à des rallyes automobiles, un univers très masculin. Quand elle arrête la compétition, en 1957, elle devient directrice d'auto-école. Quelques années plus tard, en 1962, Guy Lux présente sur l'ORTF l'émission *Intervilles* avec les vachettes, Léon Zitrone et une autre Simone : Simone Garnier. Déjà populaire, l'apostrophe de Guy Lux à la présentatrice est reprise dans les foyers. Par ailleurs, pour les nostalgiques du tandem Guy Lux-Léon Zitrone, sachez qu'ils ont même sorti un 45-tours : *Le Tango d'Intervilles*. Ils n'y font pas référence à Simone, mais on y entend quelques-unes de leurs phrases cultes, comme « Je ne vous entends pas »... C'étaient les débuts de la télé, et la technique n'était pas encore au rendez-vous.

Demain, on rase gratis

« On nous fait une promesse que l'on ne tiendra pas. »

La petite histoire veut qu'un barbier ait accroché à la porte de sa boutique l'écriteau « Demain, on rase gratis ». Les clients qui le croyaient pouvaient bien revenir : la pancarte étant toujours suspendue, le commerçant remettait indéfiniment sa promesse au lendemain.

Des nèfles !

« Rien du tout ! Ça ne va pas, la tête ! »

Nos grands-mères, incrédules ou outrées, s'exclamaient « *Des nèfles !* ». Pour marquer nettement leur opposition, elles invoquaient un fruit particulièrement fade qu'on consommait en confiture ou en compote… Mais elles pouvaient tout aussi bien sortir « *Des navets !* », ces légumes sans goût qu'on trouvait en quantité sur les étalages des marchés d'après-guerre. Loin d'être à court d'imagination, elles dénichaient aussi leurs formules au rayon bricolage et ne se privaient pas de lancer à la cantonade un « *Des clous !* » bien senti. Rejetant en bloc une affirmation, elles lui déniaient toute valeur. De la même façon, on continue de dire *Ça ne vaut pas un clou*, c'est-à-dire « ça ne vaut rien, même pas un clou ».

Il a des oursins dans les poches

« *Il est avare.* »

Il est peut-être délicieux, mais sa piqûre est douloureuse ! Loin de son milieu naturel et des plateaux de fruits de mer, le petit animal marin peut se montrer redoutable… Car celui qui *a des oursins dans les poches* n'y glisse pas la main, de peur de s'y piquer. En cela, il est l'exact opposé de celui qui *met la main à la poche* – qui « donne de l'argent ». Agacé par le comportement du pingre, on peut toutefois lui rétorquer *Ça ne te servira à rien d'être le plus riche du cimetière*. Mais pointer son comportement excessif n'y changera sans doute rien, comme le prouve la tirade d'Harpagon, dans *L'Avare*, de Molière, après le vol de sa cassette : « Hélas ! Mon pauvre argent, mon pauvre argent, mon cher ami ! On m'a privé de toi ; et puisque tu m'es enlevé, j'ai perdu mon support, ma consolation, ma joie ; tout est fini pour moi, et je n'ai plus que faire au monde : sans toi, il m'est impossible de vivre. C'en est fait, je n'en puis plus ; je me meurs, je suis mort, je suis enterré. »

Ça ne vaut pas un pet de lapin

« *Ça ne vaut rien.* »

Dans la vie, il y a des événements bien plus importants et dramatiques qu'un pet, même si ce gaz intestinal plus ou moins bruyant et odorant peut provoquer une gêne et un inconfort passagers en société. Et, forcément, un *pet de lapin* est encore plus insignifiant qu'un vent humain ! Mais quelle que soit son origine, la flatuosité possède une caractéristique : la vitesse... À la fin du XIXe siècle, on *lâchait quelqu'un comme un pet* quand on « l'abandonnait précipitamment ». Après, on *filait, partait* ou on se *sauvait comme un pet*. Puis, histoire d'insister encore plus sur la rapidité, quelqu'un pouvait *filer comme un pet sur une toile cirée* lorsqu'« il s'en allait sans demander son reste ». Enfin, au début du XXe siècle, les adultes pouvaient surprendre un enfant s'écrier *pè ! pè !*, « attention ». Cette interjection jouant sur l'homonymie de *paix !*, « chut », et de *pet* servait d'avertissement entre écoliers. Comprenez : « il y avait des bêtises dans l'air » !

Petit chenapan !

« Petite crapule ! Vaurien ! »

Voilà une façon affectueuse d'interpeller un enfant qui n'avait rien d'aimable à l'origine ! *Chenapan* vient en effet de l'allemand *schnapphahn*, du verbe *schnappen*, « attraper », et de *hahn*, « coq », qui désignait un « voleur de grand chemin ». Et, pendant longtemps, un adulte qu'on traitait de *chenapan* était une « personne malhonnête et sans scrupules ».

Il est trempé comme une soupe

« Il est mouillé jusqu'aux os. »

Pour nous, la *soupe* s'apparente à un bouillon de légumes. Mais au XVIIIe siècle, il s'agissait de la tranche de pain qu'on arrosait ou qu'on faisait tremper dans ce bouillon. Quand on *taillait la soupe*, on « coupait des tranches pour le potage », et lorsqu'on *trempait la soupe*, on « mettait les morceaux de pain dans la marmite avant de servir ». *Être trempé comme une soupe* signifie donc « être mouillé par la pluie comme une tranche de pain imbibée de bouillon ».

Il travaille du chapeau

« Il est un peu fou. »

Quand *la tête travaille*, on « réfléchit beaucoup ». Mais lorsqu'on *travaille du chapeau*, on « n'a pas les idées en place », de la même manière que le bois qui *travaille* « se déforme »... Avant, le chapeau symbolisait la condition sociale : un *monsieur à chapeau* était un « bourgeois ». Il se distinguait des ouvriers et des paysans qui portaient des casquettes ou des bonnets. Selon les expressions, le mot a pris des sens très différents, comme *porter le chapeau*, « être jugé coupable », et *tirer son chapeau* ou *chapeau bas*, qui expriment « l'admiration ». *T'occupe pas du chapeau de la gamine, c'est moi qui paie les rubans* est une manière plus développée et plus fantaisiste de dire « Occupe-toi de tes affaires ». Par ailleurs, pour parler d'une « personne azimutée », il existe bien d'autres formules : *Il ondule de la toiture, Il a une araignée au plafond, Il a un petit vélo dans la tête…* Sans oublier *Il yoyotte de la touffe*, la *touffe* désignant le « cheveu » et, par métonymie, la « tête ».

Un peu, mon neveu !

« Évidemment ! Bien sûr ! »

Tu parles, Charles (« Cause toujours, tu m'intéresses »), *Au hasard, Balthazar* (« À l'aventure ! Prenons le risque ! »), *Tout juste, Auguste !* (« Bien vu »)… Ces célèbres exclamations ne reposent que sur de simples rimes : faciles à dire, elles sont faciles à retenir… La liste ne s'arrête pas là : *Tu l'as dit, bouffi* (« C'est exact »), *Allons-y, Alonzo* (« En avant »), *Circule, virgule* (« Du balai ! »), *À l'aise, Blaise* (« Facile »), *Fonce, Alphonse* (« Dépêche-toi »), *Ça colle, Anatole* (« Pas de problème »), *À la tienne, Étienne* (« À ta santé »), *Tu vas me le payer, Aglaé* (« Je me vengerai ! »)…

C'est la fin des haricots

« C'est la fin de tout. »

Dans les pensionnats et les internats, c'était la formule consacrée quand la nourriture venait à manquer. Il n'y avait alors même plus de haricots à servir aux élèves, ces légumes constituant la base de leurs repas. En argot, au XIXe siècle, *haricot* avait aussi le sens figuré d'« orteil ». Ainsi, *Ça me court sur le haricot*, la variante de *Ça me court*, « ça m'exaspère », évoque le fait de marcher sur les pieds de quelqu'un, un peu comme Tu *me casses les pieds.*

Ciel pommelé et femme fardée sont de courte durée

« Les artifices dont usent les femmes pour s'embellir sont aussi éphémères qu'un ciel changeant. »

Un dicton météorologique dit *Ciel pommelé, vent va souffler*... Quand les nuages ronds envahissent le ciel, ils sont en général annonciateurs de changement. Et lorsque les femmes se maquillent, fards, poudres et autres rouges à lèvres ne peuvent faire illusion qu'un temps. Ce proverbe sonne donc comme un avertissement : « méfiez-vous des surprises que vous réserve le monde »... Cela dit, si vous faites du gringue à une femme au naturel un jour de pluie, vous éviterez toute déception.

C'est un sacré loustic !

« Quel farceur ! Quel énergumène ! »

Loustic vient de l'allemand *lustig*, « gai ». Au XVIIIe siècle, il désignait un « bouffon rattaché aux régiments suisses ». Son travail ? Distraire les troupes quand elles se trouvaient loin de chez elles... Avec le temps, on a fini par appeler *loustic* tout « individu qui amusait la galerie par ses plaisanteries », mais aussi un « homme qui déplaisait parce qu'on le trouvait étrange » : le *drôle de loustic*. D'ailleurs, on a aussi appelé ce genre de type un *drôle de zèbre*, et même un *drôle de zigue*, mot formé sur *gigue*, « personne enjouée »... Comme son origine le laisse supposer, ce n'était pas toujours un qualificatif négatif : on pouvait *faire le zigue*, « le pitre », ou être un *bon zigue*, « quelqu'un de bien ».

La semaine des quatre jeudis

« *Jamais.* »

Au XVe siècle, on aurait bien aimé qu'existe *la semaine des deux jeudis*, probablement parce que le jeudi était un jour faste durant lequel les chrétiens mangeaient tout leur soûl en prévision du jeûne du vendredi. Puis, au fil du temps, la machine à rêve s'emballa : vint *la semaine des trois jeudis* et, plus tard, au XIXe siècle, celle *des quatre jeudis*. Il faut dire que le choix était judicieux : à cette époque, il correspondait à la journée de repos des écoliers !

Il s'est fait chanter Ramona

« *Il s'est fait réprimander, engueuler.* »

Auparavant, on disait *Il s'est fait ramoner*. Ce verbe, qui vient de *ramon*, « balai », a pris au fil du temps le sens de « balayer », « rosser avec un balai », « traiter durement » et, pour finir, « enguirlander ». Puis un air de musique passa par là… Bien avant Patrick Bruel et *Entre-deux…*, son album de reprises du patrimoine français sorti en 2002, de nombreux chanteurs entonnèrent le refrain de *Ramona* :

« Ramona, j'ai fait un rêve merveilleux
Ramona, nous étions partis tous les deux… »

C'est Saint-Granier, grand personnage du music-hall de l'entre-deux-guerres, qui adapta en français ce titre de L. Wolfe Gilbert en 1927. Il eut beau écrire de nombreuses autres chansons par la suite, faire du cinéma, diriger la Paramount France, être journaliste pour *Le Matin* ou créer le premier radio-crochet français, on l'associa toute sa vie à *Ramona*, ce qui avait tendance à l'exaspérer ! En 1928, Fred Gouin, célèbre chanteur et compagnon de Berthe Sylva, interpréta la version qui fut un succès : on la retrouve aujourd'hui encore sur les anthologies de l'époque. Et même l'illustre Tino Rossi se lança dans une reprise en 1970 ! Mais c'est dès les années 1930 que la chanson, sur toutes les lèvres, donna naissance à l'expression *se faire chanter Ramona*, bien plus drôle qu'un simple *se faire ramoner*. Pour l'employer à bon escient, signalons toutefois qu'elle a un second sens, très vulgaire. Certains l'utilisent en effet pour évoquer une « relation sexuelle », la formule étant cette fois construite sur l'image parlante du va-et-vient du balai lors de l'entretien d'un conduit de cheminée.

Mêle-toi de tes oignons

« Occupe-toi de tes affaires. »

Quand on vous demande de vous *mêler de vos oignons*, c'est franc, c'est direct : *a priori*, pas la peine d'insister. L'expression n'est guère aimable, surtout quand on sait que le mot *oignon* signifiait « anus » en argot, ce qui donnerait grossièrement « Mêle-toi de ton cul ». À choisir, on lui préférera le proverbe plus policé *Chacun son métier et les vaches seront bien gardées*, « tout ira bien si chacun se mêle de ce qui le regarde ».

Il a les yeux bordés d'anchois

« Il a le contour des yeux rougi. »

On emploie cette expression pour désigner des « paupières rouges, enflammées ». Au fond, vaut-il mieux dire à quelqu'un qu'il a *les yeux bordés d'anchois* ou qu'ils sont *bordés de jambon* ? À vous de trancher ! Dans *Les Excentricités du langage*[1], Lorédan Larchey citait ce dialogue de Vidal :

> « — Je veux avoir ta femme.
> — Tu ne l'auras pas.
> — Je l'aurai, et tu prendras ma guenon aux yeux bordés d'anchois. »

1. *Les Excentricités du langage*, Lorédan Larchey, E. Dentu, 1865.

Nom d'un petit bonhomme !

« Nom de Dieu ; zut. »

Nombre d'exclamations sont tirées du juron des jurons, blasphématoire à souhait : *nom de Dieu.* Pour continuer de pester sans commettre de sacrilège, on a trouvé une astuce : remplacer Dieu par un autre mot. Par exemple, *nom d'un petit bonhomme, nom de nom, nom d'une pipe, nom d'un chien...* Selon l'humeur, on le profère énervé, surpris ou pour insister sur ce qu'on dit : « J'avais raison, *nom de nom !* » Notons que c'est l'expression tout entière qui forme le juron. En effet, un simple « Pipe ! » ou « Chien ! », même prononcés avec conviction, vous vaudront quelques regards interloqués.

Il est comme une poule qui a trouvé un couteau

« Il est déconcerté ; il ne sait pas quoi faire. »

Voyez une poule dans une basse-cour : elle caquette, elle court, elle picore... Un rien affole ce volatile peu réputé pour son intelligence. Une poule qui trouverait un couteau ne le prendrait certainement pas sous son aile pour aller se couper une tranche de pain et se faire un bon gueuleton ! Parmi les *Proverbes libyens recueillis par Roger Chambard*[1],

1. *Proverbes libyens recueillis par Roger Chambard*, édités par Gilda Nataf et Barbara Graille avec la collaboration d'Aziza Boucherit, éditions Karthala, 2002.

on trouve une expression semblable, *Comme la poule qui gratte la terre de dessus un couteau*, mais dont le sens est tout autre : « Donner des verges pour se faire fouetter. » Ce proverbe est illustré par l'histoire suivante : « Quelqu'un se trouvait à la campagne. Il vit une poule isolée et dit : "Je lui couperais bien le cou, si j'avais un couteau." À ce moment la poule, qui gratte la terre, découvre un couteau avec lequel l'homme lui coupe le cou. »

Ça fait la rue Michel

« Le compte y est ; ça suffit. »

L'expression est née d'un simple jeu de mots sur la rue Michel-le-Comte, qui se trouve dans le 3e arrondissement de Paris, entre la rue Beaubourg et la rue du Temple : « Ça fait le compte », semblable à « Ça fait le comte », devint « *Ça fait la rue Michel* ». Les chauffeurs de taxi du XIXe siècle, les cochers, seraient à l'origine de cette boutade qu'ils lançaient en déposant leurs clients. Mais ce n'est pas la seule rue parisienne qui ait donné naissance à un calembour ! Au début du XXe siècle, les ferrailleurs, dont beaucoup étaient installés rue de Lappe, revenaient parfois bredouilles après avoir *fait les rues* à la recherche de matériaux. On leur doit les expressions *faire la rue de Lappe* ou *travailler pour la rue de Lappe*, « ne pas gagner un sou », construites sur l'homonymie de *Lappe* et *lap*. Car, à l'époque, on pouvait aussi *travailler pour lap*, « pour rien »... Un mot pas si obscur qu'il n'y paraît : *lap* est l'apocope de l'exclamation *la peau !*, elle-même une ellipse d'expressions telles que *peau de balle* (en référence aux parties génitales masculines) ou *peau de zébi* (empruntée aux zouaves revenus d'Algérie, *zébi* étant tiré de l'arabe *zebbi*, « mon pénis »), qui signifient « rien du tout ».

Il a du sang de navet

« *Il manque d'énergie, de courage ; il est lâche.* »

On dit aussi *avoir du jus de navet dans les veines.* Le légume est associé à la pâleur et à l'anémie, ce que l'on retrouve dans l'expression *être blanc comme un navet. Avoir du sang de navet*, c'est « manquer de globules rouges, être faible physiquement ou mentalement ». Le mot possède toujours une valeur négative : il peut servir à marquer son refus[1], à qualifier un mauvais film ou à traiter quelqu'un d'idiot. Ainsi, dans *Voyage au bout de la nuit*, de Céline, Ferdinand, qui court s'engager pour voir si la guerre est aussi horrible qu'il la décrit, lance à son ami Arthur : « On verra bien, eh navet ! »

Tu peux rhabiller les gamins ?

« *Ressers-nous un verre.* »

Quand les verres sont vides, il faut les remplir ! Alors, au bistrot, on sert une autre tournée en

1. Voir l'expression Des *nèfles !*, p. 190.

rhabillant les gamins : on remplit à nouveau les verres. Et, à la place d'un pichet de vin, on peut commander une *fillette*, d'une contenance d'un tiers de litre environ. On peut aussi boire un *galopin*, un « petit verre de bière qui fait la moitié d'un demi ».

Les Anglais ont débarqué

« *Elle a ses règles.* »

Du temps des guerres napoléoniennes, les fantassins anglais étaient vêtus d'une tunique rouge, de la couleur du sang. Après avoir envahi la France et remporté la bataille de Waterloo en 1815, les Anglais n'étaient guère appréciés dans nos contrées... Voilà comment la couleur, l'invasion (le flux menstruel s'apparentant au flot d'une armée qui attaque un pays) et l'anglophobie associées ont créé une expression. On trouve la variante *Elle a ses Anglais*. Et, sur le même thème, *Elle a ses ours* a aussi connu un certain succès. Cette dernière serait-elle née d'un jeu de mots sur *avoir ses jours* ? En effet, durant ses « jours », une femme ne se montrait pas forcément en société, de la même manière que celui qu'on traite d'*ours* (qu'on prononçait alors « our »), voire d'*ours mal léché*, « évite le monde ».

Pleure, tu pisseras moins

« *Allez, pleure un bon coup.* »

Un soupçon d'ironie point dans cet encouragement à pleurer. De même, la formule *Pleure, ça te fera de beaux yeux* rappelle à l'éploré que, sitôt sa crise de larmes terminée, il aura les yeux rougis et gonflés... Et pour mettre fin à des jérémiades, rien de tel que *Pleure pas, tu la reverras, ta mère*, une façon d'intimer : « Cesse tes enfantillages. »

Faire ça ou peigner la girafe...

« *Il ne fait rien ; il se la coule douce.* »

On raconte que le gardien de la ménagerie du Jardin des Plantes, à Paris, avait la charge de la première girafe présentée dans un zoo français. Un jour, alors que ses supérieurs lui demandaient des comptes, il leur répondit qu'*il peignait la girafe*... Avec son long cou et sa grande taille, l'activité devait effectivement lui prendre tout son temps. Malheureusement, si savoureuse soit-elle, l'anecdote aurait été inventée... Toutefois, en 1826, une girafe du nom de Zarafa posa bel et bien pour la première fois une patte sur le sol français. Le pacha égyptien Mohammed Ali l'avait offerte à Charles X. Après son arrivée par bateau, on lui avait fait traverser toute la France, de Marseille à Paris, pour la présenter au roi, puis l'amener au zoo. Très populaire, l'animal marqua l'imagination des Français.

C'est d'ailleurs depuis cette époque qu'on qualifie une « femme grande et maigre » de *girafe*... De nos jours, ne subsiste au Muséum national d'histoire naturelle que le crâne de Zarafa, exposé dans la galerie d'anatomie comparée. Mais revenons à notre *peigner la girafe*. Moins pittoresque et plus triviale, l'autre hypothèse sur son origine serait liée à la masturbation. Dans un second temps, comme les verbes *branler* ou *glander*, elle aurait pris le sens figuré de « ne rien faire ».

Compte là-dessus et bois de l'eau fraîche !

« Tu peux toujours courir ; il n'y a aucune chance que cela se produise. »

Au sens figuré, on peut nous faire *avaler des bobards*, voire *des couleuvres*, lorsqu'on nous raconte n'importe quoi et qu'on y croit... Avec *Compte là-dessus et bois de l'eau*, on charrie une personne naïve : elle a avalé une telle énormité qu'elle n'a plus qu'à la faire passer avec un grand verre d'eau.

Tu vas te casser la margoulette

« Tu vas tomber. »

Au XVIIIe siècle, *margoulette* signifiait « bouche », « mâchoire ». Puis au XIXe siècle, par synecdoque (une figure de style qui consiste, par un glissement de sens, à désigner la partie par le tout), le mot fit référence au visage et à la tête. S'il s'agit simplement d'une mise en garde quand quelqu'un risque de *se casser la figure*, elle avait un sens beaucoup plus fort lors de la Première Guerre mondiale. À l'époque, *se faire casser la margoulette*, c'était « se faire tuer », une balle dans la tête ou un tir d'obus ayant vite fait d'abattre les soldats. On parlait également de *cassage de têtes* lors des combats, une formule citée par Gaston Esnault dans *Le Poilu tel qu'il se parle*[1] : « Préférer une position un peu en arrière au cassage de têtes de la première ligne. »

Il n'attache pas son chien avec des saucisses

« Il est pingre. »

L'attitude de la personne qui *ne donne pas sa part aux chiens*, c'est-à-dire qui « profite d'une chose en la gardant pour elle », pas forcément aimable, peut s'avérer inhabituelle. Au contraire, celui qui *n'attache pas son chien avec des saucisses* est toujours « proche de ses sous »... Acheter un objet aussi éphémère qu'une laisse de saucisses, très peu pour lui ! De même, au XVIIe siècle, les expressions *Il n'ose cracher de peur d'avoir soif*, *Il a des écus moisis* ou *Il crie famine sur un tas de blé* stigmatisent le comportement de l'avare, regardant et parcimonieux.

1. *Le Poilu tel qu'il se parle*, Gaston Esnault, Slatkine, 1971.

Minute, papillon !

« Un instant ! Je suis à vous dans quelques secondes ! »

Le Canard enchaîné se targue d'avoir créé cette expression. Selon le journal, monsieur Papillon était serveur au Café du Cadran, à Paris, dans les années 1930. Ses clients, parmi lesquels des journalistes du *Canard enchaîné*, s'entendaient régulièrement répondre quand ils l'interpellaient : « Minute, j'arrive ! » Amusés, ils s'approprièrent la repartie du garçon de café en la modifiant légèrement… Mais peut-être l'ont-ils simplement réinventée, car elle serait vraisemblablement plus ancienne et daterait du début du XXe siècle. Les linguistes Alain Rey et Sophie Chantreau[1] y voient la métaphore du papillon qui butine très vite de fleur en fleur sans jamais s'arrêter et qui passe donc trop rapidement d'une chose à l'autre.

C'est croquignolet !

« Comme c'est mignon ! »

Tirant son origine des *croquignoles*, de « petits gâteaux secs qui croquent sous la dent », le mot *croquignolet* désigne quelque chose de « charmant ». Cependant, il se teinte souvent d'ironie pour pointer l'« aspect ridicule, désuet ou bizarre de ce dont on parle ».

1. *Dictionnaire d'expressions et locutions*, Alain Rey et Sophie Chantreau, Le Robert, 2003.

La beauté ne se mange pas en salade

« La beauté ne suffit pas si l'on veut partager sa vie avec quelqu'un. »

La plus belle fille du monde ne peut donner que ce qu'elle a, On ne se marie pas pour les yeux… C'est bien beau de s'enticher d'une belle plante, mais les proverbes sont là pour rappeler à l'ordre ceux qui pourraient s'égarer : pour vivre en couple, il faut dépasser les apparences. En revanche, tout le monde, même un célibataire endurci, peut *se plaindre que la mariée est trop belle*, « se plaindre d'une situation qui devrait nous rendre heureux ».

Il a baptisé le pinard

« Il a coupé le vin avec de l'eau. »

L'expression vient directement des tranchées, durant la Première Guerre mondiale. On la retrouve dans une chanson anonyme, *Le Rata*, retranscrite en 1917 dans *Le Poilu marmité*, journal des tranchées dirigé par Jean Teulade :

> « Toujours content, jamais d'humeur chagrine,
> Chaque cuistot est un joyeux lascar,
> Et de bien voir toujours sa bonne mine
> On lui pardonne d'baptiser le pinard. »

C'est pas piqué des vers

« *C'est particulièrement réussi ; c'est osé.* »

Autrefois, on disait qu'une étoffe n'était *pas piquée des vers* quand elle était « bien conservée ». Elle avait été épargnée par les insectes qui laissaient de petits trous sur leur passage lorsqu'ils rongeaient le tissu ou le bois. Au fur et à mesure, le sens figuré s'est imposé. D'abord, pour dire d'une femme qu'elle était bien conservée… Ainsi, dans *Bel-Ami*, de Maupassant, Georges Duroy, qui apprend que deux jeunes femmes sont à marier, s'exclame : « Eh ! La mère n'est pas encore piquée des vers. » Aujourd'hui, quelque chose qui *n'est pas piqué des vers* est « remarquable », tandis que des propos sont « bien sentis », voire « choquants », un peu comme lorsqu'on *en dit des vertes et des pas mûres*. L'expression *C'est pas piqué des hannetons*, apparue ultérieurement, a le même sens.

C'est de la poudre de perlimpinpin

« *C'est un remède inefficace.* »

Le mot *perlimpinpin* serait né d'un jeu sur le redoublement de sonorités imitant une formule magique comme *abracadabra*. On appelait ainsi les « produits vendus par des charlatans qui vantaient leurs vertus curatives à des clients crédules ». Aujourd'hui, la *poudre de perlimpinpin* désigne simplement un « médicament qui ne soigne pas » ou, plus généralement, « une chose illusoire ».

Encore ça que les Boches n'auront pas !

« *C'est toujours ça de pris.* »

On les appelait les Chleuhs, les Frisés ou les Fritz durant la Seconde Guerre mondiale… Autant de surnoms péjoratifs témoignant de l'animosité des Français envers les Allemands. Pour conclure un repas, on remit au goût du jour une expression datant probablement de la guerre de 1870 : *C'est autant que les Prussiens n'auront pas.* Dans les années 1940 apparut aussi *J'ai vu assez d'horreurs pendant la guerre !*, « je ne veux pas voir ça », qui, détournant le discours des anciens combattants sur les horreurs de la guerre, était lancé pour exprimer son « dégoût ». Ensuite employée en guise de plaisanterie, la formule visa une « personne mal habillée ou légèrement vêtue ».

Elle a vu le loup

« *Elle a perdu sa virginité.* »

Il est connu comme le loup blanc, J'ai une faim de loup, Il fait noir comme dans la gueule du loup, Il fait un froid de loup… Objet de mythes et de légendes, l'animal a inévitablement droit à son lot d'expressions imagées. Au départ, un homme qui *avait vu le loup* était aguerri. Puis du jeune homme courageux, on est passé à la jeune femme délurée qui avait

« perdu son pucelage », le danger étant alors de perdre sa réputation.

Il est raide comme un passe-lacet

« Il est fauché. »

Les *lacets* étaient autrefois de fines cordes dont les gendarmes se servaient en guise de menottes. Le mot *passe-lacet*, tout comme *marchand de lacets*, désignait donc un « gendarme ». Mais pourquoi un gendarme serait-il sans le sou ? Soit il y a eu une confusion entre les deux sens de *raide*, « ruiné » et « sévère », soit les gendarmes étaient réellement mal payés... Dans le même style, on peut dire de quelqu'un qu'il est *raide comme la justice*.

C'est amer comme chicotin

« C'est particulièrement amer. »

Le mot *chicotin* serait une déformation de *socotrin*, c'est-à-dire « qui vient de Socotra ». Sur cette île située au large du Yémen, on trouve l'aloès, une plante grasse dont on extrait le suc, appelé *chicotin*. Cette substance est utilisée en pharmacie, notamment pour ses vertus hydratantes, mais aussi en raison de ses propriétés laxatives. Elle a d'ailleurs si mauvais goût qu'une méthode de grand-mère pour arrêter de se ronger les ongles consiste à les badigeonner de teinture d'aloès !

Ça vaut dix

« C'est hilarant ; quelle histoire ! »

Aujourd'hui, on lancerait *Ça vaut son pesant de cacahuètes.* Mais auparavant, on lui préférait *Ça vaut dix*, qui rappelait la meilleure note que l'on pouvait obtenir à l'école. Et encore avant, à la fin du XIXe siècle, *Ça vaut l'os* signifiait plutôt « ce n'est pas banal », au sens de « ça a de la valeur », l'os désignant l'« argent en argot » : quand on *avait l'os*, on « était riche ». Également passée de mode, *Ça vaut le jus*, « ça vaut la peine », a d'abord eu le sens de « c'est une affaire juteuse, fructueuse » pour prendre la définition plus générale de « c'est digne d'intérêt ».

On dirait le bon Dieu qui vous descend en culotte de velours dans l'estomac

« C'est exquis. »

Il n'y a pas que *le bon Dieu* qui peut *vous descendre en culotte de velours dans l'estomac*, il y a aussi *le petit Jésus* ! Sinon, on dira plus sobrement *C'est du velours.* Comme le tissu soyeux et doux, le velours est un « bon vin qu'on sirote avec délectation ». Il arrive aussi qu'on invoque le bon Dieu et sa culotte de velours devant un plat délicieux.

Il en est resté baba

« Il est resté bouche bée, stupéfait. »

Baba est une onomatopée qui marque l'étonnement : la personne dont on parle a l'air ahurie et n'arrive plus à prononcer un son intelligible. Le mot aurait été formé à partir d'*ébahi* ou de *babines* par redoublement de la syllabe *ba*. Attention, ce *baba-là* n'a rien à voir avec celui qu'on trouve dans l'expression *Il l'a dans le baba* employée quand « quelqu'un s'est fait avoir ou escroquer », et qui fait référence au postérieur. Auparavant, il désignait le sexe de la femme. Il pourrait, lui aussi, être tiré de *babines*, par analogie entre les lèvres de la bouche et celles de la vulve... Une locution qui n'est pas sans rappeler une façon crue et explicite de dire la même chose : *Il l'a dans le cul.*

Il est bouché à l'émeri

« Il est borné, idiot. »

Au XIXe siècle, pour rendre les bouteilles et les flacons étanches, on utilisait l'émeri, un abrasif permettant de polir le goulot et le bouchon pour qu'ils s'emboîtent parfaitement. Et, au figuré, une personne *bouchée à l'émeri* avait l'« esprit hermétiquement fermé ». Quand nos grands-mères trouvaient qu'elles avaient affaire à « quelqu'un d'obtus », elles pouvaient aussi s'exclamer *Il est fin comme du gros sel*, ou développer *Il est fin comme du gros sel dans une boîte à sucre.*

Cela fera du bruit dans Landerneau

« Cette affaire va susciter des ragots ; ça va faire un scandale. »

Landerneau est une ville du Finistère, en Bretagne. L'expression est apparue la première fois sous la forme d'une réplique dans *Les Héritiers* (1796), une pièce de théâtre d'Alexandre Duval. L'intrigue se déroule à Landerneau, symbole pour l'auteur des petites villes de province où le moindre ragot est monté en épingle et devient l'objet de toutes les conversations. Dans la pièce, alors que son maître est donné pour mort, un domestique le formule d'ailleurs explicitement : « Je sais que, dans notre petite ville de Landerneau, en voilà au moins pour huit jours de conversation. Toutes nos commères vont arranger cela à leur manière. » Ce nom propre est même devenu un nom commun dont on trouve dans *Le Petit Larousse* la définition suivante : « Milieu étroit et fermé ; microcosme. » On parle par exemple du *landerneau des affaires* pour évoquer un « microcosme financier ».

Quand les andouilles voleront, tu seras chef d'escadrille

« *Tu es parfaitement stupide.* »

En 1977, Leonil Mc Cormick arrangea une variante dans sa chanson *P'tit con* :

« Quand les cons voleront, je serai sous-chef d'escadron
Faut se faire une raison, on n'est jamais le roi des cons
(Y a toujours plus con). »

Ça ne lui réussit visiblement pas, puisqu'il fit un bide… Avant lui, en 1968, Michel Audiard avait été plus inspiré en écrivant les dialogues du *Pacha* : « Le jour où on mettra les cons sur orbite, t'as pas fini de tourner. »

Il a les épaules en bouteille de Saint-Galmier

« *Ses épaules sont étroites et tombantes.* »

Saint-Galmier, ça ne vous dit rien ? Un indice : c'est une eau minérale gazeuse naturelle. Ça ne vous dit toujours rien ? Eh bien, en lisant attentivement l'étiquette des bouteilles de Badoit, vous découvrirez qu'elles proviennent des sources de Saint-Galmier, dans la région Rhône-Alpes. Dans les années 1930, on voit apparaître sur les réclames le docteur Bien-Vivre, un vieux bonhomme dessiné, une bouteille de Saint-Galmier-Badoit en guise de buste. Il vante les vertus de cette eau, « source de santé ». Sa forme est un peu plus oblongue qu'aujourd'hui, mais si vous regardez une bouteille de Badoit actuelle, vous vous ferez tout de même une idée de la physionomie de quelqu'un qui *a les épaules en bouteille de Saint-Galmier*.

C'est un peu fort de café !

« C'est invraisemblable ; ça dépasse les bornes. »

Aujourd'hui, on commande un café serré comme on réclamait avant un café fort. Et, comme au figuré on disait déjà *C'est un peu fort* ou *C'est trop fort*, l'association s'est faite tout naturellement. Dans *Belle du Seigneur*, d'Albert Cohen, Adrien Deume, après avoir attendu toute la soirée Solal, invité à dîner, s'insurge : « "Un lapin de ce calibre, vraiment, c'est trop fort de café. À moins qu'il ne soit mort." Évidemment, s'il était mort, c'était une excuse valable. »

Il mène une vie de patachon

« C'est un fêtard ; il a une vie dissipée. »

Au XIXe siècle, la *patache* était une diligence peu confortable, qui transportait les voyageurs désargentés. Le *patachon* était son conducteur, toujours sur les routes avec sa voiture, faisant des arrêts fréquents. Comme il passait de taverne en taverne, on lui prêtait une vie agitée. Mener *une vie de bâton de chaise* signifie la même chose : « avoir une vie délurée, désordonnée ». Cette deuxième expression fait référence aux bâtons des chaises… à porteurs, dans des temps plus reculés. Si les patachons étaient tout le temps dehors, qu'il vente ou qu'il pleuve, à transbahuter leurs passagers, les bâtons de chaise étaient, eux, constamment soulevés, mis et démis par les porteurs pour faire monter ou descendre ceux qu'ils transportaient.

Il a avalé son acte de naissance

« *Il est mort.* »

D'abord, on a *avalé le goujon*, puis *sa langue, sa cuillère, sa fourchette*… Et même *son bulletin de naissance* avant *son acte* ! Quel que soit ce qu'on a bien pu avaler, on *passe l'arme à gauche*, cessant de respirer, comme étouffé. Il est donc fort probable qu'on se rende alors au *boulevard des allongés*, le « cimetière », aux côtés de ceux qui *mangent les pissenlits par la racine*, reposant à *six pieds sous terre*.

Mange, tu sais pas qui te mangera

« *Mange !* »

La phrase, qui s'adresse aux enfants, est à la fois un encouragement et une menace. Elle rappelle les contes de fées, dans lesquels, traditionnellement, l'ogre aime la chair fraîche... Comme dans *Le Petit Poucet*, de Charles Perrault, où le monstre fait souper le héros et ses frères « afin qu'ils ne maigrissent pas » pendant la nuit, pensant s'en faire un festin dès le lendemain. C'est évidemment sans compter avec l'astuce du Petit Poucet ! Toutefois, *Mange, tu ne sais pas qui te mangera* n'est pas la seule « exhortation à finir son assiette ». *Pour grandir, il faut manger de la soupe* date d'une époque où le potage constituait l'essentiel des repas.

Je m'en tamponne le coquillard

« Je m'en fiche. »

En argot, *coquillard* signifiait « œil ». Et, toujours en argot, *œil* est synonyme de *fesses* ! *Je m'en tamponne le coquillard* est donc une façon tout aussi malpolie de dire *Je m'en bats l'œil*, elle-même équivalente à *Je m'en bats les fesses*... Bref, une expression qui, même vieillie, ne doit pas être employée dans les dîners mondains !

C'est au poil

« C'est parfait ; ça a été fait avec précision. »

Dans le jargon de l'École des beaux-arts, un *dessin au poil* était un « travail minutieux, qui reproduisait les détails au poil de pinceau près ». Cette idée de précision induite par la petite dimension d'un poil, on la retrouve chez les aviateurs de la Première Guerre mondiale qui devaient *atterrir au poil* quelles que soient les conditions. Avec *être au poil*, on était « pile à l'heure » *(pile poil !)* et on réglait une chose *au poil*, « soigneusement ». Même quelqu'un pouvait être *au poil*, « parfait » ! Quant aux ouvriers, ils avaient leur manière bien à eux de qualifier un travail soigneux : *au plus petit poil du cul*. Comme si cela ne suffisait pas, beaucoup ont surenchéri au milieu du XXe siècle en disant *au quart de poil*.

Il est bête à manger du foin

« *Il est vraiment stupide.* »

À d'autres époques, on pouvait être *bête comme un mouton* ou *comme une oie*, mais là, c'est une autre façon de dire *bête comme un âne*, car celui qui mange du foin, c'est lui, évidemment. *Un âne bâté, têtu comme un âne, brailler comme un âne*... L'animal peut incarner la bêtise ou l'entêtement et ne participe jamais d'aucun compliment. Depuis le XIIIe siècle, on traite en effet régulièrement les imbéciles d'ânes, ce qui s'est concrétisé à l'école par le fameux bonnet dont on affublait les cancres. En revanche, si l'on « affiche sa plus belle tête d'idiot pour, par exemple, obtenir de précieuses informations », on dit qu'on *fait l'âne pour avoir du son*. Une expression que l'on trouve déjà chez Rabelais, dans *Gargantua*, qui écrivait de son personnage : « Il faisoyt de l'asne pour avoir du bren », le *bren* étant le son.

Il est vacciné avec une aiguille de phono

« *Il est bavard.* »

On doit à Thomas Edison l'invention du phonographe. Le brevet fut déposé en 1877. Puis, bien avant l'apparition des lecteurs de CD et de fichiers MP3, furent créés successivement le Gramophone et l'électrophone. Mais on continua de les appeler communément *phono*. Quel est le lien avec l'homme ? Eh bien, avant, si l'on n'était pas très au fait de la technologie, on pouvait croire que l'aiguille apportait le son au microsillon, et non l'inverse. Quand on prononçait *Il est vacciné avec une aiguille de phono*, il n'était donc pas question de remède mais d'injection : comme une piqûre de vaccin nous inocule un produit ayant effet sur une longue durée, celle d'une aiguille de phono nous transmettrait un son continu. Ce n'est pas pour rien qu'on demande souvent aux bavards de *changer de disque* !

Il n'a pas cassé trois pattes à un canard

« *Il n'a rien fait d'extraordinaire.* »

Casser trois pattes à un canard qui n'en a que deux, ça, c'est incroyable ! On souligne ironiquement que quelqu'un n'« a rien fait de remarquable ». De la même manière, on dira *Ça ne casse pas des briques* ou *des vitres.*

Passez, muscade

« Le tour est joué. »

Aujourd'hui encore, la *muscade* est un accessoire indispensable à tout magicien qui se respecte. Cette « petite boule de liège semblable à une noix de muscade » sert à exécuter des tours de passe-passe dans lesquels elle apparaît et disparaît mystérieusement. Mais la formule *Passez, muscade*, que les escamoteurs employaient quand ils réussissaient leur numéro au nez et à la barbe des spectateurs, est passée de mode. L'art du prestidigitateur reste toutefois inchangé : réaliser de jolis tours agrémentés de beaux discours. Jean-Eugène Robert-Houdin, un célèbre magicien du XIXe siècle considéré comme le père de la magie moderne, a écrit un livre dans lequel il répertoriait ses numéros et proposait notamment cette introduction au jeu des gobelets[1] :

> « Mesdames et messieurs,
> Dans un siècle aussi éclairé que le nôtre, tant au réel qu'au figuré, n'est-il pas étonnant de voir se propager de jour en jour des erreurs grossières et de les trouver enracinées dans l'esprit public comme des lois immuables de la nature ?
>
> Parmi ces erreurs, il en est une que je me propose de vous signaler et dont aujourd'hui j'aurai bon marché, je le pense. La voici :

1. *Comment on devient sorcier*, Jean-Eugène Robert-Houdin, Omnibus, 2006.

Bien des personnes ont avancé et, entre autres, le célèbre Érasme, de Rotterdam, qu'un objet matériel ne peut se trouver que dans un endroit à la fois ; moi, messieurs, je soutiens, au contraire, que tout objet peut se trouver en plusieurs endroits au même instant et qu'il est également possible qu'il ne se trouve nulle part [...] »

Il est ficelé comme un saucisson

« Il est engoncé dans ses vêtements. »

Exercice de concentration : visualisez un saucisson. Il est long, sec, saupoudré de farine et la ficelle qui l'entoure le quadrille si bien qu'il est parfois difficile de l'enlever... Eh bien, une personne *ficelée comme une saucisson* est « mal fagotée » : elle porte des vêtements trop petits, étriqués ou qui ne lui vont pas. En sorte, ce n'est pas pire que d'être *mal ficelé*, c'est-à-dire « mal habillé » ou « vêtu d'un accoutrement ridicule ».

C'est clair comme du jus de chique

« Ce n'est pas clair du tout. »

De nos jours, la chique est passée de mode ; elle n'évoque plus grand-chose... Pourtant, quand nous marchons dans la rue et que nous voyons l'enseigne d'un bureau de tabac, ce losange rouge caractéristique symbolise une carotte de tabac, dont on se servait pour chiquer. Le chiqueur mâchait un rouleau de feuilles très serrées, la carotte, pour en extraire la nicotine puis le recrachait quand il avait fini. Dans le même genre, on trouve *C'est clair comme de l'eau de vaisselle* ou *C'est clair comme de l'eau de boudin*. Ces liquides peu ragoûtants s'opposent à l'eau de roche, limpide, de l'expression *C'est clair comme de l'eau de roche*, littéralement « comme l'eau qui jaillit de la roche ».

Et ta sœur ?

« Mêle-toi de ce qui te regarde. »

Encore une jolie façon de congédier un importun ! À l'interpellation *Et ta sœur ?*, l'interlocuteur peut répliquer du tac au tac *Elle bat le beurre*, une réponse qui joue sur la rime entre les deux phrases. En argot, *sœur* a signifié « femme », « maîtresse » ou « prostituée ». Ce sens tire probablement son origine du refrain d'une chanson à la mode au XIXe siècle, retranscrite dans le *Dictionnaire du français non conventionnel*[1] :

> « Et ta sœur, est-elle heureuse ?
> A-t-elle z'évu [eu] beaucoup d'enfants ?
> Fait-elle toujours la gueuse
> Pour la somme de trois francs ? »

1. *Dictionnaire du français non conventionnel*, Jacques Cellard et Alain Rey, Hachette, 1980.

Il est propre comme un sou neuf

« *Il est très propre.* »

Au début, au XIXe siècle, *Il est propre comme un sou* faisait allusion aux pièces de monnaie étincelantes qui venaient d'être émises. Mais, très vite, on a précisé *Il brille comme un sou neuf* par opposition aux pièces usagées, noircies après avoir circulé de main en main.

Je m'en jette un derrière la cravate

« *Je bois rapidement un verre.* »

Plus simplement, on peut dire qu'on *s'en jette un* ou, plus drôle, qu'on *s'en jette un derrière le bouton de col*. Dans ce cas, il s'agit simplement d'« un petit verre qu'on boit avant de partir »... On sera moins rapide si on déclare *Je pourrais boire la mer avec ses poissons*, car il faut alors une grande quantité d'eau pour étancher sa soif ! Et, même si on boit beaucoup, cela ne fait pas de nous un ivrogne qui, lui, *boit comme un trou*. On dit aussi qu'il *a la dalle en pente*, la *dalle* désignant la gorge[1]. Enfin, impressionné par le « soiffard qui ingurgite l'alcool sans montrer le moindre signe d'ivresse », on s'exclamera : *Il a une descente que j'aimerais pas remonter à vélo !*

1. Voir l'expression *On va casser la graine*, p. 283.

Il a les bras à la retourne

« Il est paresseux. »

Durant la Première Guerre mondiale, les soldats critiquaient les « flemmards » d'un *Il les a à la phoque*... Entre *les avoir palmés, à la retourne* ou *retournés*, littéralement « à l'envers », c'est du pareil au même : on est « incapable de la moindre action ». Mais on peut être « paralysé uniquement par la stupéfaction », ce qu'on exprimera en disant *Les bras m'en tombent.*

Il a déménagé à la cloche de bois

« Il est parti discrètement, sans avoir payé son loyer ; il a mis la clé sous la porte. »

Cette expression tirerait son origine de la sonnette de la porte d'entrée des hôtels garnis. Quand les occupants n'arrivaient plus à payer, ils pouvaient tenter de calfeutrer la clochette pour s'esquiver sans bruit. Le plus souvent, les chambres étaient louées à la journée, à la semaine ou au mois et devaient être payées à l'avance ; parfois, cependant, les logeurs faisaient crédit et ils n'étaient alors pas à l'abri d'une mauvaise surprise... Ce genre d'hôtels étaient en effet le plus souvent le lieu de transition de gens peu fortunés, en général des hommes seuls, ouvriers, provinciaux ou étrangers, qui venaient à Paris pour se faire un peu d'argent ou pour trouver un emploi et s'installer durablement dans la capitale. De nos jours, les meublés, dont le nombre a considérablement chuté, accueillent une population défavorisée aux faibles revenus, des familles et des immigrés souvent marginalisés.

Il s'est mis la rate au court-bouillon

« Il s'est fait du souci ; il s'est donné de la peine. »

Dans l'Antiquité, Hippocrate supposait que la rate était à l'origine de l'excès de bile noire, la mélancolie. Sa théorie a été vulgarisée, au point que, dans l'imaginaire populaire, l'organe est devenu le siège des humeurs, bonnes ou mauvaises. Cette croyance a donné *désopiler la rate*, c'est-à-dire « faire rire », ou *se décharger la rate*, « laisser éclater sa colère ». Mais, du temps de nos grands-mères, on trouvait plutôt *Il ne se foule pas la rate*, « il ne fait aucun effort », ou *Il s'est mis la rate au court-bouillon*, « il s'est vraiment inquiété ».

Il ne trouverait pas d'eau à la rivière

« Il est incapable d'apercevoir les choses évidentes. »

Qui ne voit pas l'eau qui coule dans le lit de la rivière n'a pas de sens pratique ou n'est pas très futé… Il existe des variantes : Il *ne trouverait pas d'eau au lac, à la mer* ou, dans la région de Lyon, *au Rhône*.

Il est gai comme un pinson

« Il est de bonne humeur. »

Au XVIIIe siècle, dans son *Histoire naturelle des oiseaux*, le célèbre naturaliste Buffon décrivait le volatile en ces termes :

> « Le pinson est un oiseau très vif ; on le voit toujours en mouvement ; et cela, joint à la gaieté de son chant, a donné lieu sans doute à la façon de parler proverbiale, gai comme un pinson. Il commence à chanter de fort bonne heure au printemps, et plusieurs jours avant le rossignol ; il finit vers le solstice d'été ; son chant a paru assez intéressant pour qu'on l'analysât ; on y distingue un prélude, un roulement, une finale ; on a donné des noms particuliers à chaque reprise, on les a presque notées, et les plus grands connaisseurs de ces petites choses s'accordent à dire que la dernière reprise est la plus agréable. »

On a fait une bombe à tout casser !

***« On a fait la bringue ;
on a bien mangé et bien bu. »***

À la fin du XIXe siècle, *faire la bombe* naît de l'expression *faire bombance*, dont elle est l'abréviation, qui qualifiait un « bon repas bien arrosé ». Il se peut que l'expression ait ensuite été associée à l'engin explosif dans l'imaginaire populaire. *Faire une bombe à tout casser*, c'est « faire la fête avec tous les excès que cela peut comporter ».

Il est allé chez le merlan

« Il est allé chez le coiffeur. »

Mais pourquoi traite-t-on ces pauvres coiffeurs de merlans ? Tout simplement parce que, au XVIIIe siècle, les perruquiers qui poudraient les coiffures de talc se retrouvaient souvent couverts de cette substance blanche. Ils avaient alors l'apparence des poissons qu'on saupoudre de farine pour les faire frire. Pierre Desproges, qui disait haïr les coiffeurs, en a fait un sketch, *Haute coiffure*[1], au cours duquel il expliquait : « J'ai horreur qu'un Brummel de bal disco me gerbe dans le cou le crachin postillonnant des réflexions de philosophie banlieusarde que lui inspirent sporadiquement la hausse du dollar, l'anus artificiel du pape, l'inappétence sexuelle de la petite Grimaldi depuis la mort de sa mère en bagnole, l'agonie de saint Étienne, le courage des Polonais, le déclin de l'Occident, le fibrome de sa femme – pas de la femme de l'Occident, de sa femme à lui, le supermerlan néoromantique de mes deux ! –, la montée de la violence dans les quartiers cosmopolites, et puis, bien sûr, l'indiscipline problématique de la raie de mon quoi ? De la raie de mon crâne. »

1. *Textes de scène*, Pierre Desproges, Éditions du Seuil, 1988.

Il est de la revue

« Il n'en profitera pas ; il a manqué son coup. »

Ici, l'article défini fait toute la différence... En effet, dans *Nous sommes de revue* et *Nous sommes gens de revue*, il est question de « personnes qui sont appelées à se revoir ». En revanche, *Il est de la revue*, d'origine militaire, fait référence à l'inspection des troupes, considérée comme une corvée pour le soldat désigné.

Bonne renommée vaut mieux que ceinture dorée

« L'estime que l'on a de vous est plus importante que la richesse. »

Comprenez : mieux vaut être pauvre et avoir une bonne réputation qu'être riche et mal considéré. Ce dicton aurait d'abord été destiné aux femmes, la *ceinture dorée* faisant référence à la « longue bourse (appelée ceinture) remplie de pièces d'or que les courtisanes accrochaient à leur taille ». Ce qu'il y a de bien avec les proverbes, c'est qu'on peut toujours citer celui qui nous arrange. Ainsi, *Plus de profit, moins d'honneur* invite au contraire à jouir sans scrupules des avantages qui se présentent. Mais la sagesse se trouve peut-être dans la mesure : *Quand on n'a pas ce qu'on aime, il faut aimer ce qu'on a...* Apprenons à profiter de ce que l'on possède.

Il est rond comme une queue de pelle

« Il est complètement soûl. »

On peut aussi *être rond comme une barrique, une bille* ou *un boulon*, mais avouez que c'est beaucoup moins amusant ! Au XVIIe siècle, *être rond* s'employait seul pour signifier « être rassasié », comme si l'estomac était rempli au point qu'il change de forme ! Puis on a joué la surenchère en remplaçant ce simple *rond* par des objets sphériques – *une balle, une pomme, une soucoupe, un œuf*, etc. – alors que le sens évoluait légèrement : il ne s'agissait plus d'un excès de nourriture, mais d'alcool…

Y a pas de quoi faire une culotte à un gendarme

« Il n'y a qu'un petit bout de ciel bleu. »

Au début de la Première Guerre mondiale, les soldats revêtirent de nouveaux uniformes, moins visibles que les précédents. L'habit bleu et rouge, qui se devait d'être repérable jusque-là, était devenu un handicap avec les progrès techniques : la poudre, notamment, ne produisait plus de fumée épaisse tandis que les tirs portaient plus loin. Il fallait donc passer inaperçu et l'habit devint bleu horizon, c'est-à-dire bleu clair. En 1917, l'uniforme bleu ciel des poilus fut attribué à l'ensemble de la gendarmerie. Il fallut attendre 1922 pour que les gendarmes retrouvent le ton foncé de leurs habits d'avant-guerre :

pantalon, culotte et képi bleu gendarme nouveau et les autres éléments de la tenue, bleu foncé. Régulièrement, toutefois, leur tenue évolue et les couleurs changent. De nos jours, ils portent un pantalon bleu foncé et un polo bleu ciel... Alors, y a-t-il un morceau de ciel bleu suffisamment grand pour faire un polo à un gendarme aujourd'hui ?

Une mère n'y trouverait pas ses petits

« *Quel désordre !* »

Ici, le chambardement qu'on évoque peut être de deux sortes. Au sens propre, c'est « un lieu proche du capharnaüm » ; au figuré, « un embrouillamini ou une situation confuse ». Il existe des variantes, dans lesquelles la *chienne* et la *chatte* viennent remplacer la *mère*. Au XIXe siècle, on a même invoqué le *cochon* ! On peut supposer que l'instinct maternel ou le flair très développé de la femelle lui feraient immédiatement retrouver sa portée où qu'elle se trouve. Si la mère n'en est plus capable, la situation est désespérée !

J'ai mangé à m'en faire péter la sous-ventrière

« *J'ai beaucoup trop mangé, je n'en peux plus.* »

La *sous-ventrière* était une « courroie qui, passée sous le ventre du cheval, reliait les deux bras d'une charrette ». Elle permettait d'atteler la voiture en la stabilisant pour qu'elle ne bascule pas. Dans le langage populaire, elle a ensuite désigné la « ceinture ». La ceinture qui *pète* parce qu'on a trop mangé, c'est un peu comme le bouton du pantalon qui saute sous la pression du ventre plein. De nos jours, on dira plutôt *Je vais exploser*, avec la même idée de violence.

Il a embrassé Fanny

« Il a perdu sans marquer aucun point. »
(à la pétanque)

Déjà, au XVIIIe siècle, on *baisait le cul de la vieille* quand on perdait aux cartes sans gagner un coup… Une expression obscure que le *Dictionnaire des expressions et locutions* rapproche de la formule *baiser le cul*, liée à l'échec, et de certains emplois dialectaux, comme *avoir une vieille*, « perdre ». Puis, au début du XXe siècle, sur les routes de France furent plantés des panneaux de bois qui représentaient une femme montrant… ses fesses ! Lorsqu'ils perdaient la partie, les joueurs de pétanque prirent l'habitude d'aller réellement *embrasser Fanny* (ou *baiser la Fanny*), c'est-à-dire de poser un baiser sur le postérieur de cette jeune femme qu'ils avaient surnommée Fanny. L'expression est restée bien après la disparition de ces fameux panneaux.

C'est une tête de pioche

« *Il est entêté, obstiné.* »

Il est marteau, Ça me scie, Ça ne vaut pas un clou, Je lui ai serré la vis, Il a fallu resserrer les boulons... En français, on aime bien les analogies avec les outils. Il faut dire que les images sont parlantes ! On traite une « personne bornée » de *tête de pioche*, ou on affirme qu'elle *a la tête dure*. Et « pour se rappeler un mot qui nous échappe », on *se creuse* tout simplement *la tête*.

Il a les yeux en boules de loto

« *Il a les yeux ronds, globuleux.* »

Loto vient de l'italien *lotto*, « lot, sort ». L'ancêtre du jeu créé par la Loterie nationale en 1976 était un jeu de société auquel on joue encore aujourd'hui. Il consiste à tirer des boules ou des jetons numérotés contenus dans un petit sac. On gagne quand les numéros qui ont été piochés correspondent tous à ceux qui sont inscrits sur sa grille personnelle. Quelqu'un, « étonné », fera *des yeux en boules de loto*. À moins qu'il n'ait *des yeux en boules de loto* depuis sa naissance, aussi ronds que lorsqu'ils sont *en boutons de bottine*. D'autre part, si une personne peut s'avérer *bête comme un bouton de bottine*, « complètement crétine », nul n'a jamais été traité de boule de loto.

J'ai eu ça pour un plat de lentilles

« Je l'ai eu pour pas cher, pour rien. »

Dans l'Ancien Testament, Ésaü cède son droit d'aînesse à Jacob contre un plat de lentilles. *Donner* ou *vendre* quelque chose *pour un plat de lentilles*, c'est, à l'image d'Ésaü, « troquer une chose que l'on sait de grande valeur pour une autre qui n'en a pas ».

Il fait le zouave

« Il fait le malin ; il fait le pitre ; il crâne. »

Le terme vient de l'arabe *zoave*, du nom d'une tribu kabyle où furent recrutés les premiers soldats d'un corps d'infanterie de l'armée française formé en 1830 en Algérie. D'abord composé de Français et d'Algériens, il fut ensuite exclusivement constitué de Français qui gardèrent la tenue d'origine : le pantalon bouffant et la chéchia. Mais qu'avaient-ils de drôle, ces soldats ? Trois hypothèses : leurs vêtements inhabituels pouvaient amuser la population, on se moquait d'eux parce qu'ils fanfaronnaient un peu trop ou ils s'étaient réellement distingués par leurs faits d'armes si bien qu'ils avaient de quoi faire les malins…

J'en passe et des meilleures

« Et cætera. »

Tout droit sortie *d'Hernani*, de Victor Hugo, *J'en passe et des meilleures* est une bonne façon d'abréger une histoire sans s'attarder sur des digressions qui n'en finiraient plus ! On peut aussi dire *et patati et patata* ou *patin couffin*, deux expressions construites à partir de l'onomatopée *patt* –, qui évoque le bruit de coup, de galopade (au XIXe siècle, *patatin patata* imitait le bruit d'un cheval au galop) et de bavardage. Enfin, pour clore une énumération de personnes, rien de tel que *tutti quanti*, emprunté à l'italien, qui signifie « tous autant qu'ils sont ».

Je te demande pas si ta grand-mère fait du vélo

« Je ne te demande pas ton avis. »

C'est du mot *vélocipède* qu'est venu le terme *vélo*, d'abord abrégé en *véloce*. À la fin du XIXe siècle, la bicyclette a concouru à l'émancipation des femmes : elles se sont déplacées plus librement et, pour monter sur leur vélo, se sont débarrassées de leur corset et de leurs vêtements malcommodes, privilégiant, par exemple, l'apparition des jupes-culottes. Une révolution pour certaines, un scandale pour d'autres : leur tenue ne laissait personne indifférent... Toujours est-il que, dans les années 1920, une grand-mère sur un vélo, ça restait rare et rigolo. La preuve, dans *Trois jeunes filles nues*, une célèbre opérette française créée en 1925, le refrain de la chanson *Est-ce que je te demande* débutait ainsi :

« Est-ce que je te demande
Si ta grand-mère fait du vélo
Si ta p'tite sœur est grande
Si ton p'tit frère a un stylo
Si ta cousine Fernande
Pour coudre des anneaux aux rideaux
Bien qu'on le lui défende
Prend les aiguilles du phono ? »

Il a le petit doigt sur la couture du pantalon

« Il a une attitude un peu figée, marquant le respect. »

Le petit doigt sur la couture du pantalon fait référence à la position du garde-à-vous, les bras serrés contre le corps si bien que les mains touchent la couture extérieure du pantalon. L'expression caractérise autant l'« attitude physique de quelqu'un d'un peu raide » que son « état d'esprit – prêt à obéir sans tergiverser ».

Il pleure comme une madeleine

« Il pleure toutes les larmes de son corps. »

Ici, point question de biscuit, mais d'une sainte : sainte Marie-Madeleine ! Le Christ dit d'elle : « Si je [...] déclare que ses péchés si nombreux ont été pardonnés, c'est parce qu'elle a montré beaucoup d'amour[1]. » Vivant dans la luxure et les plaisirs, Marie-Madeleine est, avant sa conversion, une pécheresse possédée par les démons. Lorsqu'elle fait pénitence, elle arrose de ses larmes les pieds de Jésus. Puis c'est en pénitente éplorée qu'on la retrouve devant son tombeau, avant qu'elle ne soit témoin de sa résurrection.

J'en mangerais sur la tête d'un teigneux

« Je raffole de ce plat. »

La *teigne* est une « affection du cuir chevelu qui entraîne la chute de plaques de cheveux et qui peut être accompagnée de desquamation, croûtes ou plaies purulentes »... La seule description a de quoi couper l'appétit ! Pourtant, rien n'arrête le gourmand, qui peut aussi prétendre qu'il en mangerait *sur la tête d'un galeux* ou d'un *pouilleux*. En revanche, lorsqu'on décrète pouvoir *manger la soupe sur la tête de quelqu'un* de sa connaissance, on se compare tout bonnement à l'autre : « c'est moi le grand et c'est lui le petit ».

1. Toutes les citations de la Bible sont tirées de sa traduction œcuménique, Le Livre de poche, coll. « La Pochothèque », 1996.

Quand on n'a pas de tête, il faut avoir des jambes

« Si on est étourdi, il faut être prêt à aller rechercher ce qu'on a oublié. »

Difficile d'être à la fois au top physiquement et mentalement… Pierre Bellemare l'avait bien compris quand il présentait *La Tête et les Jambes*, un jeu télévisé diffusé sur la RTF dès 1960. Dans cette émission, deux candidats s'unissaient pour décrocher un pactole de 100 000 francs. Le premier, « la tête », devait répondre à toutes sortes de questions pointues, tandis que le second, « les jambes », rattrapait ses échecs par des performances sportives.

J'ai l'os du foie qui me fait mal

« Je suis patraque. »

Pour décrire son état le lendemain d'une fête bien arrosée ou pour évoquer un malaise totalement fictif, on invente une maladie imaginaire proche de la crise de foie… De toute façon, mieux vaut simuler que d'être un vrai hypocondriaque, comme Gaston Ouvrard, dans sa chanson *Je ne suis pas bien portant* (1932), reprise par Bourvil :

« J'ai la rate
Qui s'dilate
J'ai le foie
Qu'est pas droit

J'ai le ventre
Qui se rentre
J'ai l'pylore
Qui s'colore
J'ai l'gosier anémié
L'estomac
Bien trop bas
Et les côtes
Bien trop hautes [...]
Ah ! Bon Dieu ! Qu'c'est embêtant
D'être toujours patraque,
Ah ! Bon Dieu ! Qu'c'est embêtant
Je ne suis pas bien portant[1]. »

Y a pas qu'un âne qui s'appelle Martin

« Plusieurs personnes ont le même prénom. »

On trouve aussi : *Il y a plus d'un âne à la foire qui s'appelle Martin.* Cette boutade est une façon de plaisanter sur un prénom répandu. De nos jours, dans nos villes et nos campagnes, il n'est toutefois plus beaucoup question d'âne, et on appelle ses enfants autrement. En 1900, les prénoms les plus donnés étaient Jean, Louis et Pierre pour les garçons ; Marie, Jeanne et Marguerite pour les filles. Cent ans après, en 2000, il s'agissait de Thomas, Lucas et Théo et de Léa, Manon et Camille.

1. Voir aussi l'expression *Il s'est mis la rate au court-bouillon*, p. 225.

Il a usé sa layette

« *Il est bien vieux.* »

La *layette* était d'abord un « tiroir » ou un « petit coffre dans lequel on rangeait sa correspondance ou ses effets personnels ». Elle a ensuite désigné le « linge que l'on rangeait dedans : les vêtements du nouveau-né ». Cette expression est un bel exemple d'euphémisme, une figure de style qui consiste à atténuer la réalité en employant des mots moins choquants. Ce grand écart entre l'enfance et la vieillesse, on le trouve déjà formulé au XVIIe siècle avec *Bonjour, lunettes ; adieu, fillettes…*

Il n'est pas gras à lécher les murs

« *Il mange suffisamment ; il est bien nourri.* »

Une personne qui a faim serait prête à tout pour un peu de nourriture, même à *lécher les murs* ! Au XIXe siècle, on *bouffait des briques* quand on « n'avait rien à manger »… Le mot *brique* a une drôle d'histoire : tiré du néerlandais *bricke*, « brique », il a d'abord pris le sens en français de « morceau » puis de « miettes » (d'où notre *bouffer des briques)*, et enfin de « carreau d'argile »… soit la signification du mot *bricke* des Pays-Bas. D'ailleurs, pour la blague, est apparue la variante *bouffer des briques sauce caillou*, qui jouait sur ces deux acceptions… Dans un autre registre, on disait aussi de « quelqu'un qui avait mal dîné » *Il ne va pas chier de grosses crot-*

tes. Cette formule a donné plus tard dans la bouche de nos grands-mères, inquiètes : *Avec ça, tu vas faire des petites crottes*, « tu ne manges vraiment pas beaucoup ». En revanche, si on leur disait *J'ai faim*, elles retrouvaient le sourire pour s'exclamer, ravies : *C'est une bonne maladie !*

C'est un zozo

« Il est niais ; c'est un bouffon. »

Pourquoi qualifie-t-on le faible d'esprit de *zozo* ? Deux hypothèses existent, reposant toutes deux sur le zézaiement enfantin. D'une part, il viendrait de la déformation de *Jojo*, le « diminutif de Joseph » n'étant alors pas bien prononcé : au XIXe siècle, on employait déjà ce prénom pour désigner un « homme particulièrement naïf ». D'autre part, il pourrait tirer son origine du mot *oiseau*, souvent prononcé *zozieau* par les enfants, puis, par une nouvelle déformation, *zozo*…

Il n'a pas inventé le fil à couper le beurre

« Il ne brille pas par son intelligence, il n'est pas malin. »

Si vous voulez apercevoir un *fil à couper le beurre*, rendez-vous chez votre fromager : il tranche mottes de beurre et fromages mous avec cet ustensile composé d'un fil et de deux poignées. Une invention certes utile, mais en rien révolutionnaire... De même, si vous mélangez eau chaude et eau froide, vous obtiendrez un mélange tiède : celui qui *n'a pas inventé l'eau tiède*, c'est-à-dire qui est incapable d'en avoir eu l'idée, est un « bêta » ! Enfin, *Il n'a pas inventé la poudre* ou *la roue* font allusion à des inventions tellement anciennes qu'elles nous paraissent très simples...

Le monde est petit

« Comme c'est drôle de se rencontrer là. »

L'expression date du début du XXe siècle. Elle marque l'étonnement d'une rencontre impromptue dans un endroit inattendu. Dans *Les Enfants du paradis*, la célèbre réplique d'Arletty à Pierre Brasseur s'en inspire : « Paris est tout petit pour des gens qui s'aiment comme nous d'un aussi grand amour. » Une formule charmante qui n'en reste pas moins ironique : Garance, son personnage, se débarrasse ainsi du joli cœur.

Il fait un froid de canard

« Il fait un froid très vif. »

Les chasseurs vous le diront : le grand froid est propice à la chasse au canard. Et comme la législation française fait bien les choses, la chasse n'est autorisée qu'en automne et en hiver. Dès qu'il fait *un froid de canard*, les chasseurs peuvent donc se précipiter dehors pour aller tirer sur une partie de cette expression... N'allez pas non plus chercher plus loin l'origine de *se faire canarder*.

Ça vaut mieux que d'attraper la scarlatine

« Ce n'est pas grave ; pas la peine d'en faire une maladie. »

Lorsque Ray Ventura chante en 1936 *Ça vaut mieux que d'attraper la scarlatine*, la France reprend son refrain :

> « Ça vaut mieux que d'attraper la scarlatine
> Ça vaut mieux que d'avaler d'la mort aux rats
> Ça vaut mieux que de sucer d'la naphtaline
> Ça vaut mieux que d'faire le zouave au pont d'l'Alma. »

Dans le premier couplet, il précise :

> « Quelle que soit notre malchance
> Dites-vous que ce n'est rien. »

Avec ses épidémies virulentes et mortelles, la scarlatine est en effet particulièrement redoutée jusqu'au début du XXe siècle. Puis deux découvertes changent la donne. D'une part, la mise en évidence de son origine bactérienne en 1924 ; d'autre part, l'apparition du traitement des maladies infectieuses par l'administration de pénicilline, aux propriétés antibiotiques, à partir des années 1940. L'amélioration des conditions d'hygiène y est aussi pour quelque chose… Résultat ? De nos jours, la maladie, devenue rare, est considérée comme bénigne.

Ça se trouve pas sous le sabot d'un cheval

« *C'est rare ; c'est difficile à obtenir.* »

À l'origine, on disait : *Ça ne se trouve pas sous le pas d'un cheval*, c'est-à-dire après son passage, sur ses traces. Or, *a priori*, on ne trouve qu'une chose ordinaire et sans valeur après le passage d'un équidé : son crottin ! Eugène Sue l'écrivait justement dans *Les Mystères de Paris* (1843) : « Quarante mille francs, ça ne se trouve pas sous le pas d'un cheval, comme on dit… »

Tu veux ma photo ?

« *Arrête de me dévisager.* »

Voilà une réplique bien agressive pour se débarrasser d'un importun qu'on tutoie d'emblée alors qu'il ne nous a même pas adressé la parole ! L'expression est née au XXe siècle, en plein essor de la photographie. Le portrait photographique, en vogue dès le milieu du XIXe siècle, était jusqu'alors réservé aux professionnels. Mais la commercialisation de petits appareils tels que les Leica permit à chacun de prendre ses propres photos en petit format dès le milieu des années 1920. C'est aussi à cette époque qu'apparurent les premières cabines de Photomaton dans les lieux publics new-yorkais – il faudra attendre les années 1950 pour qu'elles soient implantées en France.

Il a un cœur d'amadou

« *Son cœur s'enflamme en un rien de temps ; il tombe rapidement amoureux.* »

Souvenez-vous de la chanson de Georges Brassens, *Les Amoureux des bancs publics*. Elle se conclut par ces vers :

« La fortune que je préfère
C'est votre cœur d'amadou
Tout le restant m'indiffère
J'ai rendez-vous avec vous ! »

Le verbe provençal *amador* aurait donné naissance au mot *amadou* : un *cœur d'amadou*, c'est un « cœur amoureux, embrasé ». Mais il n'est pas exclu qu'un *cœur d'amadou* puisse avoir les penchants d'un *cœur d'artichaut*. Autrement dit, de « quelqu'un qui a autant d'amourettes qu'un artichaut a de feuilles », que l'on détache une à une de son cœur tendre quand on le consomme.

Je vais faire pleurer le gosse

« Je vais pisser. »

Attention, réservé aux hommes ! On disait aussi *faire pleurer son aveugle*. L'idée est la même : le sexe d'un homme doit être guidé pour bien viser, comme un enfant et un aveugle doivent être accompagnés pour s'y retrouver... La gent masculine pouvait sinon *prendre* ou *se payer une ardoise* : si l'expression est incompréhensible pour les femmes, elle ne l'est pas pour les hommes qui se souviennent des anciens urinoirs publics... En ce temps-là, ils étaient pourvus d'une plaque d'ardoise sur laquelle coulait l'eau.

C'est la soupe à la grimace

« Il y a une mauvaise ambiance ; l'accueil est glacial. »

Toujours employée aujourd'hui, l'expression signifie désormais « être mal reçu par une personne peu sympathique, ayant un air rébarbatif ». Mais, auparavant, un mari avait droit à *la soupe à la grimace* quand sa femme, mécontente, affichait un « air renfrogné pendant tout le dîner »... Pour enfoncer le clou, elle pouvait aussi lui « tourner le dos dans le lit durant la nuit ». Dans ce cas-là, l'époux *dormait à l'auberge du cul tourné*.

Ils sont allés aux fraises

« Ils sont allés trouver un endroit pour leurs ébats amoureux. »

Il y a *aller aux fraises, aller aux fraises* et *aller aux fraises*... Ou on va vraiment à la cueillette ; ou, à la manière de celui qui cherche ces fruits dans la nature, on lambine tellement qu'on se voit interpeller *Alors, tu vas aux fraises ?* ; ou, enfin, « on part en amoureux trouver un coin tranquille pour fricoter », la *fraise* cachée dans les sous-bois rappelant, par exemple, le bout des seins, un objet de convoitise le plus souvent dissimulé sous les vêtements. D'autre part, quand on *ramène sa fraise*, on ne rapporte pas ce qu'on est allé cueillir mais on « en fait trop », on parle de façon inappropriée... Dans ce cas-là, le mot, comme bien d'autres[1], a d'abord été synonyme de « tête » avant de désigner la personne tout entière.

C'est le bouquet !

« Il ne manquait plus que ça ! C'est le comble ! »

Au milieu du XIXe siècle, c'était l'apothéose, la conclusion d'un événement réjouissant, le *bouquet* évoquant la « gerbe finale des feux d'artifice ». Puis, par un renversement de sens inattendu, l'expression a pris une tournure négative : « une catastrophe

1. Voir l'expression *C'est pour sa pomme*, p. 312.

ou une mauvaise nouvelle viennent parachever une série d'événements tous plus calamiteux les uns que les autres ».

Chaque pot a son couvercle

« Il existe pour chacun une âme sœur. »

Déjà, au XVIIe siècle, existait l'expression *Il n'est pas si méchant pot qui ne trouve son couvercle.* Elle signifiait que l'« on pouvait trouver un mari même à une jeune femme laide »… Charmant ! Mais l'idée de complémentarité est bien plus ancienne : on la trouve notamment dans le discours d'Aristophane, du *Banquet*, de Platon.

À l'origine, les êtres humains, qui étaient ronds, étaient constitués de quatre bras, de quatre jambes et de deux visages. Puis Zeus les sépara… Depuis ce jour, chaque moitié cherche son autre moitié et leur amour naît de ce désir de ne faire qu'un. Avec *Chaque pot a son couvercle*, l'image, plus prosaïque, reste la même : « comme deux éléments d'un même ustensile s'emboîtant parfaitement, les personnes qui sont complémentaires trouvent l'amour ».

Il pleut comme vache qui pisse

« Il pleut beaucoup. »

Les habitants des campagnes et les citadins qui ont osé s'aventurer hors de la ville le savent : quand une vache urine, elle ne passe pas inaperçue... L'expression a pu être influencée par *Il pleure comme une vache*, « il pleure énormément ». Elle a, par ailleurs, donné naissance à une variante amusante qui joue sur un registre plus soutenu : *Il pleut comme ruminant qui s'oublie.* La grenouille est toutefois l'animal le plus emblématique de l'averse, comme dans la comptine pour enfants : *Il pleut, il mouille, c'est la fête à la grenouille.*

Il est beurré comme un Petit-Lu

« *Il est complètement soûl.* »

Enfant, on a tous mangé des Petit-Lu en les entamant par leurs quatre coins. La biscuiterie Lefèvre-Utile, dont les initiales donnèrent la marque LU, est devenue célèbre grâce à son « véritable petit-beurre ». Louis Lefèvre-Utile, son inventeur, disait de lui : « Ce n'est pas le biscuit d'origine britannique, sec comme une Anglaise en route pour l'Exposition, fade comme un navet bouilli dont raffolent nos voisins d'outre-Manche, insipide comme un jour de brouillard sur la Tamise, c'est un biscuit vraiment français, vraiment breton, avec une pointe de sucre, un nuage de lait, un doigt de ce beurre succulent qui a valu à nos départements armoricains une renommée universelle[1]. » Toute une histoire, dans laquelle le beurre a son importance ! Comprenant très vite l'intérêt de la réclame, Louis Lefèvre-Utile s'en servit pour vanter les

1. *L'Art du biscuit*, Patrick Lefèvre-Utile, Hazan, 1995.

qualités de ses biscuits. Au début du XXe siècle, Sarah Bernhardt elle-même prêta son image à la marque en signant : « Je ne trouve rien de meilleur qu'un Petit-Lu ; oh si ! deux Petit-Lu. » Devenu extrêmement populaire, le biscuit *beurré* n'était pas loin d'être *bourré*, la ressemblance des deux mots provoquant le glissement de sens. La publicité fit le reste. Et voilà comment un homme « complètement ivre » devint *beurré comme un Petit-Lu* !

Il a la rame

« Il est paresseux ; il est exténué. »

En argot, *avoir la rame* comme *être un ramier*, c'est-à-dire un « fainéant », viennent du verbe *ramer*, probablement par allusion à la fatigue provoquée par cette activité physique. De nos jours, le mot *ramier* n'est plus usité. En revanche, on trouve toujours *Il n'en fout pas une rame* quand quelqu'un « ne fait rien », et *être à la rame*, « être dans une situation pénible ».

On ne va pas donner de la confiture aux cochons

« On ne va pas donner cela à quelqu'un qui ne saura l'apprécier à sa juste valeur. »

Auparavant, on parlait plutôt de *donner des perles aux cochons*. Il s'agit d'une référence à la Bible, plus précisément à l'Évangile selon Matthieu : « Ne donnez pas aux chiens ce qui est sacré, ne jetez pas vos perles aux porcs, de peur qu'ils ne les piétinent et que, se retournant, ils ne vous déchirent. » Ignorants, les profanes qui rejettent la religion ont un comportement proche de celui de l'animal incapable de discernement, traînant dans la boue ce qui a de la valeur. On *ne va pas donner de la confiture aux cochons* est du même acabit : « il est inutile de partager ce qui nous est précieux avec des rustres ».

Tu vas te faire appeler Arthur

« Tu vas te faire réprimander. »

Les prénoms changent, les modes passent. Au début du siècle, on s'en prenait à Arthur. Dans les années 1970, on préférait *Tu vas te faire appeler Jules*. Dans le registre de l'admonestation, on trouve aussi *se faire remonter les bretelles* ou *se faire tirer les oreilles*, deux expressions qui ont en commun l'image de la secousse physique…

C'est dans les vieux pots qu'on fait les meilleures soupes

« Les personnes âgées sont les plus avisées, les plus expérimentées. »

… Et c'est près des fourneaux qu'on trouve bien des expressions : *Chanter comme une casserole, Être soupe au lait, C'est pas de la tarte, Retomber comme un soufflé,* etc. Mais ce n'est pas parce qu'on fait les meilleures soupes dans les vieux pots que l'expérience est le domaine réservé des cuisinières : *C'est en forgeant qu'on devient forgeron, On n'apprend pas à un vieux singe à faire des grimaces, Ne pas être tombé de la dernière pluie…* L'écrivain Amadou Hampâté Bâ avait lui aussi une jolie formule : « En Afrique, un vieillard qui meurt, c'est une bibliothèque qui brûle. » Une personne âgée peut également lancer à plus jeune qu'elle *Ça te passera avant que ça me reprenne*, créée à partir de *Ça te passera*, qui signifie « ça ne durera pas ». Elle pointe alors « un défaut ou une attitude supposés disparaître avec le temps ».

Caltez, volailles !

« Disparaissez hors de ma vue ! »

Le verbe *calter* signifie en argot « partir rapidement, s'enfuir ». L'injonction est sans appel : ceux à qui l'on s'adresse ne méritent pas plus de ménagements que les poules que l'on fait déguerpir.

C'est grand comme un mouchoir de poche

« C'est tout petit, minuscule. »

Avant, on distinguait le mouchoir de poche du mouchoir de col. Le mouchoir de col était plus grand : pas très éloigné du foulard, on le mettait autour du cou. Le mouchoir de poche, dont l'usage est progressivement entré dans les mœurs, était un objet réservé à la haute société : tout comme les gants ou l'ombrelle, le bout de tissu faisait partie de la panoplie vestimentaire de rigueur, et servait aussi à se moucher. Lorsque leur nez coulait, les bourgeois du XVIe siècle se servaient, eux, de la manche de leur vêtement et les gens du peuple, de leurs doigts… Des habitudes qui ont mis du temps à disparaître. Le mouchoir de poche a connu des formes diverses – ronde, carrée, rectangle, etc. – jusqu'au XIXe siècle où il s'est standardisé. De nos jours, on parlera plus facilement de Kleenex, ces mouchoirs en cellulose apparus dans les années 1920.

Il a essuyé ses lunettes avec de la peau de saucisson

« ***Ses lunettes sont particulièrement sales.*** »

Pas besoin de rappeler qu'on n'a jamais vu de saucisson dans les vitrines des opticiens ni en tête de gondole des rayons entretien ménager des supermarchés ! Cette charcuterie particulièrement grasse paraît en effet peu adaptée au nettoyage de lunettes. Et pourtant, il faut croire que l'image inspire : on peut aussi *avoir des lunettes en peau de saucisson.* Dans ce cas-là, il s'agit d'un trouble physique : « la vue se brouille sous l'effet de l'alcool »…

Il est dans sa chemise

« *Ne cherche pas à savoir où il se trouve.* »

Où est-il ? *Dans sa chemise !* Voilà une réponse ironique bien expéditive pour rabrouer son interlocuteur ! Et, de la même manière qu'on la revêt chaque jour, on peut *changer d'avis comme de chemise,* « avoir constamment de nouvelles opinions ». *Être comme cul et chemise*, « très liés », joue, quant à elle, sur une réalité indéniable : quand on rentre sa chemise dans son pantalon, le tissu est en contact avec les fesses... Enfin, dans l'expression *Je m'en moque comme de ma première chemise*, le mot a un sens plus général : il fait référence au « premier vêtement que l'on a porté enfant et dont on n'a que faire ».

Numérote tes abattis

« *Sois sur tes gardes.* »

En argot, les *abattis* désignent « les bras et les jambes d'une personne, par comparaison aux abats d'une volaille » : tête, cou, ailerons, pattes, foie et gésier. Avant une bagarre, on prévient son adversaire : compte bien tous tes membres, tu n'es pas sûr de les retrouver intacts ou à la même place !

Il a payé en monnaie de singe

« Il a fait de fausses promesses pour toute récompense ; il a débité un beau discours au lieu de payer. »

Aujourd'hui, quand quelqu'un *paie en monnaie de singe*, il le fait toujours au figuré. Mais ce n'était pas le cas au XIIIe siècle, sous Saint Louis. À cette époque, Étienne Boileau, le prévôt des marchands de Paris, établit *Le Livre des métiers*, le premier grand recueil où était consigné le règlement des métiers parisiens. Il y dispensait les montreurs de singe qui passaient sur le Petit-Pont de payer l'octroi, cette taxe pour franchir les portes des villes. En contrepartie, ceux-ci devaient distraire les gardes du péage en faisant exécuter quelques tours par leurs animaux. Une vraie *monnaie de singe*... Pour passer ce pont, les jongleurs devaient quant à eux s'acquitter d'un couplet de chanson, mais cela n'a donné naissance à aucune expression.

Il est resté en carafe

« On l'a oublié ; il est resté en plan. »

À l'origine, seuls le comédien et l'orateur *restaient en carafe* quand ils ne « trouvaient plus leurs mots » : ils se tenaient la bouche grande ouverte devant leur public sans qu'il en sorte un son... En argot, la *carafe* désignait en effet la « bouche » et plus précisément le « gosier », par analogie avec la forme de ce récipient, le goulot faisant penser à la gorge. Désormais, comme l'acteur, nous pouvons tous un jour *rester en carafe*, car l'expression qui signifiait « être à court de mots » a pris le sens plus général d'« être à court de ressources » : nous restons tout bonnement en plan.

Il m'a raconté des salades

« *Il m'a dit n'importe quoi.* »

La *salade* désignant une composition d'ingrédients variés, *raconter des salades*, c'est « tenir des propos embrouillés, confus, voire mensongers, pour tromper son interlocuteur ». On emploie aussi *faire des salades* dans ce sens. Au XVIIIe siècle, on qualifiait même de *troupe de salades* une « formation hétéroclite de soldats venus de différents corps » ! D'autre part, *vendre sa salade* a d'abord été employé par les acteurs ou les camelots qui essayaient de convaincre leur public… Un peu comme les marchands de fruits et légumes qui, sur les marchés, interpellent les passants d'un « Elle est bonne, ma romaine, elle est bonne ! » pour vendre leur laitue romaine. Cette apostrophe aurait donné naissance à l'expression *bon comme la romaine*, c'est-à-dire « trop bon au point de se faire parfois avoir ».

T'as le bonjour d'Alfred

« Va-t'en. »

Voilà une façon imagée de congédier un importun, de lui signifier qu'il est de trop ! C'est aussi une réplique récurrente de la bande dessinée *Zig et Puce*, d'Alain Saint-Ogan, publiée à partir de 1925 dans *Le Dimanche illustré*, le supplément dominical du journal *Excelsior*. Le pingouin Alfred est le compagnon inséparable des deux amis. Et lorsque Zig et Puce déjouent les pièges d'un de leurs adversaires, Alfred lui lance généralement en guise de conclusion : « T'as le bonjour d'Alfred ! » Très populaire, le pingouin sera l'un des premiers produits dérivés issus de la bande dessinée. Il deviendra même la mascotte de certaines célébrités comme la chanteuse Mistinguett, l'aviateur Charles Lindbergh ou le président de la République Gaston Doumergue. Ultime consécration, il sera statufié : emblème des premiers salons du Festival de la bande dessinée d'Angoulême, Alfred donna son nom aux trophées décernés entre 1974 et 1988.

Il est long comme un jour sans pain

« Il est très grand, très long. »

Imaginez-vous passer toute une journée sans rien manger : vous voyez passer chaque minute, obnubilé par votre estomac et tiraillé par la faim ! Eh bien, auparavant, quand le pain était la base de l'alimentation, on disait *long comme un jour sans pain* pour évoquer un « moment qui paraissait interminable ». Et comme l'adjectif *long* s'emploie autant pour définir une durée qu'une dimension, nos grand-mères ont pris l'habitude d'employer cette expression pour décrire « une personne ou une chose incroyablement grandes ».

C'est pas le frère à dégueulasse

« C'est délicieux. »

Ah ben ça alors, si *c'est pas le frère à dégueulasse*, c'est que ce doit être le frère à délicieux ! Des mots que sortaient surtout nos grands-pères quand ils venaient de vider un bon verre, tout comme ils s'exclamaient C'est *le petit Jésus qui vous descend en culotte de velours dans l'estomac*[1]. Dans ce cas-là, pas question de *jaja*, de gros rouge ordinaire, mais plutôt d'un excellent vin.

Il sucre les fraises

« Il est atteint de tremblements ; il est gâteux. »

Cette formule drôle et légère cache une réalité bien plus grave... On parle ainsi d'un « vieillard qui a des tremblements incontrôlés, semblables à notre

1. Voir l'expression *On dirait le bon Dieu qui vous descend en culotte de velours dans l'estomac*, p. 211.

mouvement de bras quand on sucre réellement les fraises ». Et, s'il se trouve à un stade plus avancé, on sous-entend qu'il est sénile ! Dans une société qui considère que « la vieillesse est un naufrage » *(dixit* le général de Gaulle), certains se verraient bien *secouer le cocotier*, « se débarrasser des personnes âgées qui deviennent une charge »... Une idée saugrenue apparue au XIXe siècle : on croyait alors que les Polynésiens mettaient la vaillance de leurs anciens à l'épreuve en les faisant grimper à un arbre. Dès qu'ils ne parvenaient plus à s'y accrocher, leur tribu les éliminait ! De nos jours, on *secoue le cocotier* pour « faire évoluer les habitudes », de la même façon qu'on *donne un coup de pied dans la fourmilière.*

Et que ça saute !

« *Exécution ! Et sans traîner !* »

Au début du XXe siècle, les fantassins effectuaient toutes sortes d'exercices lors de leur entraînement, notamment des séries de sauts. On leur doit probablement cette expression qui, dans le civil, exige l'« exécution rapide d'un ordre ».

Il est soupe au lait

« Il est susceptible, irascible. »

Prenez trois échalotes, un blanc de poireau, une pomme, 50 grammes de beurre demi-sel, un litre de lait entier, trois poignées d'oseille, trois œufs, du sel, du poivre… et vous pourrez réaliser la recette de la soupe au lait de sa grand-mère Louise qu'a bien voulu délivrer le chef étoilé Alain Passard au magazine *Elle*. Un conseil : avant de commencer, n'oubliez pas que, comme le lait réchauffé seul, cette soupe peut monter très vite et déborder de la casserole si le feu est trop fort. De même, quelqu'un de *soupe au lait* peut « sortir subitement de ses gonds, pris d'un accès de colère ». Au XIXe siècle, on employait d'ailleurs l'expression *Il monte comme une soupe au lait.*

Il a fait chou blanc

« Il est revenu bredouille. »

À la pétanque, on *embrasse Fanny*[1] ; mais quand on fait une partie de quilles, on *fait chou blanc*, peut-être par déformation de *coup blanc*, « nul ». Quoi qu'il en soit, le joueur n'est pas en veine : il perd sans avoir réussi à faire tomber une seule pièce du jeu. L'expression s'est généralisée : quelqu'un *fait chou blanc* quand « la démarche qu'il a entreprise a échoué ».

1. Voir l'expression *Il a embrassé Fanny*, p. 231.

Crotte de bique à roulettes !

« Zut ! »

Bel exemple de juron à rallonge dans lequel les *roulettes* ne servent qu'à renforcer l'exclamation ! À moins qu'elles ne cherchent à la désamorcer en créant une image absurde et drôle ? Rien à voir, toutefois, avec les *vaches à roulettes*, le surnom donné aux « policiers circulant à vélo dans les années 1910 ». Concrètement, ces agents se déplaçaient effectivement à bicyclette, sur des roulettes... Mais pourquoi les traitait-on de vaches ? Au XVIIe siècle, un cheval *ruait en vache* quand il « donnait des coups de pied », ce qui s'est traduit au figuré par *donner un coup de pied en vache*, « nuire à quelqu'un en douce », puis par l'abréviation *coup vache.* Et quelqu'un dont il fallait se méfier, en particulier un délateur ou un policier, est devenu une *vache.* Aujourd'hui, le mot désigne toute « personne sournoise ».

Le bureau des pleurs est fermé

« Arrête de te plaindre. »

Certaines entreprises ont leur bureau des réclamations, qu'on appelle de nos jours « service clients » : ça fait plus chic et c'est moins négatif ! De la même manière, nous avons un *bureau des pleurs*... aux horaires d'ouverture connus de nous seuls. Quand on nous sort cette phrase, c'est qu'on est mal tombé : on est prié de cesser de geindre sur-le-champ.

Entre la poire et le fromage

« À la fin du repas, au moment des confidences. »

Et pourquoi pas plutôt entre le fromage et la poire ? Au Moyen Âge, les fruits n'étaient pas servis en dessert comme aujourd'hui. En début de repas, on mangeait même les cerises, les prunes, les pêches, les figues ou le melon. En fin de repas, pommes, poires, coings ou nèfles étaient servis. On leur prêtait des vertus digestives. Pour conclure venait le fromage : il était censé, lui aussi, faciliter la digestion des précédents aliments. L'expression fait allusion au moment où, repu, on est plus facilement porté sur les confidences. De nos jours, elle a pris le sens moins précis de « entre deux événements ».

Chacun sa chacune

« Chaque garçon va avec une fille. »

L'expression serait née dans les campagnes, lors des fêtes de village : *chacun* trouvant *sa chacune* pour aller danser. Pour le bon mot, Pierre Dac formulait une comparaison surprenante : « En intimité maritime, le lagon est à la lagune ce que chacun est à sa chacune. »

Je t'emmerde à pied, à cheval et en voiture

« De toute façon, je t'emmerde. »

« Ici, on loge à pied et à cheval », pouvait-on lire il y a longtemps sur les enseignes des auberges qui bordaient les routes. Elles signalaient ainsi qu'elles pouvaient accueillir autant les voyageurs que leurs montures, et même les voitures à chevaux. Détournée, cette formule est restée dans le langage courant : on peut faire quelque chose *à pied, à cheval et en voiture*, c'est-à-dire « de toutes les façons possibles », mais, le plus souvent, on *emmerde quelqu'un à pied, à cheval et en voiture*. En 1947, Bourvil chantait *À pied, à cheval, en voiture*, où il utilisait l'expression au sens propre comme au figuré :

« [...] De tous les moyens de transport,
L'avion fait sans doute le plus sport,
Mais, malgré mon petit air bravache,
Je préfère le plancher des vaches.
Ça fait bien sûr moins *gentleman*,
Moins *up-to-date*, moins *businessman* [...]
Et si quelqu'un vient me suggérer
Une autre façon de voyager
Je lui dis : "Ne vous donnez pas la peine,
Venez avec moi je vous emmène,
À pied, à cheval, à cheval et en voiture" [...]
Et je dis zut à ceux qui, ma foi,
Ne pensent pas comme moi et je les envoie
À pied, à cheval, à cheval et en voiture
Cette phrase plutôt commune

Convient pourtant bien
À ma brune […] »

On a dîné à la fortune du pot

« On a dîné de peu de chose, de façon improvisée. »

Dîner à la fortune du pot, c'est « s'en remettre au hasard (la fortune) pour manger sans façon ce qu'il y a dans le pot (la marmite) ». Peu importe ce qu'elle contient, l'essentiel est de partager un repas. On dit aussi *dîner à la bonne franquette*, « de manière simple, sans cérémonie ». D'origine normanno-picarde, la locution adverbiale *à la franquette* vient de *franc* et avait le sens de « franchement, sincèrement » avant de prendre celui de « simplement ».

C'est un tour de cochon

« C'est un mauvais tour. »

Pauvre animal, à qui l'on attribue les pires défauts ! Une personne qui fait un *tour de cochon* est « malfaisante ». Quand on *mange* ou qu'on *écrit comme un cochon*, c'est toujours « salement ». Avoir un *caractère de cochon*, pas mieux… Et que dit-on quand il ne fait pas beau ? Qu'il fait un *temps de cochon* ! Bien sûr, on peut tout de même *être copains comme cochons* ou donner du *mon cochon* à ses camarades, mais il faut bien reconnaître que la plupart du temps la comparaison n'est pas flatteuse. Par conséquent, si vous faites la cour à quelqu'un, ne lui parlez pas de ses *yeux de cochon* (« petits dans un visage replet »), mais plutôt de ses jolis *yeux de biche*.

Dès potron-minet

« Dès le lever du jour. »

On a souvent bien du mal à se lever *dès potron-minet*, contrairement au chat, qui a la réputation d'être matinal... Littéralement, en effet, cette expression a le sens de « dès que le chat montre son derrière », *potron* venant du bas latin *posterio*, « cul », et *minet* désignant l'animal. Une habitude qu'il partage visiblement avec l'écureuil, puisque l'on dit aussi *dès potron-jacquet*, « dès que l'écureuil montre ses fesses ». De nos jours encore, si vous vous baladez en Normandie et que vous tendez l'oreille, vous entendrez peut-être un vieil homme dire qu'il a vu un *jacquet* traverser son jardin.

Avec des « si », on mettrait Paris en bouteille

« En construisant son discours sur des hypothèses, même les choses impossibles deviennent réalisables. »

C'est bien beau de rêver, mais on court à la déception : nos belles paroles n'ont pas de prise sur la réalité ! Citons deux détournements de ce proverbe. D'abord, dans la bande dessinée *Le Tour de Gaule d'Astérix*, de Goscinny et Uderzo, qui met en scène les aventures d'Astérix et Obélix : « Avec des "si", on mettrait Lutèce en amphore. » Ensuite, la rappeuse Diam's, qui a chanté en duo avec Antilop SA *Avec des « si », on mettrait Paris en bouteille* : « Avec des "si", moi je mettrais Demis Roussos en *bootleg.* » Il fallait oser.

Il est au régime jockey

« Il ne mange pas assez. »

Le PMU, créé en 1930, a permis aux joueurs de parier hors des hippodromes. C'est dans ces années-là que l'expression est devenue populaire... Le jockey est un sportif de haut niveau soumis à des exigences de poids et de taille. Par exemple, s'il fait 1,55 mètre, il doit peser obligatoirement entre 46 et 54 kilos pour les courses de plat. Il s'impose donc en permanence un régime alimentaire particulièrement strict. Toutefois, l'expression ne fait pas forcément référence à une diète volontaire ; quelqu'un qui est *au régime jockey* peut aussi le subir, faute de nourriture. Et pour l'anecdote, sachez que, dans les années 1960, quand l'industriel Gervais lança la première marque de fromage blanc en France, il l'appela... Jockey.

Il se fait du mouron

« *Il s'inquiète.* »

Dans les champs, au bord des chemins ou dans les jardins, on peut trouver du mouron blanc ou mouron des oiseaux, appelé aussi morgeline, qu'on cueille pour nourrir les oiseaux en cage. Par analogie, le *mouron* a vite désigné en argot une « touffe de poils », puis les « cheveux ». *Se faire du mouron* est donc devenu tout naturellement synonyme de *se faire des cheveux*, lui-même une ellipse de *se faire des cheveux blancs*.

Touchez pas au grisbi

« *Ne touchez pas à cet argent.* »

En 1953, Albert Simonin publiait son roman *Touchez pas au grisbi*, remettant le mot au goût du jour. L'année suivante, Jacques Becker l'adaptait au cinéma en conservant son titre original, avec Jean Gabin, Lino Ventura et Jeanne Moreau dans les rôles principaux. *Flouze, pèze, fric, oseille, thune, pognon…* Indubitablement, parler d'argent inspire : le mot possède de nombreux synonymes. Le franc n'est pas en reste. À l'époque, pour désigner un million d'anciens francs, on utilisait le mot *brique*, qui évoquait la forme et l'épaisseur d'une liasse de billets de 1 000 francs. Et, plus généralement, on parlait de *balles*. L'effigie frappée sur les pièces de monnaie est sûrement à l'origine de cet emploi car, au milieu du XIXe siècle, *balle* avait le sens argotique de « figure »… D'ailleurs, à cette époque, on pouvait aussi avoir quelques *faces* au fond de la poche. Aujourd'hui, alors que l'unité monétaire est l'euro, c'en est fini des *plaques, bâtons* et autres *sacs* et, à notre connaissance, aucun mot d'argot n'est encore venu les remplacer.

C'est pas le mauvais cheval

« *C'est un brave type.* »

Lorsque l'on compare un homme à un cheval, c'est généralement qu'il est robuste, fiable et vaillant : *Il a une santé de cheval, Il travaille comme un cheval, Il a mangé du cheval.* À la fin du XVIIe siècle, *C'est un cheval de carrosse* caractérisait un « homme grossier », par opposition au cheval de selle, plus noble. À mi-chemin entre ces deux représentations, on dit d'un homme que *ce n'est pas le mauvais cheval* quand sous son apparence bourrue et mal dégrossie se cache quelqu'un qui a bon fond.

Je suis flagada

« *Je suis exténué, fatigué.* »

En 1917, les aviateurs employaient l'interjection *flagada !* pour ne pas avoir à dire « merde ». Car en argot, le verbe *flaquer*, dont le mot est issu, signifiait « déféquer »… Par la suite, *flagada* est passé dans le langage courant pour exprimer la « mollesse » et l'« épuisement ». Dans le même sens, on peut aussi *être flapi*. Le mot viendrait, cette fois, du provençal *flap*, dont le sens est « qui est flétri ». Comme une fleur qui se fane, l'homme exténué croule sous la fatigue. Enfin, *Je suis à ramasser à la petite cuillère* signifiera qu'« on est mal en point ». On évoque alors son « extrême fragilité », comme lorsqu'on affirme de quelqu'un qu'il est *en sucre*, « peu résistant physiquement ou moralement ».

Il a les pieds nickelés

« *Il est paresseux.* »

Au début du XXe siècle, *avoir les pieds nickelés* signifiait « ne pas vouloir avancer ou travailler ». Le mot viendrait de *niclé,* « noué » (les pieds noués empêchant de marcher), employé dans les campagnes. Les Parisiens l'auraient déformé en le confondant avec *nickelé*, l'adjectif dérivé de *nickel*, un métal alors à la mode. En 1908, la bande dessinée de Louis Forton *La Bande des Pieds Nickelés* fit son apparition en feuilleton. Elle connut un tel succès que Croquignol, Filochard et Ribouldingue, ses personnages, donnèrent encore un nouveau sens à l'expression. Aujourd'hui, quand on juge certaines « personnes peu recommandables ou peu fiables mais au fond sympathiques », on les appelle *des pieds nickelés*.

Il repousse du goulot

« *Il a mauvaise haleine.* »

En argot, le *goulot* désigne la « bouche »[1]. Claude Duneton remarque que la mauvaise haleine n'aurait commencé à incommoder les gens qu'à partir du XIXe siècle... Les écrivains ne se sont d'ailleurs pas privés d'en faire état. Ainsi, Balzac employait une expression éloquente : *tuer les mouches au vol*[2].

San-Antonio, pour sa part, lui préférait une invention linguistique de son cru : « haleine qui sent l'égout-quand-le-temps-va-changer[3] ». Quoi qu'il en soit, il n'est jamais bon de se trouver dans l'entourage immédiat de celui dont on parle.

Il a le trouillomètre à zéro

« *Il a très peur.* »

Sur le modèle du thermomètre qui donne la température (le suffixe – mètre faisant référence à un instrument de mesure), le *trouillomètre* serait un « appareil servant à quantifier la frousse ». En réalité, on n'a jamais eu besoin d'un tel objet car la peur, on

---

1. Voir les expressions *On va casser la graine*, p. 283, et *Il est resté en carafe*, p. 254.

2. *Les Illusions perdues*, Balzac : « Si vous aviez le pouvoir de faire dire que le jeune premier a un asthme, la jeune première une fistule où vous voudrez, que la soubrette tue les mouches au vol, vous seriez joué demain. »

3. *De A jusqu'à Z...*, San-Antonio, Fleuve noir, 1961.

l'éprouve physiquement. On *a les miches qui font bravo* quand « les fesses tremblent », on *joue des castagnettes* lorsque les testicules s'y mettent, et, en « claquant des dents », on *a les chocottes* (un mot qui viendrait de *chicot*, « dent », ou de *choquer*, au sens propre de « heurter »)... Le *trouillomètre* n'est pas la seule trouvaille linguistique dans le genre, puisqu'on peut juger au *pifomètre*, « approximativement », ou *ouvrir son déconophone* pour « dire des bêtises » (le suffixe – phone ayant donné Gramophone, électrophone, téléphone...).

À la gomme

« Sans valeur ; médiocre. »

Au XIX[e] siècle, on qualifiait de *gommeux* « [de] jeune[s] homme[s] que [leur] élégance excessive et [leur] prétention rend[ai]ent ridicule[s] », selon le *Dictionnaire historique de la langue française* Robert, peut-être parce qu'ils se *gommaient*, « se pommadaient », ou qu'ils portaient des vêtements *gommés*, « empesés ». Ce sens a donné naissance au mot *gomme*, qui caractérisait l'« élégance surfaite » de ces jeunes gens, puis à la locution *à la gomme*, « sans valeur », restée à la mode tandis que les termes précédents tombaient dans l'oubli. Un siècle plus tard, en 1965, Brigitte Bardot chantait *Bubble Gum* :

> « Aimer toujours le même homme
> C'est des histoires à la gomme
> L'amour mon vieux c'est tout comme
> du bubble bubble gum. »

Il ne suce pas que de la glace

« *Il boit beaucoup d'alcool.* »

Voilà une autre manière de dire *Il ne boit pas que de l'eau*... On note une mauvaise habitude ou on critique une véritable addiction en usant d'un euphémisme, adoucissant la réalité qui dérange. Dans les années 1950, histoire de varier les plaisirs, on a remplacé la *glace* de l'expression par des friandises : *Il ne suce pas des pralines.*

Il a l'air d'un accident de chemin de fer

« *Il est dans un triste état.* »

Dans un autre genre, on peut avoir la *gueule à caler des roues de corbillard*, qui n'est pas loin de la *gueule de faire-part* : une « tête d'enterrement ». En revanche, on était une *gueule cassée* au sens propre. Car les tirs d'obus de la guerre de 1914-1918 tuèrent et mutilèrent de nombreux soldats, notamment au visage... Une véritable boucherie, qui fit environ 9 millions de morts et 6,5 millions d'invalides. Le 28 juin 1919, lors de la signature du traité de Versailles, dans la galerie des Glaces du château, Clemenceau fit venir cinq gueules cassées. Une image forte : leur présence devait témoigner de l'atrocité de la guerre. Les signataires durent défiler devant cette délégation avant de parafer le document. Rejetés par la société, les défigurés connurent de longs séjours à l'hôpital et eurent une vie particulièrement difficile. Mais une association leur vint en aide : l'Union des blessés de la face, fondée par de grands mutilés du visage. Très active, elle lança avec d'autres associations La Dette, en 1931 : une tombola qui aidait financièrement les anciens combattants revenus du front avec un handicap. C'est aussi l'ancêtre de la Loterie nationale car, au vu de son succès, l'État créa son propre jeu en 1933. Pour la bonne cause : les profits réalisés étaient reversés à la Caisse de solidarité contre les calamités agricoles ainsi que pour les retraites des anciens combattants.

Il ne faut pas déshabiller Pierre pour habiller Paul

« Un problème ne se résout pas en déplaçant les difficultés. »

À l'origine, on disait *découvrir saint Pierre pour couvrir saint Paul*. Car, dans cette expression, il est question de saints : elle fait référence à la pratique d'habiller les statues les représentant à l'occasion des fêtes religieuses. Aujourd'hui tombée dans l'oubli, cette coutume a perduré en France jusqu'au début du XIXe siècle. N'ayant pas de parures pour chacun, les églises les plus pauvres les auraient attribuées à saint Paul et saint Pierre à tour de rôle.

Je m'en moque comme de colin-tampon

« Je m'en fiche complètement. »

Colin-Tampon était à l'origine le nom d'une « batterie de tambour de l'armée suisse » et le « surnom donné aux soldats suisses eux-mêmes ». À la fin du XVIIe siècle, l'expression n'était pas tout à fait la même qu'aujourd'hui puisqu'on disait *s'en soucier comme de colin-tampon.* D'autre part, toujours au XVIIe siècle, on désignait un « homme corpulent » en parlant d'un *colin-tampon*, sans doute par analogie avec la batterie, un « ventre proéminent » pouvant être aussi qualifié de *gros tambourin.*

Ta bouche, bébé, t'auras une frite !

« Ferme ta bouche ; tais-toi. »

Il y a plusieurs façons d'intimer le silence. *Ferme ta grande bouche* est la plus explicite, la plus directe. *Ta bouche, bébé, t'auras une frite* est tirée de *Ferme ta bouche*, et contient une dimension supplémentaire, la reconnaissance : *t'auras une frite* sous-entend « on te saura gré de t'être tu ». Dans le même genre, on trouve aussi *Ferme ton sucrier, tu attires les mouches*, plus mordante. En remontant le temps, on leur préférera sans doute la jolie expression *Motus et bouche cousue*, dans laquelle *motus* (une latinisation plaisante de *mot*) signifie « pas un mot » et vient renforcer *bouche cousue*. Enfin, avec *Mets ça dans ta poche avec un mouchoir dessus*, on vous demande de « garder un secret » ou de « supporter un affront », de la même manière qu'on *met son orgueil* ou *sa fierté dans sa poche.*

Il a fait tintin

« Il n'a pas obtenu ce qu'il attendait. »

Non, ce n'est pas une référence aux aventures de Tintin ; le héros de Hergé réussit d'ailleurs toujours ce qu'il entreprend. Au XVIe siècle, *faire tintin*, c'était « payer en espèces sonnantes », le mot rappelant le bruit des pièces de monnaie qui tintent. Puis l'usage s'est perdu jusqu'au XXe siècle. En réapparaissant, l'expression a pris un nouveau sens, celui d'« être privé, frustré ». Et employé seul sous la forme de l'exclamation *tintin !*, il signifie « rien du tout ».

C'est un drôle de coco

« C'est quelqu'un de peu recommandable ; il est bizarre. »

Cot, cot, cot, caquette la poule... *Coco*, comme *cocotte*, serait un mot formé à partir du cri de l'animal. Souvent, on surnomme les enfants *coco*, et c'est probablement par antiphrase qu'on a attribué ce qualificatif à un homme qui n'inspirait pas confiance, le *drôle de coco* ou le *joli coco*, ou à une femme aux mœurs légères, la *cocotte*. Par ailleurs, on a pu appeler Coco *bel-œil* un « borgne », « quelqu'un qui louchait ou qui était laid ».

Trente-six métiers, trente-six misères

« La vie est dure et chaque métier a ses difficultés. »

Douze métiers, treize misères est dans la même veine : « on s'escrime au travail pour, au final, ne pas profiter de la vie »... C'est la situation dans laquelle se retrouve *L'Italien*, de Serge Reggiani, quand il rentre chez lui des années après être parti et qui ne « rêve [que] d'une chaise » :

> « J'ai fait tous les métiers
> Voleur, équilibriste
> Maréchal des logis
> Comédien, braconnier
> Empereur et pianiste... »

Il s'est fait porter pâle

« Il a déclaré qu'il était malade ; il n'est pas venu. »

L'expression vient de l'argot militaire des années 1900. Un soldat *se faisait porter pâle* quand, se déclarant souffrant, il « se faisait admettre à l'infirmerie », la pâleur étant le premier symptôme de la maladie. Il s'agissait souvent d'une feinte pour échapper à une corvée ou un travail rebutants, voire à une situation dangereuse. Toujours dans l'armée mais plus tard, dans les années 1920, on a pu trouver l'expression *faire la pâle gueule*, synonyme d'« être en état de stupeur » : le fantassin devient livide sous le coup de l'émotion. Dans la vie civile, on dira plus facilement que quelqu'un *en a fait une jaunisse*, à mi-chemin entre *en faire une maladie* et *se faire de la bile*... Cette fois, il a la même couleur que celui qui souffre d'une crise de foie !

Un homme sans femme est comme un cheval sans bride

« L'homme a besoin de la femme pour le guider. »

Dans le portrait de *Libération* du 26 novembre 2007, le comédien-conteur Yannick Jaulin évoque sa grand-mère : « Mémé Hélène avait de la goule [...] Elle disait : "Un homme sans femme est com'un ch'val sans bride." » Encore aujourd'hui, on peut dire qu'on *tient quelqu'un en bride* quand on « le surveille ou qu'on refrène ses envies ». Bref, selon Mémé Hélène, seules les femmes sont capables de mettre les hommes dans le droit chemin.

Il y a un pépin

« Il y a un petit problème. »

Comme lorsqu'on mange un fruit et qu'on avale un pépin de travers, la graine désigne une « difficulté qui a du mal à passer ». À ne pas confondre avec *avoir avalé un pépin*, « être enceinte », apparue au milieu du XIXe siècle. L'avortement n'ayant été légalisé qu'en 1975, les conséquences de ce pépin-là pouvaient être fâcheuses si l'enfant n'avait pas été désiré. Auparavant, les femmes n'avaient souvent pas d'autre choix que d'aller voir clandestinement une *faiseuse d'anges*. Un joli nom pour une réalité difficilement supportable, celle-ci pratiquant l'avortement dans des conditions rudimentaires.

Fais un nœud à ton mouchoir

« Fais-toi un pense-bête ; essaie de te le rappeler. »

À l'époque des mouchoirs en papier jetables, difficile de *faire un nœud à son mouchoir*, ce simple geste censé servir de moyen mnémotechnique. Remarquez que les Français semblent avoir mauvaise mémoire depuis longtemps puisque nos ancêtres disaient déjà au XIVe siècle *faire un nou en sa ceynture* et, à la fin du XVIIe siècle, *mettre une épingle sur sa manche*.

C'est reparti comme en quatorze

« Tout recommence joyeusement comme avant, comme si rien ne s'était passé. »

L'expression fait clairement référence à la Première Guerre mondiale. Au tout début de la guerre, en 1914, les soldats partaient au front *la fleur au fusil*, sans se rendre compte de ce qui les attendait. Ils connurent rapidement les conditions extrêmes de la vie des tranchées : les tirs incessants de l'ennemi, la boue, l'humidité, les rats, les puces, les blessés graves et... les cadavres. Au final, cette guerre fit près de 9 millions de morts. De cet épisode de l'histoire, on n'a tiré aucune leçon, puisque en 1939, *c'était reparti comme en quatorze*.

Il n'a rien dans le ciboulot

« Il est bête. »

En picard, la *cibole* était la « partie renflée d'une massue ». Le mot *ciboule* a ensuite désigné une « plante proche de l'oignon » puis, par analogie avec la forme ronde du bulbe, « la tête ». Mais l'usage n'est pas resté : dans ce sens, c'est le mot formé avec le suffixe – ot, *ciboulot*, qui s'est implanté.

Il est porté sur la chose

« Il montre de l'intérêt pour l'amour physique. »

Habituellement imprécis, le mot *chose* est ici une référence implicite à une activité bien particulière que l'on n'ose mentionner : « les plaisirs de l'acte charnel ». On peut rapprocher cette expression d'*être porté sur la bagatelle*, qui vient de l'italien *bagatella*,

« chose de peu de prix » et « chose de peu d'importance, frivole ». En France, le mot *bagatelle* a eu un temps le sens d'« amusement galant », puis il n'en a plus été question : on est passé à l'amour physique. Un sujet quasi inépuisable quand on parle français, comme le prouve Jean-Claude Carrière qui a recueilli un nombre impressionnant d'expressions sur ce thème dans *Les Mots et la Chose*[1] :

> « On peut, et pas seulement à Noël, *mettre le petit Jésus dans la crèche*. On peut dire aussi *s'appuyer, se pointer une fille, jouer à la renverse, au trou-madame, à touche-pipi, à papa-maman, au repeuplement, à la bagatelle, au docteur*. On trouve dans Rabelais *faire la bête à deux dos, jouer à serre-croupière, se faire ratoconniculer*, dans Shakespeare *(Mesure pour mesure) tâter la truite dans un ruisseau privé*, dans Marcel Proust *faire cattleya* (du nom d'une fleur au corsage d'Odette) et *se faire casser le pot* (qui offre un sens assez particulier). »

Il est rangé des voitures

« *Il mène une vie assagie.* »

Avant, le verbe *se ranger* avait le sens de « s'écarter de la circulation pour laisser le passage », mais aussi de « s'assagir ». On peut voir dans l'expression *Il est rangé des voitures* un jeu de mots entre ces deux significations : celui dont on parle a laissé

1. *Les Mots et la Chose, Le grand livre des petits mots inconvenants*, Jean-Claude Carrière, Plon, 2002.

derrière lui sa vie dissipée pour mener une vie paisible, loin de la frénésie de la circulation des voitures... à cheval, puisque la formule date de la fin du XIXe siècle.

Le marchand de sable est passé

« C'est l'heure pour les enfants d'aller se coucher ; les enfants ont sommeil. »

Le marchand de sable est apparu dès le XVIIe siècle : il venait endormir les enfants en faisant tomber des grains de sable sur leurs yeux. Et au XVIIIe siècle, on disait *avoir du sable dans les yeux* pour « avoir envie de dormir ». À partir de 1962, dans *Bonne nuit les petits*, un programme pour enfants, ce personnage merveilleux s'est incarné à la télévision sous la forme d'une marionnette. Tous les soirs, il emmenait Nounours sur son nuage pour rendre visite à Nicolas et Pimprenelle. Et, à la fin de chaque épisode, il leur envoyait du haut de son petit nuage une poignée de sable pour les endormir tandis que Nounours leur lançait : « Bonne nuit, les petits, faites de beaux rêves ! »

C'est un vent à décorner les cocus

« C'est un vent particulièrement violent. »

Un vent très fort serait capable de *décorner les bœufs* aussi bien que *les cocus* (un mot qui vient de *coucou*, la femelle de l'oiseau étant connue pour aller pondre ses œufs dans d'autres nids que le sien). Car, depuis le XVe siècle, les cornes sont l'attribut de l'imbécile, en particulier du mari trompé, qui *porte* ou *se fait planter des cornes*. Au XVIIe siècle est même apparu un mot dérivé, *cornard*, synonyme de « cocu ». Et à Paris, au XIXe siècle, pour désigner un « homme à la femme infidèle », on disait qu'il *ne pouvait pas passer sous la porte Saint-Denis*...

Il est né coiffé

« Il a beaucoup de chance. »

Coiffe vient du germanique *kufia*, « casque ». Parfois, pendant l'accouchement, le nouveau-né sort du ventre de sa mère avec une partie des membranes fœtales (la poche des eaux) sur la tête... On dit alors que l'enfant est *né coiffé*, un signe de bonne fortune. Si le terme de *coiffe* n'est plus très employé aujourd'hui dans ce sens, l'expression s'est généralisée et désigne toute « personne qui a de la chance ».

Y a de l'eau dans le gaz

« Ça ne va pas très bien ; l'atmosphère est tendue. »

« Eau et gaz à tous les étages »... Au XIXe siècle, cette plaque fleurit sur la façade des immeubles parisiens. Pour les besoins domestiques, les foyers commencent à être approvisionnés en gaz de ville, généralement produit par distillation de la houille. Ce gaz contient un fort taux de vapeur d'eau. Parfois, cette eau peut provoquer des bruits de petites explosions et faire vaciller la flamme de la cuisinière, voire l'éteindre… Un désagrément de la vie quotidienne que l'on peut comparer aux disputes occasionnelles qui ponctuent la vie de couple. En 1946, le gaz de ville est remplacé par le gaz naturel, moins dangereux, mais l'expression subsiste. Elle s'est même généralisée puisqu'elle désigne toute « situation où la tension est palpable ».

Parigot, tête de veau ; Parisien, tête de chien

« *Foutus Parisiens !* »

Entre provinciaux et Parisiens, les relations ont rarement été bienveillantes… Ces derniers traitent depuis toujours les provinciaux de *ploucs, bouseux, péquenauds* ou *pedzouilles*, de « paysans rustauds ». Et à la campagne, on raille les habitants de la capitale, antipathiques et râleurs. Une formule qui sonne comme un mauvais souvenir d'enfance pour l'écrivain Denis Tillinac[1] :

> « "Parisien, tête de chien ; Parigot, tête de veau !" Ce refrain de la rancœur provinciale, je le connais par

1. *Vichy*, Denis Tillinac, Éditions du Champ Vallon, collection « Des villes », 1986.

cœur. On me l'a seriné – entre autres – à Vichy, parce que je venais de la capitale. Pour le faire taire, j'ai invoqué d'indiscutables ascendances bourbonnaises. Peine perdue : le Vichyssois n'est pas vraiment bourbonnais. Ni auvergnat. Même pas alliérois : il toise Moulins l'enracinée avec une morgue de cousin d'Amérique, et tient Montluçon la prolo pour non avenue. »

Roulez, jeunesse !

« Allez-y ! »

Dans les fêtes foraines, les employés des manèges lançaient un énergique *Allez, roulez, jeunesse !* quand ceux-ci commençaient à tourner. Une formule que les parents ont conservée pour inviter leurs enfants, petits ou grands, à passer à l'action… ou à déguerpir hors de leur vue ! Rien à voir avec les adultes qui, un brin méprisants, relèvent l'inexpérience ou les défauts des jeunes gens d'un *Il faut que jeunesse se passe.*

On va casser la graine

« On va manger sur le pouce. »

Hier, on *cassait la graine* comme aujourd'hui on *casse la croûte. Casser* a ici le sens de « manger » (les dents broyant les aliments). Comme la *croûte*, synonyme de « pain » puis de « nourriture », la *graine* est une métaphore du blé qui a pris la définition de « repas sommaire ». Autres temps, autres mots : si dans les années 1940 on se préparait un *casse-*

graine, on préfère de nos jours déjeuner d'un *casse-croûte* ou d'un *casse-dalle*. Quant au mot *dalle*, il désigne familièrement la « gorge ». Il s'est formé à partir de l'ancien scandinave *daela*, « gouttière », et n'est pas sans rappeler ses équivalents argotiques formés sur la même image, comme *goulot* ou *carafe*[1].

Celui-là, il vendrait un cercueil pour trois

« *Quel baratineur !* »

On trouve aussi l'expression *Ça se vend comme un cercueil à deux places*, comprenez « ça se vend très mal ». Dans les deux cas, on fait référence à un vrai cercueil, un article qui est moins facile à vendre que *des petits pains*… En revanche, un *cercueil à roulettes* fait référence à une « voiture avec laquelle on risque sa vie ». En roulant *à tombeau ouvert*, par exemple.

Il ne faut pas prendre les enfants du bon Dieu pour des canards sauvages

« *Il ne faut pas prendre les gens pour des imbéciles.* »

Probablement tirée d'un dialogue de théâtre ou d'une chanson, l'expression doit sa célébrité à Michel Audiard. *Faut pas prendre les enfants du bon Dieu pour des canards sauvages* est le titre de son

---

1. Voir l'expression *Il est resté en carafe*, p. 254.

film sorti en 1968, avec des dialogues comme toujours parfaitement ciselés :

— J'ai bon caractère mais j'ai le glaive vengeur et le bras séculier. L'aigle va fondre sur la vieille buse.
— C'est chouette, ça, comme métaphore.
— C'est pas une métaphore, c'est une périphrase.
— Oh, fais pas chier !
— Ça, c'est une métaphore.

Alors président de la République, le général de Gaulle lui-même reprit la formule au cours d'une conférence de presse. Revenant sur les événements de mai 1968, survenus trois mois plus tôt, il estimait que cette crise avait été aussi grave parce que « l'anarchie universitaire » puis « l'étouffement économique imposé à grand renfort de piquets de grève par des confédérations syndicales » avaient pu se déployer « longuement et obstinément » et ce, notamment, « grâce à l'étrange illusion qui faisait croire à beaucoup que l'arrêt de la vie pouvait devenir fécond ; que le néant allait, tout à coup, engendrer le renouveau ; que les canards sauvages étaient les enfants du bon Dieu[1] ». Jolie consécration.

C'est une sacrée gueule d'empeigne

« *Il est antipathique, désagréable.* »

Allez savoir pourquoi l'*empeigne*, le « dessus de la chaussure, du cou-de-pied jusqu'aux orteils », a fini

1. *Discours et messages*, Charles de Gaulle, Plon, 1970.

par désigner une personne ! À la fin du XIXe siècle, une *gueule d'empeigne* était une « personne laide ou à la mine peu amène », puis elle a caractérisé l'« individu tout entier, pas sympathique pour un sou ».

Il a du foin dans ses bottes

« Il est riche ; il garde des économies de côté. »

Dans des temps reculés, les paysans ne portaient pas de chaussettes. L'hiver, pour se protéger du froid, ils garnissaient leurs sabots de paille et non de foin, ce fourrage plus cher mais aussi plus nutritif pour les animaux. L'expression joue sur les deux sens du terme. Sans le sou, ils ne pouvaient se payer des bottes, des chaussures au-dessus de leurs moyens, et avec leur petit lopin de terre, impossible de constituer des bottes de foin : il leur aurait fallu posséder un plus vaste domaine !

S'il n'existait pas, il faudrait l'inventer !

« C'est un phénomène ; il est unique en son genre ! »

Cette exclamation fait référence à Voltaire, qui écrivait dans sa lettre à Bernard-Joseph Saurin en 1770 : « Si Dieu n'existait pas, il faudrait l'inventer. » La formule, désormais employée en guise de boutade, qualifie des « gens qui sortent de l'ordinaire »... En particulier lorsque Joe Dassin chantait en 1975 *Et si tu n'existais pas* :

> « Et si tu n'existais pas,
> J'essaierais d'inventer l'amour,
> Comme un peintre qui voit sous ses doigts
> Naître les couleurs du jour.
> Et qui n'en revient pas. »

C'est de la roupie de sansonnet

« Ça n'a pas de valeur ;
ce n'est pas digne d'intérêt. »

Contrairement à ce qu'on pourrait penser, la *roupie* ne désigne pas la monnaie indienne, mais la « morve ». Avant, on disait même *avoir la roupie au nez* quand il ne cessait de couler. Mais on ne sait pas ce que vient faire là le *sansonnet*, l'étourneau... Qui n'est pas le seul animal à avoir fait les frais de cette expression, puisqu'on a aussi dit *C'est de la roupie de singe*. Ce qui est sûr, en tout cas, c'est qu'on préfère attribuer ces manifestations corporelles à nos amies les bêtes plutôt qu'à nous autres, êtres humains. On s'exclame, par exemple, *Ça ne vaut pas un pet de lapin*, *C'est de la crotte de bique* ou *C'est du pipi de chat*[1] !

---

1. Voir les expressions *Ça ne vaut pas un pet de lapin*, p. 191, et *c'est du pipi de chat*, p. 307.

Je l'ai envoyé chez Plumeau

« *Je l'ai envoyé promener.* »

Barbier ou fripier ? Plumepatte ou Plumeau ? Certains voient dans cette expression une référence à Plumepatte, un barbier légendaire ; d'autres, à Plumeau, qui aurait tenu un magasin de vêtements. Mais personne ne sait très bien ce que viennent faire là ces deux personnages… On peut toutefois comprendre la seconde hypothèse comme une façon originale de dire *Il peut aller se rhabiller*.

Il a un nez à piquer des gaufrettes

« *Il a un nez pointu.* »

Un nez à piquer des gaufrettes, « long et pointu », n'offre pas le même profil que le *quart de brie au milieu du visage*, un « nez imposant », que la *patate* ou que l'*aubergine*, dont la couleur violacée caractérise l'ivrogne. L'appendice est si visible qu'on dit d'une évidence *Cela se voit comme le nez au milieu de la figure*. C'est aussi un sujet de moquerie dont il vaut mieux ne pas être la victime, à moins d'être le Cyrano de Bergerac d'Edmond Rostand et d'avoir le sens de la repartie aussi aiguisé que celui de l'autodérision :

> « C'est un roc !… c'est un pic !… c'est un cap ! Que dis-je, c'est un cap ?… C'est une péninsule ! »

Quant à la bouche, il est préférable au XIXe siècle de l'avoir « *bien meublée* », comme dans *Le Capitaine Fracasse*, de Théophile Gautier, ou *d'avoir le jeu complet*. En ce temps-là, s'« il manquait des dents à quelqu'un », on disait qu'il *boudait aux dominos*, le pire étant toutefois de *n'avoir plus de chaises dans la salle à manger*, d'« être complètement édenté ».

Quel toupet !

« *Quel culot !* »

Son toupet s'échauffe, disait-on au XVIIIe siècle d'une personne en colère. Par métonymie, le *toupet*, qui était jusqu'alors une simple « touffe de cheveux au sommet du crâne », a désigné la « tête » puis l'« esprit ». De nos jours, le sens est encore différent, puisque quelqu'un qui *a du toupet* « dépasse les limites que l'on juge acceptables ». Une évolution comparable au mot *front*, qui a donné *avoir le front de*, comme si l'audace se lisait sur le visage.

N'en jetez plus, la cour est pleine

« *Ça suffit ; inutile d'en rajouter.* »

Quand on dit *La coupe est pleine*, c'est-à-dire « je n'en supporterai pas davantage », on fait référence au verre à boire susceptible de déborder. Mais si le mot est resté dans cette formule, on n'utilise plus de tels récipients pour se désaltérer (mis à part les coupes à champagne... pour s'enivrer). Cette expression a du moins précédé, si ce n'est inspiré, *N'en jetez plus, la cour est pleine.* À la fin du XIXe siècle et jusque dans les années 1940 existait en effet un genre de mendiant qui a aujourd'hui disparu : le chanteur des cours. Il se postait sous les fenêtres des habitants qui lui lançaient des pièces pour le remercier, ou des ordures s'ils étaient mécontents. Un brin ironique, *N'en jetez plus, la cour est pleine* fait donc allusion à l'un de ces deux modes de rétribution. Par ailleurs, le chanteur des cours se distinguait du chanteur de rue, une profession reconnue et réglementée qui assurait légalement la diffusion des œuvres musicales. À une époque où les médias étaient peu présents, voire inexistants dans les foyers, ces derniers faisaient connaître les airs du moment, vendaient les livrets contenant les paroles et les partitions aux passants, et faisaient le succès de certains refrains. En effet, en France, la première émission de radio pour le public a été diffusée en 1921, tandis qu'en 1950 on ne comptait que 3 500 téléviseurs dans tout le pays.

Il lui fait du plat

« *Il la drague lourdement.* »

Le *plat* de cette expression fait référence au... *plat de la langue*, le « bavardage » ! Au XVIIe siècle, la gent masculine *donnait du plat de la langue* quand elle « flattait une jeune femme dans le but de la séduire » ou quand elle « parlait avec éloquence »... Rien à voir, donc, avec les *platitudes*, les « banalités », que peut sortir un homme à une femme quand il lui *fait du plat*.

Je suis tombé sur un bec

« *J'ai rencontré un gros problème.* »

À l'origine, le *bec de gaz* était un « réverbère alimenté au gaz pour éclairer les rues ». Il avait une silhouette aussi droite qu'un soldat au garde-à-vous et éclairait les coins sombres des ruelles comme le policier peut *faire la lumière* dans une enquête. Quand un voyou, pris en flagrant délit, *tombait sur un bec de gaz* – le « surnom donné aux agents de la paix » –, il était cuit ! Ensuite, la fée électricité donna un coup de baguette magique sur le mobilier urbain. Dans les années 1880, à Paris, les grands boulevards et la place de l'Opéra furent pourvus des premiers lampadaires électriques, puis peu à peu toute la ville en bénéficia. Le *bec de gaz* tombant dans l'oubli, on cessa de prononcer ce qui ne faisait plus sens et on dit simplement *Je suis tombé sur un bec* pour évoquer une difficulté inattendue. Mais nos grand-mères pouvaient tout autant *tomber sur un os*...

Ça mange pas de pain

« Ça ne prête pas à conséquence ; on ne risque rien à le tenter. »

Le pain, à la base de l'alimentation des Français pendant longtemps, a inspiré de nombreuses expressions : *C'est pain bénit, Manger son pain blanc, Avoir du pain sur la planche, Gagner son pain à la sueur de son front*, etc. À la fin du XVIIe siècle, *Ça ne mange pas de pain* signifiait « ça ne coûte rien » au sens propre, évoluant au XXe siècle en « on n'a rien à perdre ». *Je ne mange pas de ce pain-là*, dont la forme est proche, est pourtant très différent sur le fond. L'expression s'est d'abord employée pour marquer son « refus de tirer un profit quelconque, en particulier en contrepartie d'informations fournies à la police ». De nos jours, elle exprime de façon plus générale la « décision de ne pas s'associer à une action que l'on réprouve ».

Il mange avec les chevaux de bois

« Il ne mange rien. »

Contrairement à leurs modèles en chair et en os, les chevaux de bois des manèges n'ont pas besoin d'être nourris. Vivant dans la misère, la personne qui *mange avec les chevaux de bois* est donc le plus souvent privée de repas. Et il faut croire que passer du temps avec nos amis des fêtes foraines, cela fait aussi dire des bêtises… Une « histoire fausse ou sans valeur » sera en effet taxée de *boniments à la graisse de chevaux de bois*. À l'origine, on parlait de *boniments à la graisse d'oie*, mais celle-ci devenant un aliment apprécié des gourmets, on se rabattit sur des images tout aussi loufoques que le récit paraissait invraisemblable, comme les *boniments à la graisse de parapluie* ou *de hérisson*.

Il y a des coups de pied au cul qui se perdent !

« Il faudrait lui botter les fesses ; il mériterait une correction. »

Il y a deux manières de voir les choses : soit en plaisantant, soit sous l'emprise de la colère... En 1957, Georges Brassens en évoquait toutefois une troisième, dans sa chanson *Grand-père* :

« J'avais hérité d'grand-père
Un'pair'de bott's pointues.
S'il y a des coups d'pied que'que part qui s'perdent,
C'lui-là toucha son but.
C'est depuis ce temps-là que le bon apôtre,
Ah ! C'est pas joli...
Ah ! C'est pas poli...
A un'fess'qui dit merde à l'autre. »

Les carottes sont cuites

« C'est fichu ; les jeux sont faits ; il n'y a plus rien à espérer. »

De nos jours, on entend parfois les adolescents s'exclamer *Il s'est fait carotte* ou *carotter* pour dire « il s'est fait arnaquer ». Un langage de jeunes pas si moderne que cela : déjà, au XIXe siècle, une *carotte* désignait un « menu larcin » ou une « petite escroquerie ». Pris dans ce sens, le mot aurait été associé à la locution *C'est cuit*, c'est-à-dire « c'est raté ». *Les carottes sont cuites* signifie donc que même « les petites entourloupes n'ont plus une chance de réussir ».

J'ai payé cuir et poil

« J'ai acheté quelque chose au prix fort, sans aucune remise. »

Habituellement, dans une boucherie, on ne paie que la viande que l'on va manger. Le commerçant qui oserait compter sur la note le cuir et le poil d'un morceau, d'un rôti de bœuf par exemple, serait sacrément malhonnête ! *J'ai payé cuir et poil* est donc une façon d'exagérer en insistant sur la somme exorbitante que l'on a dû débourser : sans escroquerie aucune, on ne nous a pas fait de cadeau. Une situation qui ne serait sans doute pas arrivée si l'on *s'était payé sur la bête*, « sans intermédiaire »... Mais il suffit de se rendre dans les boutiques des beaux quartiers pour s'acheter un produit qui *coûte les yeux de la tête* ou, plus vulgairement, *la peau des fesses*, deux expressions construites sur le redoublement yeux/tête et peau/fesses qui marque l'insistance. *Coûter un œil* est finalement bien moins impressionnant que *coûter les yeux de la tête*, non ?

Elle est plate comme une limande

« Elle n'a pas de poitrine. »

De même que Pierre Perret chantait *Le Zizi* des hommes – « Le gros touffu, Le p'tit joufflu, Le grand ridé, Le mont pelé [...] » –, les qualificatifs ne manquent pas pour décrire la poitrine des femmes : *plate comme une limande* (« tel ce poisson extrêmement plat »), *œufs sur le plat* (« petits »), *obus* (une « poitrine généreuse »), *en gants de toilette* (« plats et tombants »), *en pomme* ou encore *en poire*...

C'est la famille tuyau de poêle

« C'est une famille incestueuse ; quelle bande de ploucs ! »

Cette expression vulgaire fait une comparaison claire : les tuyaux du poêle qui chauffait les maisons s'emboîtaient les uns dans les autres. *La famille tuyau de poêle* est une « famille peu recommandable, dont les membres ont des relations sexuelles entre eux ». En 1933, Jacques Prévert écrivit une pièce de théâtre intitulée *La Famille Tuyau de poêle ou Une famille bien unie.* Il y mettait en scène une famille de bourgeois qui, sous des apparences respectables, pratiquait adultères et incestes. Claude Duneton remarque néanmoins que, de nos jours, le sens de l'expression a totalement changé : « Abandonnant en route un signifié plein de débauche, elle s'est attachée à désigner un genre de famille populacière, sans effleurer même la pédophilie tellement publiée de nos jours. Ce que les gens entendent aujourd'hui par *une famille tuyau de poêle* est une famille à faible revenu, vaguement quart-mondiste, très pittoresque, telle qu'elle est décrite par exemple dans le film *La vie est un long fleuve tranquille* sous les traits de la famille Groseille… La locution stigmatise le mauvais goût, le sans-gêne, le laisser-aller, mais sans connotation sexuelle[1]. » Dans son acception moderne, elle se rapproche donc de la *famille Fenouillard*, qui symbolise la « famille franchouillarde et provinciale ». Née de l'imagination du dessinateur Christophe, la bande dessinée sortait en feuilleton à la fin du XIXe siècle. L'histoire ? Les Fenouillard, bonnetiers de père en fils, possèdent une boutique nommée « Autant ici qu'ailleurs », à Saint-Rémy-sur-Deule, en Somme-Inférieure. Monsieur Fenouillard, son épouse et leurs deux filles vivent de nombreuses mésaventures bien au-delà de leur région, se rendant même jusqu'en Amérique. Leur bêtise et leur ignorance peuvent se résumer à la réplique de madame Fenouillard quand on lui propose de se rendre en Angleterre :

1. Dans *Le Figaro* du 15 octobre 2007, « Le plaisir des mots ».

« Jamais [...] Je ne veux rien avoir de commun avec la perfide Albion qui... dont... qui a brûlé Jeanne d'Arc sur le rocher de Sainte-Hélène. »

Il a les yeux qui se croisent les bras

« *Il louche.* »

L'expression s'emploie pour indiquer un « strabisme convergent ». Dans le même genre, on trouve aussi *Il a un œil qui joue au billard et l'autre qui compte les points* ou encore *Il a un œil à Paris et l'autre à Pontoise.*

Un petit rien bordé de jaune

« *Rien.* »

Jamais à court d'imagination pour exciter leur curiosité ou les faire tourner en bourrique, les parents avaient des réponses toutes trouvées aux questions de leurs enfants. Est-ce que je vais avoir un cadeau ? *Oui, un petit rien bordé de jaune* ou *Bien sûr, un que dalle enveloppé dans du papier doré.* Qu'est-ce qui se passe ? *Mystère et boule de gomme* (la *boule de gomme* étant le chewing-gum du XIXe siècle). Est-ce que j'ai grandi ? *Ta tête dépasse tes cheveux...*

On tuerait un âne à coups de bonnet

« Il est trop lent ; c'est interminable. »

Quand on se dit prêt à *tuer un âne à coups de bonnet*, on préférerait sûrement *tuer le temps* en se trouvant une activité, surtout si quelqu'un nous *fait tenir la mule*… ce qui signifiait, au XVIIe siècle, « faire attendre quelqu'un un long moment à la porte ». On *fait le poireau* ou on *attend cent sept ans* jusqu'à ce qu'on se demande si on n'est pas *resté sur la touche*, comme les sportifs, ou si on ne s'est pas *fait poser un lapin*… Au XIXe siècle, les *lapins* étaient les « passagers pris en surnombre dans les voitures publiques » (donc serrés comme des lapins dans leur clapier) : les conducteurs ne les comptabilisaient pas, se mettant dans la poche le prix de leur trajet. Puis le mot a désigné les fraudeurs eux-mêmes. De là est née l'expression *faire cadeau d'un lapin à une fille*, transformée rapidement en *poser un lapin*, « ne pas rétribuer les faveurs d'une prostituée » qui, de nos jours, a pris le sens de « ne pas honorer un rendez-vous ».

Va mettre ta viande dans le torchon

« Au lit ! »

L'homme est un être fait de chair et d'os qu'on recouvre la nuit comme on enveloppe le jambon d'un linge pour qu'il ne sèche pas… Avouez qu'il y a plus flatteur comme comparaison ! Quand vient l'heure de se coucher, on préférera sûrement se réfugier *dans les bras de Morphée*. Dans la mythologie grecque, Morphée était l'un des mille enfants d'Hypnos (le Sommeil) et de Nyx (la Nuit). Ce dieu des Songes endormait les mortels en les touchant d'une fleur de pavot et apparaissait aux rêveurs sous la forme d'un être humain.

Il lui manque toujours dix-neuf sous pour faire un franc

« ***Il est toujours à court d'argent.*** »

Avant l'euro, il y avait le franc. Et avant les nouveaux francs et leurs centimes, en circulation de 1960 à 2002 (année où l'euro est devenu la monnaie unique), il y avait les anciens francs et leurs sous. Il fallait alors vingt sous pour faire un franc. À cette époque, on pouvait dire qu'un objet valait *trois francs six sous*, « une somme modique », et, quand on « s'embêtait copieusement », on s'exclamait qu'on *s'ennuyait à cent sous de l'heure*... La bonne blague : ça se saurait si on était payé à ne rien faire !

Il est aux abonnés absents

« ***Il est introuvable ; il ne donne pas signe de vie.*** »

Avant l'installation des centraux téléphoniques automatiques dans les années 1970, des opératrices, les « demoiselles du téléphone » comme on les appelait alors, répondaient et transmettaient les appels.

En ce temps-là, il y avait un service dit « des abonnés absents », aujourd'hui disparu.

Tu la craches, ta Valda ?

« Tu vas te décider à parler ? »

La Valda, une pastille verte à l'eucalyptus et à la menthe, a été commercialisée au début du XXe siècle pour soulager les maux de gorge. Le Dr Henri-Edmond Canonne, un pharmacien lillois, décida un jour de mettre la clé sous la porte pour aller faire fortune à Paris. Il ne s'établit pas n'importe où : à l'angle du boulevard Sébastopol et de la rue Réaumur, en face d'un grand Félix Potin (une pharmacie qui existe encore !). Rapidement, son officine, qui avait pour slogan « la plus vaste, la mieux approvisionnée, le meilleur marché du monde », attira les foules. Et quand il créa ses pastilles, le Dr Canonne ne laissa là non plus rien au hasard… Sur les réclames, son remède était associé à un personnage, le Dr Valda, un vieux bonhomme rond aux cheveux blancs qui inspirait confiance, avec ses lunettes, son haut-de-forme et sa belle redingote à laquelle était épinglée la Légion d'honneur. Le pharmacien fit ensuite appel aux plus grands affichistes pour réaliser ses publicités : Dubout, Savignac, Caillé… Antoine de Saint-Exupéry dessina même un condamné à mort se rendant sur l'échafaud en clamant : « Moi, je m'en fous, je suce des petites pastilles Valda. » Grâce à son omniprésence publicitaire, Henri Canonne réalisa des profits exceptionnels et il pouvait se targuer dans les années 1930 de vendre ses Valda « dans toutes les pharmacies du monde ». C'est à cette époque que les voyous qui surnommaient les « balles de revolver » des *pastilles* (par analogie de forme et de taille) se mirent à les appeler des *Valda*. Quant au commun des mortels, un *Tu la craches, ta Valda ?* leur suffit, à la manière de *Tu craches le morceau ?*

Si on lui tordait le nez, il en sortirait encore du lait

« *Il est encore jeune ; il n'a pas d'expérience.* »

Sur le même mode que *Retourne dans les jupes de ta mère* ou *Va jouer dans le bac à sable*, fut un temps où l'on ne parlait pas d'égal à égal avec plus jeune que soi... De même, quand un jeune homme se voyait traiter de blanc-bec, il devait prendre son mal en patience avant qu'on le prenne au sérieux et attendre que les premiers poils de barbe naissent autour de sa bouche (son bec), encore imberbe.

Je lui ai volé dans les plumes

« *Je ne me suis pas laissé faire ; je l'ai attaqué physiquement ou verbalement.* »

On doit probablement cette image aux combats de coqs. Au XIXe siècle et jusqu'au début de la Première Guerre mondiale, les habitants des campagnes et des grandes villes s'étaient entichés de ce jeu. Puis il passa de mode dans de nombreuses régions. Parallèlement, la législation française devint de plus en plus stricte, au point qu'elle finit par interdire cette pratique controversée. Cependant, les coqueleurs du Nord-Pas-de-Calais réussirent à obtenir une dérogation en arguant de leur « tradition locale ininterrompue » (les amateurs de corrida obtinrent une dérogation similaire pour pratiquer la tauromachie dans le sud de la France). Leurs « gallodromes » sont donc toujours en activité mais, la création de salles n'étant plus tolérée, ils sont condamnés à disparaître.

J'ai changé de crémerie

« ***J'ai désormais mes habitudes ailleurs.*** »

Du milieu du XIXe siècle au début du XXe siècle, la crémerie était un « petit établissement où l'on pouvait acheter des produits laitiers, mais aussi consommer un repas bon marché » – l'équivalent d'une cantine où l'on mangeait tous les jours. S'ils n'étaient plus satisfaits du service, les clients réguliers pouvaient donc *changer de crémerie* au sens propre.

Elle a un polichinelle dans le tiroir

« ***Elle est visiblement enceinte.*** »

Polichinelle est un personnage de la comédie italienne que l'on retrouve dans le théâtre de marionnettes français. Il est petit, grotesque, a un nez crochu et une voix nasillarde. Quand on parle de *secret de polichinelle*, on fait allusion aux traits communément admis de ce personnage qui parle fort, à tort et à travers. De même, on peut dire de quelqu'un qu'il a une *voix de polichinelle* : « aiguë et désagréable ». Aux XVIIIe et XIXe siècles, on fabriqua des poupées à l'effigie de ce personnage. Elles connurent un tel succès que les enfants eux-mêmes étaient parfois appelés des *polichinelles*. Puis, quand les théâtres de marionnettes devinrent moins nombreux, le jouet passa de mode, tout comme le surnom. Mais aujourd'hui l'expression familière *Elle a un polichinelle dans le tiroir* fait encore référence à la poupée, le bébé ayant une taille comparable.

Quelle greluche !

« *Quelle cloche !* »

La *greluche* des années 1930 était une « femme aux mœurs légères ». Au fil du temps, elle est devenue une « personne pas très futée ». Ce terme vient de *greluchon*, lui-même formé à partir de *grelu*, « gueux ». Le *greluchon* a connu à peu près le même sort que la *greluche*... Désignant d'abord l'« amant de cœur d'une femme entretenue par un ou plusieurs hommes », il est descendu au rang de « jeune homme insignifiant ».

Il y en a plus qu'un curé peut bénir

« *Il y a beaucoup de monde, de choses.* »

En 1905, la loi promulguant la séparation de l'Église et de l'État est votée. La liberté de culte est reconnue, mais l'État cesse de rétribuer les ministres des cultes des confessions représentées en France : le catholicisme, le protestantisme et le judaïsme. Seule l'Alsace-Moselle fait exception : la région fait alors partie de l'Empire allemand et, quand elle redevient française en 1918, elle obtient de ne pas subir cette réforme. Curés, pasteurs et rabbins de ces départements sont donc encore de nos jours des fonctionnaires tandis que leurs évêques sont nommés par le président de la République ! Au début du XXe siècle, les anticléricaux n'en restent pas moins virulents contre les gens d'Église, qualifiant les curés de *curetons* ou de *curaillons* et parlant de *boniments de curé* pour qualifier un « discours trompeur ». Et quand quelqu'un « marque ostensiblement son hostilité vis-à-vis de la religion ou des prêtres eux-mêmes », on dit qu'il *bouffe du curé*. Quant à l'expression *Il y en a plus qu'un curé peut bénir*, elle ne relève pas d'une charge contre les ecclésiastiques mais d'un simple constat : « il y a vraiment trop de monde »...

C'est l'heure du laitier

« *Il est très tôt.* »

L'expression remonte à l'époque où les citadins se faisaient livrer le lait. Les laitiers se levaient aux aurores pour effectuer leur tournée avant le petit déjeuner de leurs clients. Ils se réveillaient donc *entre chien et loup*, au « moment de la journée où l'on ne peut distinguer un chien d'un loup », où l'on commence à voir les contours sans pouvoir visualiser les détails, la formule faisant également référence à « la tombée de la nuit ».

Ça lui va comme un tablier à une vache

« Ce vêtement lui va très mal. »

Rien de tel que de comparer un être humain à un animal pour se moquer de lui ou le dévaloriser : *manger comme un cochon, être bête comme un âne, fier comme un pou*[1]... Avec un degré supplémentaire, en affublant l'animal d'un vêtement réservé à l'homme, *Ça lui va comme un tablier à une vache* ou *Ça lui va comme un faux col à une vache* marquent le « caractère grotesque ou inapproprié d'un accoutrement ». Dans le même sens, on trouve l'expression *être fichu* ou *fagoté comme l'as de pique*, « physiquement mal foutu », mais aussi « mal habillé ». Si l'origine de cette expression reste inexpliquée par les linguistes, ils notent que, au XVIIe siècle, on qualifiait un niais d'*as de pique*. La forme du pique sur les cartes à jouer, représentant un fer de lance stylisé, aurait donné naissance au sens argotique de

1. *Voir les expressions C'est un tour de cochon*, p. 263, *Il est bête à manger du foin*, p. 218, et *Il est fier comme un pou*, p. 316.

« croupion de volaille » puis, par extension, de « cul », avant de s'affaiblir en « imbécile ».

Il est ballot

« Il est un peu stupide. »

À l'origine, le *ballot* était une petite balle : « un chargement de marchandises enveloppées dans une grosse toile pour être transportées ». Au début du XXe siècle, on se faisait traiter de *ballot* ou on *avait tout du ballot*. Une « personne un peu sotte, sans réaction », était comparée à un paquet qu'on pouvait trimballer sans ménagement ! Et l'apostrophe *Au bout du quai, les ballots !* servait à éloigner les imbéciles… Il faut savoir qu'à cette époque les trains étaient composés d'un fourgon de marchandises à l'arrière (au bout du quai) et de voitures destinées aux passagers à l'avant. De nos jours, en revanche, on se réfère davantage à une situation, *c'est ballot* étant une autre façon de dire « c'est dommage ».

Il a mis les bouts

« Il a filé précipitamment ;
il est parti définitivement. »

C'est au début du XXe siècle qu'est apparue cette expression, version abrégée d'une autre formule : *mettre les bouts de bois*. À cette époque, en argot, les *bouts de bois*, les *bois*, les *baguettes* et même les *bam-*

bous étaient des synonymes de jambes. On pouvait aussi dire *Il a pris la poudre d'escampette*, « il a déguerpi », qui vient de l'occitan *escamper*, « se délivrer, se sauver ».

C'est du pipi de chat

« C'est une boisson insipide ou de mauvaise qualité ; ça n'a pas d'importance. »

Pisser a longtemps été employé dans le langage courant au lieu du verbe *uriner*, réservé aux médecins. Puis, bizarrement, il est devenu vulgaire au XIXe siècle et on lui a préféré *faire pipi. C'est du pipi de chat*, c'est-à-dire « ça n'a pas de valeur », paraît donc moins choquant que *Laisse pisser le mérinos*, « inutile de réagir ». Quant à cette expression, elle s'inspire de *Laisse pisser la bête*, qui signifie « attends » chez les cavaliers, en remplaçant pour blaguer le cheval (la bête) par un mouton (le mérinos)... Quoi qu'il en soit, vulgaire ou pas, quand on *a une envie de pisser qui ne tiendrait pas dans un panier à salade*, mieux vaut se dépêcher.

On a taillé une bavette

« On a bavardé simplement. »

Même si l'analogie est tentante, il n'est pas question de ménagères qui discutent chez le boucher en attendant qu'il leur découpe un morceau de viande. *Bavette* vient du mot *bave*, tout comme *bavard* ou *bavardage*, et *tailler une bavette* est une allusion au fait de « dépenser sa salive ». D'ailleurs, au XVe siècle, *bave* signifiait « bavardage ». Et que fait-on quand on écoute quelqu'un parler des heures ? On lui *tient le crachoir* !

C'est la montagne qui accouche d'une souris

« Le résultat du projet est dérisoire par rapport à ce qu'on avait espéré. »

Horace l'utilisait déjà avant notre ère, mais c'est Jean de La Fontaine qui a popularisé l'expression dans sa fable *La Montagne qui accouche* :

> « Une montagne en mal d'enfant
> Jetait une clameur si haute,
> Que chacun au bruit accourant
> Crut qu'elle accoucherait sans faute,
> D'une cité plus grosse que Paris :
> Elle accoucha d'une souris. »

Sale coup pour la fanfare !

« Ça tombe mal ; c'est un coup dur. »

L'expression pourrait être reprise d'une réplique de théâtre ou d'un refrain de chanson à succès. Elle est née au début du XXe siècle, au moment où les fanfares et les orphéons, des groupes populaires composés de choristes et de musiciens, étaient en vogue. Si on comptait 2 500 formations musicales en 1875, elles étaient en effet passées à 10 000 en 1900 ! Dans les années 1880-1890, beaucoup de kiosques à musique furent édifiés dans les squares des villes, petites ou grandes. C'était le lieu de rassemblement des mélomanes à une époque où ils n'avaient pas les moyens d'écouter de la musique chez eux, le Gramophone venant tout juste d'être inventé[1].

T'as la berlue !

« Tu as des hallucinations. »

Berlue vient de l'ancien français *belluer*, « éblouir, tromper ». Au XVIe siècle, les médecins qualifiaient de *berlue* une « lésion de l'œil qui faisait voir des objets imaginaires, tels que des mouches ». Ce trouble de la vision a donné naissance à l'expression *avoir la berlue*, « voir les choses en déformant la réalité » et, plus généralement, « se faire une idée fausse de quelque chose ». En argot est même apparu au milieu du XXe siècle le verbe *se berluer*, « se faire des illusions », qui existait déjà en patois picard. Et si aujourd'hui l'expression est passée de mode, on dit toujours d'une personne « stupéfaite » qu'elle est *éberluée*.

---

1. Voir l'expression *Il est vacciné avec une aiguille de phono*, p. 219.

Je lui réserve un chien de ma chienne

« Je me vengerai. »

L'expression en rappelle deux autres : *œil pour œil, dent pour dent* et *rendre la monnaie de sa pièce.* Celui qui s'est mal comporté paiera à la mesure de ce qu'il a fait subir. C'est le principe de la loi du talion, que l'on retrouve notamment dans l'Ancien Testament : « Si un homme provoque une infirmité chez un compatriote, on lui fera ce qu'il a fait : fracture pour fracture, œil pour œil, dent pour dent ; on provoquera chez lui la même infirmité qu'il a provoquée chez l'autre. » Dans le Nouveau Testament, Jésus s'y oppose : « Vous avez appris qu'il a été dit : Œil pour œil et dent pour dent. Et moi, je vous dis de ne pas résister au méchant. Au contraire, si quelqu'un te gifle sur la joue droite, tends-lui aussi l'autre. À qui veut te mener devant le juge pour prendre ta tunique, laisse aussi ton manteau. »

Il nage comme un fer à repasser

« Il ne sait pas nager ; il nage difficilement. »

Durant la Première Guerre mondiale, les marins surnommaient les cuirassés, ces énormes navires de guerre difficiles à manœuvrer, des *fers à repasser.* Un être humain peut *nager comme un fer à repasser* ou *comme un chien de plomb*, l'idée est la même : il n'est pas loin de couler !

Il y a les jours avec et les jours sans

« Il y a des jours où ça va, d'autres, non. »

Cette phrase fait allusion aux restrictions alimentaires lors de la Seconde Guerre mondiale. D'août 1940 à octobre 1941, le ministère du Ravitaillement rationne de plus en plus de denrées : pain, pâtes alimentaires, sucre, beurre, fromage, viande, café, charcuterie, œufs, huile, chocolat, poisson frais, légumes secs, triperie, pommes de terre, lait et vin, voire légumes frais épisodiquement. Et les mercredis, jeudis et vendredis deviennent officiellement des jours sans viande. Mais, évidemment, ce n'est pas parce qu'elle est distribuée qu'on en mange forcément… Pour la population, les *jours avec* s'opposent alors aux *jours sans* viande. Les portions sont réduites et les queues devant les magasins s'allongent… Rien d'étonnant que certaines personnes tenaillées par la faim en soient réduites à des extrémités. Ainsi, le 31 octobre 1941, plusieurs journaux publient cet avis :

> « Mangeurs de chats, attention !
> Par ces temps de restriction, certaines personnes affamées ne craignent pas de capturer des chats pour en faire un bon civet. Ces personnes ne connaissent pas le danger qui les menace. En effet, les chats, ayant comme but utilitaire de tuer et manger les rats porteurs de bacilles les plus dangereux, peuvent être, de ce fait, particulièrement nocifs…[1]. »

---

1. *La Vie des Français sous l'Occupation*, Henri Amouroux, Fayard, 1961.

C'est pour sa pomme

« *C'est pour lui.* »

Mézigue, tézigue, sézigue, « moi », « toi », « lui », sont tous construits à partir du mot *zigue*[1], qui signifiait « type »… Au XXe siècle, cette façon argotique de parler de soi a connu des variantes aussi différentes que *mes os, tes os, ses os* ou *ma pomme, ta pomme*, etc. En 1936, Maurice Chevalier chantait d'ailleurs :

> « Ma pomme, c'est moi
> […] pour être heureux comme
> Ma pomme
> Ma pomme
> Il suffit d'être en somme
> Aussi peinard que moi. »

Avant de désigner la personne tout entière, ce fruit représentait la tête, par analogie de forme. Au rayon fruits et légumes, on trouve aussi le *melon* et la *calebasse*. Sans oublier les expressions *Il n'a rien dans le citron, Il en a dans le chou, C'est une bonne poire* ou *C'est une tête de courge*, construites sur la même idée.

Il est sec comme une trique

« *Il est très maigre.* »

De temps à autre, la *trique*, un bâton qui sert de canne, peut servir à infliger une correction…

1. Voir l'expression *C'est un sacré loustic*, p. 195.

L'expression *être sec comme un coup de trique* joue à la fois sur l'image du bout de bois peu épais et sur l'idée de coup sec. On dit également *sec comme un cotret*, le *cotret* étant un « petit fagot » mais aussi un « morceau de bois ». Et qu'est-ce qu'on peut bien en extraire ? Du *jus de cotret*, au sens de « coups de bâton ». D'autre part, quand un homme est en érection, on dit vulgairement qu'il a... *la trique*. Cette fois, c'est la raideur qui prime...

Tu as la danse de Saint-Guy ou quoi ?

« Arrête de gigoter. »

Dans le vocabulaire médical, la *danse de Saint-Guy* est appelée *chorée de Sydenham, chorée* venant du latin *chorea*, « danse ». Cette maladie nerveuse provoque chez l'enfant qui en est atteint des mouvements désordonnés incontrôlés. Détournée, l'expression s'adresse à un enfant turbulent, qui ne parvient pas à rester en place. Elle a inspiré le dadaïste Francis Picabia, qui a donné ce nom à l'une de ses œuvres uniquement constituée d'un cadre, de ficelles et de trois étiquettes, mais aussi, dans un tout autre registre, la chanteuse grecque Nana Mouskouri, avec son *Bougeotte Boogie* :

> « Il a la bougeotte, le boogie
> Il aime bouger, le boogie
> Victime de la danse de Saint-Guy
> C'est tout le contraire d'un yogi. »

Il s'est fait blackbouler

« Il n'a pas été retenu ; il a été rejeté. »

Blackbouler s'est formé au XIXe siècle à partir du verbe anglais *to blackball*. Les Britanniques qui faisaient partie de clubs votaient l'admission d'un nouveau membre avec des boules de couleur qu'ils déposaient dans une urne. Avec les blanches, le candidat était retenu ; la majorité de noires l'excluait. Aujourd'hui, nous ne *blackboulons* plus, mais nous *envoyons* facilement *bouler*.

Il est fier comme Artaban

« Il est particulièrement fier. »

Artaban est un des personnages principaux de *Cléopâtre*, un roman de Gautier de Coste de La Calprenède écrit au XVIIe siècle. Si l'ouvrage a été quelque peu oublié par l'histoire littéraire, on fait toujours mention de son héros personnifiant la fierté. Très populaire, l'expression a même inspiré plusieurs variantes jouant sur les sonorités : *fier comme un bar-tabac* ou *fier comme un petit banc*. En 1977, Coluche, dans son sketch *Le Clochard analphabète*, s'amusait à détourner des classiques, aboutissant à des trouvailles telles que « Tu es la troisième roue du carrosse », « Tout le monde peut pas être sorti de la cuisine à Jupiter » et « Il est fier comme s'il avait un bar-tabac ».

On n'est pas aux pièces

« Du calme ; inutile de se presser. »

L'expression fait allusion au travail aux pièces, quand la rémunération des ouvriers se faisait en fonction de leur production : ils étaient payés pour chaque objet qu'ils fabriquaient. Karl Marx dénonce ce système dans *Le Capital*, paru en 1867 :

> « Le salaire aux pièces étant donné, il est naturellement dans l'intérêt personnel de l'ouvrier de solliciter sa force de travail avec la plus grande intensité possible, ce qui facilite pour le capitalisme l'élévation du degré d'intensité normal. De même, il est dans l'intérêt personnel de l'ouvrier d'allonger la journée de travail parce qu'ainsi son salaire journalier ou hebdomadaire augmente. D'où, aussi, la réaction déjà décrite pour le salaire au temps, sans compter que l'allongement de la journée de travail, même si le salaire à la pièce reste constant, inclut en soi un abaissement du prix du travail[1]. »

Il est tranquille comme Baptiste

« Il est imperturbable. »

Dans les petites pièces comiques populaires, on aurait surnommé *Baptiste* le « personnage un peu niais qui se faisait rouer de coups et maltraiter sans se rebeller ». Une situation qui n'est pas sans rappeler les

---

1. *Le Capital*, Karl Marx, Quadrige-Presses universitaires de France, 1993.

scènes du théâtre de Guignol, créé par Mourguet en 1795. Guignol, le personnage principal, est une marionnette représentant un canut lyonnais qui, au contraire de Baptiste, est prodigue en coups de bâton…

C'est le mariage de la carpe et du lapin

« C'est une mésalliance entre deux personnes ; les deux choses sont incompatibles. »

L'union *de la carpe et du lapin*, d'un poisson et d'un mammifère, contre nature, est vouée à l'échec… Quand il va se marier, un homme peut avoir l'impression de *se mettre la corde au cou*, se sentant pris au piège. Si l'union devant monsieur le maire lui fait vraiment peur, il a toutefois la possibilité de rester *marié de la main gauche*, c'est-à-dire de « vivre en concubinage ». Il peut même *avoir des enfants de la main gauche* ! Des expressions incompréhensibles car aujourd'hui, en France, on porte l'alliance à l'annulaire gauche… En réalité, elles viennent d'une époque où la bague se passait à la main droite. En ce temps-là, quand un noble se mariait avec une roturière, il pouvait lui donner la main gauche lors de la cérémonie. Il signifiait par ce geste qu'il ne transmettait son rang ni à sa femme, ni à leur future progéniture.

Il est fier comme un pou

« Il est arrogant, prétentieux. »

Mais pourquoi ces parasites qui pullulent sur nos têtes afficheraient-ils une telle suffisance ? On a du mal à se l'imaginer... En fait, ce pou-là n'a rien à voir avec l'insecte : le mot vient de l'ancien français *pouil* et fait référence au « jeune coq » ! La forme entière de l'expression était même *fier comme un pou sur son fumier*. D'ailleurs, on qualifie toujours de *coq* un « homme prétentieux et sûr de sa séduction ».

Il n'y en a pas plus que du beurre en broche

« Il n'y en a pas du tout. »

Les variantes *Il n'y en a pas plus que du beurre en branche* ou, plus vulgairement, *au cul*, ont aussi rencontré leur petit succès. Ces propos aussi obscurs qu'incongrus n'ont d'autre but que de proclamer « il n'y a rien ». Par ailleurs, on entend parfois qualifier un discours de *connerie en branche*, c'est-à-dire de « grand n'importe quoi », l'étendue de la bêtise grandissant comme l'arbre se ramifie.

Je m'en soucie comme d'une guigne

« Je n'en ai rien à faire. »

À ne pas confondre ! Quand on *a la guigne*, c'est qu'on « manque de veine » : le mot *guigne* vient dans ce cas de *guignon*, « malchance », lui-même tiré de *guigner*, « regarder de travers »... Auparavant, « poursuivi par la malchance », on *avait du guignon*. En revanche, quand on *se soucie de quelque chose comme d'une guigne*, on « n'y prête littéralement pas plus d'importance qu'à une cerise », puisque le mot est cette fois dérivé du latin médiéval *guina*, qui a donné « griotte » en allemand. De la même manière, nos grand-mères s'exclamaient parfois *des queues de cerises !* pour dire « c'est peu de chose » ou « rien ». Mais on se mélange les pinceaux avec toutes ces histoires… La preuve, quand on *a la cerise*, on « joue de malchance ».

Ça lui a coupé le sifflet

« Ça l'a fait taire ; il est resté interloqué. »

Au figuré, le *sifflet* désigne la « gorge », organe qui nous permet de produire des sons. On peut aussi « faire taire » quelqu'un en lui *coupant la chique*. Cette expression vient de l'époque où les gens chiquaient, mâchant des feuilles de tabac[1] – des personnes que l'on imagine sans peine interrompre leur mastication et rester bouche bée sous le coup de la surprise. *Couper le sifflet* a, d'autre part, le sens plus définitif d'« égorger ».

Il parle français comme une vache espagnole

« Il s'exprime très mal en français. »

Les Français préfèrent attribuer à leurs voisins les travers qu'ils se découvrent parfois : *avoir une*

1. Voir l'expression *C'est clair comme du jus de chique*, p. 221.

querelle d'Allemand (« sans motif »), *filer à l'anglaise* (« en douce »), *manger en Suisse* (« en cachette »), *payer à l'espagnole* (« en donnant des coups »)... Dans le *Dictionnaire des expressions et locutions*, Alain Rey et Sophie Chantreau émettent l'hypothèse que dans *Il parle français comme une vache espagnole*, le mot *espagnole* vienne simplement renforcer *comme une vache*, qui signifiait déjà « très médiocrement ». Ce sens péjoratif et insultant, on le retrouve dans *Il est sorcier comme une vache espagnole*, « il est maladroit, incapable ».

Il fume comme une cheminée d'usine

« *Il fume énormément.* »

Auparavant, on *fumait comme une locomotive*. Ensuite, c'était plutôt *comme une cheminée* ou *comme un sapeur*... Dans ce dernier cas, il s'agit d'un raccourci (plus précisément d'une métonymie), le sapeur-pompier se rendant sur les lieux d'incendies importants. Et on offrait *la cigarette du condamné* à celui qu'on allait exécuter : il avait bien le droit de s'en griller une petite dernière avant de mourir ! Faut-il rappeler que le dernier condamné à mort a été guillotiné en 1977 et que la peine capitale n'a été abolie qu'en 1981 ? Jusque-là était inscrit dans le code pénal : « Tout condamné à mort aura la tête tranchée. » Cet article valut une scène d'anthologie à Fernandel dans *Le Schpountz* (1948), qui la récitait tour à tour sur un ton craintif, pris de pitié, interrogatif, affirmatif, pensif et même comique.

Il est mou comme une chiffe

« Il est apathique ; il est veule. »

Les maniaques du ménage se servent très souvent d'une *chiffe :* un *chiffon.* Si seul le mot dérivé est resté dans le langage courant, on employait couramment *chiffe* auparavant. De quelqu'un, on a aussi pu dire qu'il était *mou comme une chique*, d'une part parce que la sonorité est très proche, d'autre part parce qu'un morceau de tabac copieusement mâchouillé est un peu plus dégoulinant mais tout aussi mou et avachi qu'un vieux bout de tissu.

Le drapeau noir flotte sur la marmite

« Il n'y a plus d'argent pour faire vivre la maisonnée. »

Traditionnellement, le drapeau blanc est agité en signe de reddition ou de trêve au cours d'une bataille. Le drapeau noir, lui, est l'étendard des pirates et des anarchistes. Cette couleur est aussi synonyme de malheur, comme lorsqu'on parle de *série*, d'*année* ou de *jour noir*, comme le fameux *Jeudi noir*, qui évoque le krach boursier du 24 octobre 1929. Michel Audiard reprit l'expression à son compte, en intitulant ainsi l'un de ses films. *Le drapeau noir flotte sur la marmite* sortit en 1971 avec, à l'affiche, Jean Gabin et Ginette Leclerc.

Comme on fait son lit, on se couche

« Il faut assumer les conséquences de ses actes. »

Dans les dictons, la sagesse populaire nous enjoint souvent de réfléchir aux conséquences de nos actes. Au XVIIe siècle, *Qui se couche avec des chiens se lève avec des puces* mettait en garde les gens qui avaient de mauvaises fréquentations. Plus connus, *On ne fait pas d'omelette sans casser des œufs* rappelle qu'il faut « faire des sacrifices pour atteindre son but » et *Qui sème le vent récolte la tempête*, qu'« une personne violente doit s'attendre à ce qu'on lui réponde par la surenchère ». En 1991, dans *Qui sème le vent récolte le tempo*, le rappeur MC Solaar offrait une nouvelle jeunesse à ce proverbe, qui prenait soudain une tournure pacifique :

> « Le rock, la salsa, le twist et le reggae
> Petit à petit sans faire de bruit se sont imposés
> Car qui sème le vent récolte le tempo. »

Il lui a fait du gringue

« Il lui a fait la cour. »

Le mot *gringue* serait une variante de *grignon* ou *quignon*, « croûton de pain »... On peut rapprocher cette expression d'une autre, plus ancienne : *faire des petits pains pour quelqu'un*, c'est-à-dire « essayer de lui plaire ». Dans le pays de la gastronomie, les sentiments amicaux et amoureux, tout comme la séduction, sont associés à la nourriture : *être un chou, être à croquer, un papa gâteau, une mangeuse d'hommes, dévorer des yeux, faire des yeux de merlan frit…*

Il a décroché la timbale

« *Il est parvenu à ses fins.* »

Autrefois emblématique des fêtes populaires, le mât de cocagne faisait l'attraction. Les joueurs qui s'y essayaient devaient grimper au sommet d'un gigantesque mât planté dans le sol, copieusement enduit de savon. S'ils y parvenaient, ils pouvaient décrocher les lots – généralement de la nourriture – qui pendaient attachés à un large cerceau. Mais il pouvait aussi s'y trouver une timbale d'argent qui, une fois redescendue, était échangée contre un prix.

Ça baigne dans l'huile

« *Tout va très bien.* »

Avec l'industrialisation et l'émergence de l'automobile, les Français du début du XXe siècle deviennent friands d'expressions liées à la mécanique. *Ça baigne dans l'huile* rappelle les moteurs ou les rouages des machines qui ne fonctionnent bien que s'ils sont suffisamment alimentés en huile. De même, on exige des travailleurs de *mettre de l'huile de coude, de bras* ou *de poignet* : ils doivent « agir avec énergie ». On se met aussi à faire les choses *en quatrième vitesse*, c'est-à-dire « très vite » – la quatrième étant alors la vitesse la plus élevée d'une voiture –, ou bien *sur les chapeaux de roues* – comme une voiture roulant à une telle allure que les enjoliveurs sont près de toucher le sol dans les virages. Enfin, on ne manque pas d'épingler une « personne pas très vive » en lui lançant *T'as des ratés dans le moteur* ou *Tu es longue à l'allumage*.

Il fait suer le burnous

« Il exploite ses employés. »

Le *burnous* est un vêtement traditionnel du Maghreb, un manteau en laine sans manches avec une capuche. L'expression est employée pour dénoncer un « patron qui ne ménage pas ses employés, qui les maltraite en les sous-payant ». Auparavant, on *faisait suer le paysan*. Puis, avec la colonisation, l'image s'est déplacée et on a *fait suer le burnous*.

Il a pris ses cliques et ses claques

« Il est parti précipitamment en emportant toutes ses affaires. »

Clic, clac, clic, clac, entend-on dans la rue quand un passant bat le pavé… La personne qui *prend ses cliques et ses claques* s'éloigne en effet en produisant un bruit sec de pas précipités. D'ailleurs, le mot *cliques* a signifié dans certains dialectes « jambes », tandis que *claques* a longtemps été employé pour « chaussures », en particulier pour qualifier des surchaussures (qui s'enfilent au-dessus de celles qu'on porte afin de les protéger des intempéries) et désigne toujours, en cordonnerie, la partie avant d'un soulier. On « s'enfuit », certes, quand on *prend ses cliques et ses claques*, mais pas seulement, puisqu'on « s'encombre aussi désormais de toutes ses affaires »... Ce qui n'est pas le cas quand on « part rapidement » en *prenant ses jambes à son cou*. Dans ce cas-là, le mouvement des membres, proches de la tête, évoque l'image d'un coureur.

Je rends mon tablier

« Je démissionne. »

L'expression s'est généralisée mais, à l'origine, seuls les domestiques l'utilisaient : quand ils quittaient leur emploi, ils rendaient réellement le tablier que leur patron leur avait fourni pour le service. Aujourd'hui, quand les journaux en font leurs gros titres, c'est pour évoquer la démission d'un P-DG, d'un politique ou d'un entraîneur sportif.

Il a les pieds en bouquet de violettes

***« Il est au comble de la jouissance ;
il passe du bon temps. »***

Quand on est particulièrement détendu, on a *les doigts de pied en éventail*. De même, les *pieds en bouquet de violettes* s'épanouissent comme une composition florale parce qu'on est relaxé ou qu'on a éprouvé un plaisir intense... Comme dans la chanson *Mon petit amour* (1965), de Pierre Perret :

> « J'avais ma claque de ces drôlesses
> Qui se tortillent avec tendresse
> Qui disent : lève mes jupes chéri
> Et tu verras Montargis [...]
> Quand j'ai connu mon Agathe
> Ma jolie petite tomate
> J'avais le cœur par-dessus tête
> Et les pieds en bouquet de violettes. »

Il lui a donné une avoine

« Il l'a frappé, roué de coups. »

Dans l'argot des cochers, l'*avoine* ou l'*avoinée* était un « coup de fouet que l'on administrait à son cheval pour l'exciter ou le faire avancer ». Comme la promesse de nourriture, la cravache avait l'effet de faire repartir l'animal. Et quel traitement réservait-on à l'âne qui refusait de bouger ? *La carotte ou le bâton*... Avec nous aussi, il faut parfois choisir entre la méthode douce et la méthode forte...

Il a tiré le bon numéro

« *Il a trouvé la perle rare.* »

Jusqu'à la fin du XIXe siècle, la conscription se faisait par tirage au sort. Selon le numéro qu'ils recevaient, les hommes effectuaient six mois, un an ou cinq ans de service ! Ce système était d'autant plus injuste que ceux qui en avaient les moyens pouvaient rétribuer quelqu'un pour les remplacer... Les moins bien lotis avaient donc tout intérêt à *tirer le bon numéro*, celui qui les exemptait. Petit à petit, les choses ont changé : d'abord, le remplacement a été interdit, puis on a supprimé le tirage au sort. Et, en 1905, le service militaire est devenu égalitaire : chaque citoyen devait accomplir deux années obligatoires.

Il ne faut pas te mettre la cervelle à l'envers

« *Ne t'inquiète pas.* »

De temps à autre, cela nous arrive à tous de nous *mettre la cervelle à l'envers*. Un moment désagréable, mais sûrement préférable à *ne pas avoir de cervelle* ou *avoir une cervelle de moineau*... Et quand on sait que l'adjectif *écervelé* est tiré du verbe *escerveler* qui signifiait au XIIe siècle « casser la tête et faire jaillir la cervelle » avant de prendre son sens figuré, on se dit que ça ne fait pas de mal d'*avoir du plomb dans la cervelle*, d'« être équilibré »...

Il a l'œil américain

« Il est observateur. »

L'Indien d'Amérique revêt des peaux de bêtes, communique par signaux de fumée et... a une vue particulièrement perçante : une image d'Épinal à laquelle on fait référence quand on emploie cette expression. En France, la traduction du roman *Le Dernier des Mohicans*, de James Fenimore Cooper, rencontra un grand succès au XIXe siècle et contribua à rendre populaires les histoires de Peaux-Rouges. Parallèlement, des exhibitions racistes, les zoos humains, déplaçaient les foules. Ainsi, Geoffroy Saint-Hilaire, directeur du Jardin d'acclimatation, organisa en 1877 deux « spectacles ethnologiques » avec des Nubiens et des Esquimaux qu'il exposa comme des sauvages entourés d'animaux. Et dans tout le pays, des expositions coloniales reconstituant des villages « indigènes » firent sensation jusqu'à la Seconde Guerre mondiale. Les cirques n'étaient pas en reste : le célèbre Buffalo Bill lui-même fit deux tournées en France avec son *Wild West Show*, en 1889 et 1905. Il y mettait en scène la vie dans l'Ouest américain : les attaques de Peaux-Rouges repoussées par les éclaireurs et les cow-boys,

Buffalo Bill en chasseur de bisons, le cavalier du Pony Express qui parcourait le pays avec sa sacoche légendaire… Les Indiens qui faisaient partie du spectacle contribuèrent largement à son succès : parés de leurs costumes traditionnels, ils parlaient leur langue, habitaient des tipis, montraient leurs armes, leurs coutumes et leur mode de vie au public. Exotique ! En Amérique, même les grands chefs Geronimo et Sitting Bull participèrent à certains de ces shows. Selon Jacques Portes, auteur d'une biographie de Buffalo Bill, le *Wild West Show* est le « premier exemple réussi d'internationalisation de la culture américaine[1] ». Ce n'est pas un hasard si, pour fêter les cent ans du passage en France de ce show, Disneyland Paris a repris ce spectacle en 2005.

Il lui a donné des noms d'oiseau

« Il l'a copieusement injurié. »

Il est fier comme un paon, Il a une cervelle de moineau, Il parle comme un perroquet, C'est une dinde, une bécasse, un pigeon… Souvent négatifs, les noms d'oiseau sont loin d'être des compliments. Parfois, cependant, ils sont prononcés affectueusement : *ma poule, mon poulet, mon poussin, mon canard…*

1. *Buffalo Bill*, Jacques Portes, Fayard, 2002.

Il a le béguin

« Il s'est entiché de quelqu'un. »

Avant tout, le *béguin* désignait la « coiffe très serrée des béguines, des religieuses des Pays-Bas et de Belgique ». Le verbe *embéguiner* signifiait « être coiffé d'un béguin ou d'un couvre-chef similaire », tandis que, au figuré, il a pris le sens de « s'entêter bêtement », mais aussi d'« être pris par une passion excessive ». L'expression *avoir le béguin pour quelqu'un*, c'est-à-dire « éprouver un sentiment amoureux », vient de là. On peut le comparer au verbe *se toquer*, qui signifie autant « avoir une idée précise en tête » que « s'enticher de quelqu'un ». Et faut-il rappeler que la toque est aussi un chapeau ?

Il y est allé franco de port

« Il l'a fait franchement. »

Encore aujourd'hui, on dit d'un colis qu'il est *franco de port* quand l'envoi a été payé par l'expéditeur. L'expression reprend cette formule en jouant sur les mots, puisque *franco* est également l'abréviation de *franchement*. On peut dire aussi *franco de port et d'emballage*, histoire de surenchérir. Pour Georges Brassens, ce sont ses amis loyaux et fidèles qui sont *franco de port* dans *Les Copains d'abord*.

Tu deviendras quelqu'un si les petits cochons ne te mangent pas

« Tu es promis à un bel avenir, pourvu qu'il ne t'arrive rien de fâcheux. »

Drôle de retournement de situation : dans les contes, c'est le loup qui mange les cochons, mais ici ce sont les enfants qui doivent craindre ces animaux qu'on dit inoffensifs ! La réalité est en effet bien plus cruelle que les histoires qu'on raconte aux petits… Dans la cour d'une ferme, canetons et poussins doivent se méfier de ces bêtes omnivores, capables de les avaler tout crus s'ils se trouvent sur leur chemin.

Il est comme un éléphant dans un magasin de porcelaine

« Il est maladroit. »

C'est imparable : celui qui *est comme un éléphant dans un magasin de porcelaine* va « commettre une bourde dans une affaire délicate » ! On retrouve une belle mise en scène de cette expression dans l'*Encyclopédie des farces et attrapes et des mystifications*[1], qui dresse notamment le portrait de Jim Moran. Cet humoriste américain se targuait de pra-

1. *Encyclopédie des farces et attrapes et des mystifications*, publiée sous la direction de François Caradec et Noël Arnaud, Pauvert, 1964.

tiquer le « *Hot-Foot* mental » : sa philosophie consistait « à secouer – ou à essayer de secouer – les habitudes mentales des gens, à détruire les clichés, à remplacer la phrase, l'action, le geste attendu par une phrase, une action, un geste qui soit, autant que possible, leur contraire absolu. C'est une sorte de contrepèterie non verbale ». Ce qui donna les expériences suivantes :

> « Il administra une quantité effroyable de whisky à un cochon afin de vérifier la valeur de l'expression "saoul comme un cochon" ; il démontra l'inexactitude de l'affirmation "comme un éléphant dans un magasin de porcelaine" en introduisant un éléphant dans un magasin de porcelaine (les seuls dégâts se limitèrent à deux tasses et une soucoupe cassées – les trois objets ayant été brisés par un journaliste convoqué pour l'occasion) ; sur un terrain vague de New York, il installa une botte de foin, y laissa tomber une aiguille et se mit à sa recherche ; il fit dresser une guérite sur la place de Times Square et mit en vente des petits pains afin de déterminer exactement comment se vendent les petits pains [...] »

Fais pas l'œil !

« *Arrête de jouer à l'imbécile.* »

L'expression serait tirée de l'insulte *face d'œuf*, « nigaud », qui viendrait de l'analogie entre la forme d'un œuf et la tête d'un clown, à la figure longue et au crâne chauve. Mais la personne qui *fait l'œuf* n'a pas forcément un talent comique, contrairement à celui dont on disait, au XVIIe siècle, qu'il *ferait rire un tas de pierres*. Au début du XXe siècle, l'expression *C'est rigolboche*, « c'est drôle », était à la mode. Formé à partir de *rigolo*, ce mot le supplanta un temps au point que, en 1936, Christian-Jaque sortit un film sous le titre de *Rigolboche*. Mistinguett y incarnait une chanteuse qui se produisait sous ce pseudonyme. À cette époque, on s'amusait encore en *faisant la ribouldingue*, « la fête »... Un mot qui inspira à Louis Forton le nom d'un de ses Pieds Nickelés[1].

Il ne faut pas jeter le manche après la cognée

« Il ne faut pas renoncer à ce qu'on avait entrepris, par désespoir ou par découragement. »

La *cognée* est une « hache utilisée par les charpentiers et les bûcherons ». Ici, le mot désigne spécifiquement le « fer de l'outil ». L'anecdote veut qu'un bûcheron qui coupait du bois ait vu la cognée se désolidariser du manche et tomber non loin, dans une eau profonde. Dépité, il y jeta la partie qui lui restait entre les mains.

1. Voir l'expression *Il a les pieds nickelés*, p. 268.

C'est la der des ders

« C'est réellement la dernière. »

Attention, ne pas confondre *le der des ders*, qui évoque « quelque chose que l'on considère comme définitif », et *le dernier des derniers*, lorsque l'on parle de « quelqu'un dont on a une piètre opinion » ! Aujourd'hui, pour nous, *la der des ders* fait référence à la Seconde Guerre mondiale : la dernière guerre que l'on a faite et qui, on l'espère, ne sera suivie d'aucune autre. Mais ce peut être aussi le dernier verre que l'on boit avant de partir ou la dernière partie que l'on joue avant de se quitter.

Remerciements

Merci aux grands-mères Babinet, Bergé-Lefranc, Bibring, Bizien, Boulinier, Chatillon, Decroix, Derimais, Delpech, Destremau, Donzel, Gautier, Goudard, Grancher, Granier, Grasset, Leroy, Manchado, Moine, Nouailhac, Poirier, Pouliquen, Prévost, Sedita, Tillier, Thiébault de la Crouée, Vial…

Principales ressources bibliographiques

Le Bouquet des expressions imagées, Encyclopédie thématique des locutions figurées de la langue française, Claude Duneton en collaboration avec Sylvie Claval, Éditions du Seuil, 1990.

Dictionnaire des expressions et locutions, Alain Rey et Sophie Chantreau, Le Robert, 1993.

Dictionnaire du français non conventionnel, Jacques Cellard et Alain Rey, Hachette, 1991.

Dictionnaire du français parlé, Le monde des expressions familières, Charles Bernet et Pierre Rézeau, Éditions du Seuil, 1989.

Dictionnaire historique de la langue française, sous la direction d'Alain Rey, Le Robert, 2006.

Dictionnaire historique des argots français, Gaston Esnault, Librairie Larousse, 1965.

Grand dictionnaire argot et français populaire, Jean-Paul Colin, première édition avec Jean-Pierre Mével et la collaboration de Christian Leclère, Larousse, 2006.

Grand Larousse de la langue française, sous la direction de Louis Guilbert, René Lagane et Georges Niobey, avec le concours d'Henri Bonnard, Louis Casati et Alain Lerond, Librairie Larousse, 1989.

Le Nouveau Petit Robert, Dictionnaire de la langue française, 1996.

La Puce à l'oreille, Les expressions imagées et leur histoire, Claude Duneton, Denoël, 2005.

Le Trésor de la langue française informatisé : http ://atilf. atilf.fr

Index

L'astérisque (*) signale les expressions qui font l'objet d'une entrée.

B

D

E

H

I

J

P

Q

T

Dans les bras de Morphée

Avant-propos

Chasser un cheval de Troie de son ordinateur, regarder un film érotique, assister à un concours de sosies, danser le calypso, toucher le pactole, jouer de la musique ou tout simplement aller au lycée…

Quel est le point commun entre ces diverses activités ? Aucun, si ce n'est que toutes les expressions qui les désignent trouvent leur origine dans des épisodes de la mythologie gréco-romaine.

Les générations qui nous ont précédés étaient « baignées » dans cette culture, et l'origine ou la signification de ces expressions n'avaient pas de secret pour eux. Aujourd'hui, ce n'est plus toujours le cas. Mais même si nous avons oublié leur sens premier, nous continuons à les employer, à les lire ou à les entendre…

Ce livre se propose de rafraîchir les mémoires en rappelant un certain nombre de ces épisodes qui font tout le sel de la mythologie et qui ont enrichi notre langue.

Il ne prétend en aucun cas être exhaustif, mais s'il amusait ou surprenait tout en informant, sans faire tomber « dans les bras de Morphée », ce serait… du « tonnerre de Zeus » !

PREMIÈRE PARTIE

Les dieux

Dieu
Jovial
Diurne
Jeudi
Jour
Travail de Titan/titanesque
Titanic
La corne d'abondance
Saturnales
Saturnisme
S'attirer les foudres de…
Tonnerre de Zeus !
Sorti de la cuisse de Jupiter
Un phaéton
Atlas
Typhon
Joubarbe
Calme olympien
Descendre de l'Olympe
Europe
Ganymède
Harpie
Iris

Zeus ◆ Jupiter

À tout seigneur, tout honneur !

C'est donc par Zeus, le souverain des dieux chez les Grecs, qu'il convient de commencer. Ses différentes appellations, ses origines et ses aventures ont fourni à la langue française un bon nombre de termes et d'expressions que l'on utilise sans même y réfléchir.

Les Romains honoraient Zeus sous le nom de Jupiter (en latin *Juppiter*). Ces deux noms ne sont pas si différents qu'on pourrait le penser.

En effet, le nom Zeus est formé sur la racine indo-européenne **dei*, qui signifiait « briller », puis a servi à désigner la lumière ou plus exactement le ciel lumineux. En grec, cette racine indo-européenne est devenue *dios* avec le sens de « brillant ». Elle est aussi à l'origine du mot « deus » en latin qui signifie **dieu** et qui a donné naissance à ce terme en français.

Le nom Zeus vient très exactement de **dyew* : dieu du ciel lumineux. Cette racine s'est transformée en **ju* chez les Romains. Le *Juppiter* des Romains est en fait le **ju-pater*, originellement le père de la lumière, devenu le père des dieux. L'adjectif français **jovial** tire son origine d'une forme de *Juppiter* : *Jovis*. Être né sous le signe de Jupiter était un signe très favorable : celui qui a cette chance peut se permettre cette « forme de gaieté » qu'est la **jovialité.**

Cette racine est aussi à l'origine du mot latin *dies* : le « jour ». On la retrouve en français dans l'adjectif **diurne,** mais elle est surtout remarquable dans les noms des jours de la semaine : lun-**di**, jour de la lune ; mar-**di**, jour de mars... Et c'est ainsi que nous arrivons à **jeu-di**, qui reprend deux formes issues de la même racine et qui n'est autre que le jour de Jupiter.

Enfin, le terme latin *diurnum*, devenu « jorn » (prononcé « djorn »), nous a finalement donné le mot jour.

Zeus est loin d'être la première divinité apparue. À l'origine existait sa grand-mère Gaia, c'est-à-dire la Terre. Gaia enfanta seule Ouranos, le Ciel. Bientôt, Gaia et Ouranos mirent au monde un certain nombre d'êtres plus ou moins monstrueux, dont les plus importants furent les douze Titans. Il s'agit de six divinités mâles (les Titans) et six divinités femelles (les Titanides) qui s'unirent et furent à l'origine de nombreuses autres divinités. On les représente comme ayant une taille gigantesque, d'où l'expression française **un travail de Titan** qui désigne une « réalisation d'une très grande ampleur », l'adjectif **titanesque** qui reprend cette idée de démesure, et bien entendu le nom du célèbre paquebot le ***Titanic,*** ainsi nommé pour célébrer sa taille et son luxe hors du commun.

Toujours prêt à faire des enfants mais craignant d'être détrôné par l'un d'entre eux, Ouranos les repoussait dans les profondeurs de la terre, alourdissant considérablement la pauvre Gaia qui n'en pouvait plus. Elle finit par confier au plus jeune des Titans, Cronos, une faucille. Quand Ouranos vint une nouvelle fois « visiter » son épouse, Cronos trancha les organes génitaux de son père. Ce fut la fin douloureuse du règne d'Ouranos et le début de celui de Cronos. Dans un premier temps, Cronos délivra ses frères et sœurs mais craignant pour son propre pouvoir comme son père, il les enferma de nouveau et se choisit pour épouse sa sœur Rhéa. Afin d'éviter de connaître le même sort qu'Ouranos, il dévora ses enfants dès la naissance et ordonna à son épouse de lui livrer chaque nouveau-né. Mais l'exemple de sa mère Gaia aurait dû l'inciter à se méfier de sa propre femme. Après avoir vu disparaître Hadès, Hestia, Poséidon, Héra et Déméter, ses cinq premiers enfants, Rhéa décida de sauver le sixième, Zeus. C'est ainsi qu'à la place de son fils, elle présenta à son époux une pierre enveloppée de langes, que Cronos s'empressa d'engloutir.

Le petit Zeus fut élevé en Crète, nourri par la chèvre Amalthée. Un jour, par maladresse, il cassa une des cornes d'Amalthée. Pour se faire pardonner, il décida que la corne cassée pourrait produire sans fin des fleurs et des fruits. C'est là l'origine de la **corne d'abondance,** attribut de nombreuses divinités, expression qui désigne aujourd'hui une « source de richesses inépuisable ».

À l'âge adulte, Zeus revint défier son père. À l'aide d'une boisson vomitive, il lui fit restituer ses cinq frères et sœurs qui sortirent adultes et parfaitement formés des entrailles de leur père. Cronos fut détrôné. Les avis divergent sur le sort qui lui fut réservé. Pour certains, il fut enfermé de nouveau dans les profondeurs de la terre, pour d'autres, il quitta la Grèce et régna en Italie sur les tribus primitives italiques, lors d'une période que l'on a appelée l'« âge d'or ». Les Romains lui donnèrent le nom de Saturne. Honoré comme dieu des Vignerons et des Paysans, il était fêté au mois de décembre lors des saturnales, fête assez proche de notre carnaval et durant laquelle les lois et la hiérarchie étaient bouleversées : régnait alors un certain chaos, les esclaves prenant la place des maîtres et les maîtres, celle des esclaves. On a gardé en français le terme de **saturnales** pour qualifier des « moments de débauche ou de grand désordre ».

Quant au **saturnisme**, il n'a qu'un très lointain rapport avec notre divinité. On a donné ce nom à une intoxication par le plomb car ce métal est froid comme doit l'être la planète, très éloignée du Soleil, que l'on a nommée **Saturne.**

Après le départ de Cronos, Zeus dut aussi lutter contre ses oncles les Titans. Il obtint l'aide des autres enfants de Gaia, les Géants, les Hécatonchires (monstres aux cent mains) et les Cyclopes. Ces derniers lui offrirent ce qui allait devenir son arme maîtresse : la foudre.

Il pouvait la lancer à l'aide d'un « instrument » appelé **le foudre**. Il était représenté comme un tison flamboyant aux deux bouts ou plus souvent comme un faisceau de dards en forme de zigzag et terminé par une flèche. Sa représentation est utilisée parfois comme emblème sur des blasons ou comme insigne sur des uniformes militaires : elle garde alors son nom de **foudre** et son genre masculin.

La foudre elle-même est devenue le symbole de la puissance et de la manifestation de la colère. Dans l'expression **s'attirer les foudres** de quelqu'un, les foudres désignent « la malveillance, la réprobation voire la condamnation exercée par une autorité qui nous est généralement supérieure ». Employée parfois comme un juron, l'expression **tonnerre de Zeus !** est surtout utilisée pour ne pas citer le nom de « Dieu », ce qui pourrait être considéré comme blasphématoire. Mais elle peut également, par antiphrase, exprimer un grand enthousiasme, comme les mots « terrible » ou « formidable », ce dernier ayant perdu au fil du temps son sens originel (qui inspire la crainte), au profit du sens moderne (dont la puissance est grande).

En réalité, si Zeus a dû user de la foudre pour combattre ou châtier certains de ses ennemis comme les Titans, il en a parfois regretté les effets. On peut à ce propos raconter sa mésaventure avec Sémélé. La jeune femme, qui portait son enfant, avait exigé, très naïvement, qu'il manifestât devant elle toute sa puissance. Zeus lui ayant promis d'exaucer tous ses vœux ne put qu'obéir et Sémélé se trouva instantanément foudroyée. Mais Zeus avait eu le temps de récupérer le fœtus et lui laissa finir sa croissance… en le greffant dans sa propre cuisse. Quelques mois plus tard en sortit le jeune dieu Dionysos qui sera évoqué plus loin. Mais ce mode de gestation a donné également naissance à l'expression **se croire sorti de la cuisse de Jupiter,** qui signifie « se prendre pour un dieu ».

L'intervention divine par la foudre lui a également permis d'arrêter la course d'un jeune imprudent nommé Phaéton. Si un **phaéton** est un synonyme de « cocher » ou de « charretier » dans la langue classique, aujourd'hui il désigne plutôt une sorte de « petite voiture à cheval » et même un « modèle d'automobile assez luxueux » : cela témoigne d'une curieuse interprétation de la légende. En effet, Phaéton peut être considéré comme le plus lamentable et le plus dangereux conducteur de l'Antiquité. Ce jeune homme avait appris qu'il était le fils du dieu du Soleil, Hélios. Dans la mythologie grecque, Hélios est censé conduire un char attelé de chevaux très puissants et traverser ainsi le ciel d'est en ouest. Phaéton, qui voulait prouver son origine divine, sollicita de son père l'autorisation de conduire son char. Mais les chevaux mal dirigés s'emballèrent : ils faillirent détruire la voûte des cieux par leur élan et brûlèrent plaines et montagnes en frôlant la terre. On expliquait ainsi la présence des grands déserts en Afrique. Zeus ne put mettre fin à cette dangereuse expédition qu'en foudroyant Phaéton.

Après une bataille de dix ans, Zeus finit donc par vaincre les Titans grâce à la foudre. Il décida alors de partager le pouvoir avec ses frères. Zeus se réserva la maîtrise du ciel et de la terre, accordant à Hadès le monde souterrain et à Poséidon le monde marin. Il lui fallut encore affronter les Géants qui se rebellèrent contre lui : ce combat auquel tous les dieux prirent part porte le nom de Gigantomachie. La victoire fut finalement remportée grâce à l'intervention d'Héraclès. Certains Géants furent cruellement châtiés, mais le plus célèbre reste Atlas : il fut condamné à porter éternellement la voûte céleste sur ses épaules. Il est bien évidemment à l'origine du terme **atlas** qui désigne un « recueil de cartes géographiques ». En effet, son image ornait le frontispice du premier ouvrage de ce type, publié en 1593 et dû au géographe Mercator. Par allusion au châtiment du Géant, on appelle aussi **atlas** la « vertèbre cervicale qui soutient la tête » (la première vertèbre du cou).

Par la suite, Zeus trouva un nouvel ennemi en la personne du monstre Typhon, dernier rejeton de sa grand-mère Gaia qui voulait ainsi venger les Titans et les Géants. Cet être était plus que gigantesque puisque sa tête touchait les étoiles et qu'il pouvait joindre l'orient et l'occident en étendant ses bras, qui se terminaient par cent têtes de serpent. Il lançait des éclairs avec ses yeux et des flammes avec sa bouche... Bref, il était particulièrement dangereux. Seule la foudre de Zeus put en venir à bout après des batailles d'une extrême brutalité. Le souvenir de cette violence est resté dans notre langue puisque l'on continue à appeler **typhon** une « tempête très destructrice » qui peut s'abattre sur certains coins du globe.

Après tous ces combats, il fut enfin permis à Zeus de régner sur l'Olympe, le mont sur lequel il avait élu domicile avec les autres dieux, appelés désormais Olympiens. La vie dans ce petit monde était loin d'être tranquille. Pourtant, les représentations de Zeus nous le montrent toujours digne et serein, assis sur son trône, avec cette magnifique barbe qui donnera son nom à la plante que nous appelons **joubarbe** (de *Jovis barba*, c'est-à-dire « barbe de Jupiter »).

Cette sérénité est à l'origine de l'expression **un calme olympien** qui qualifie une « attitude parfaitement imperturbable ». Pourtant, Zeus n'a pas toujours fait preuve de patience ou d'indulgence, surtout lorsqu'il estimait qu'on lui manquait d'égards : qu'on tentât seulement de le tromper, de se prétendre supérieur à lui ou de négliger les honneurs et les sacrifices qui lui étaient dus, et les châtiments s'avéraient alors particulièrement cruels, comme pourraient en témoigner par exemple Minos, Tantale ou Sisyphe dont il sera question plus loin.

Quant à l'expression **descendre de l'Olympe**, elle s'utilise lorsque l'on donne le sentiment de « revenir sur terre après être resté éloigné de toute contingence matérielle ».

Descendre de l'Olympe, au sens propre du terme, Zeus n'hésitait pas à le faire, surtout lorsqu'il s'agissait de séduire une femme qui lui plaisait particulièrement. En effet, malgré son rang divin et son titre d'époux officiel de la déesse Héra, il fut loin d'avoir été un modèle de fidélité conjugale ! Ses maîtresses, consentantes ou non, furent nombreuses tout comme la descendance qui en est issue. Les figures les plus marquantes seront évoquées au fur et à mesure des chapitres. Parmi elles se trouve une jeune fille originaire de Phénicie, Europe. Transformé en taureau blanc, Zeus réussit à la séduire en se laissant cajoler. Quand la jeune fille grimpa sur son dos, il s'enfuit avec elle jusqu'en Crète. Elle lui donna trois enfants : Minos, Rhadamanthe et Sarpédon. À sa mort, Europe reçut les honneurs divins, et le taureau dont Zeus avait pris la forme devint la constellation du Taureau. Y a-t-il un rapport entre le nom de cette jeune fille et le nom d'**Europe** donné à notre continent ? Les avis divergent à ce propos. Certains pensent que, l'Europe désignant une partie occidentale du monde, c'est dans cette direction que Zeus aurait enlevé sa conquête qui, elle, venait d'Asie. Mais le grand historien grec Hérodote, au ve siècle av. J.-C., s'interrogeait déjà sur l'origine de cette appellation. Il se pourrait donc que la similitude des deux termes ne soit qu'un hasard.

Les conquêtes de Zeus étaient essentiellement féminines. Cependant, parmi ses amours, Ganymède fait exception. L'homosexualité était tout à fait admise chez les Grecs, et il n'était pas inhabituel d'évoquer les aventures homosexuelles des divinités. C'est la remarquable beauté du jeune homme qui séduisit Zeus. Ganymède, un des fils de la famille royale de Troie, gardait son troupeau sur une montagne. Zeus se transforma en aigle, son oiseau favori, et emporta le jeune prince dans les cieux. Dans l'Olympe, il fit de lui l'échanson des dieux : Ganymède avait la charge de servir à boire à ses maîtres et il devint immortel. C'est lui que l'on retrouve dans la constellation du Verseau, placée à côté de la constellation de l'Aigle. Mais la tradition a surtout gardé le souvenir de sa liaison avec Zeus. C'est ainsi que l'on utilise en français le terme de **ganymède** pour désigner un « mignon ». Galilée a repris aussi ce nom pour baptiser le plus gros satellite de Jupiter : l'évocation parmi les conquêtes du dieu de cette aventure pédérastique ne troubla en rien les milieux scientifiques de l'époque.

Zeus avait donc tous les droits. Il assouvissait ses désirs sans vergogne mais tenait à se faire respecter. C'est pourquoi il n'estimait pas toujours digne de sa majesté de « descendre de l'Olympe ». C'était le cas lorsqu'il avait des ordres à donner à ses frères et sœurs comme à quelques mortels privilégiés. Il faisait alors appel à des messagers. Le plus illustre est son fils Hermès dont il sera question dans un autre chapitre. Mais, tout comme son épouse Héra, il appréciait particulièrement les services de la déesse Iris. Fille des divinités marines Électra et Thaumas, elle avait pour sœurs les Harpyes. Celles-ci étaient des monstres mi-femmes, mi-oiseaux. Elles se servaient de leurs serres redoutables pour ravir les âmes des morts et des enfants. En français, une **harpie** désigne une « femme particulièrement méchante et avide », à la façon d'un rapace.

Mais Iris n'avait pas hérité de ces traits de caractère. Comme ses sœurs, elle était ailée mais plutôt représentée sous la forme d'une charmante jeune femme aux ailes d'or. Elle se couvrait d'un voile léger, qui devenait brillant et coloré sous le soleil. C'est ainsi que l'on attribuait l'apparition d'un arc-en-ciel à la trace du pied d'Iris descendant de l'Olympe sur terre pour porter la parole des dieux. L'arc-en-ciel est parfois désigné par les poètes comme « l'écharpe d'Iris ». Les Espagnols, pour désigner ce phénomène céleste, ont gardé le nom de la déesse : *Arco Iris*. En latin et en grec, *iris* pris comme nom commun signifiait aussi « arc-en-ciel ». Dans la langue française, on a conservé l'idée de ces multiples couleurs en donnant le nom d'iris à la « partie colorée de l'œil » ou à des « fleurs aux nombreuses nuances ». Quant à l'adjectif **irisé**, il qualifie « ce qui présente les couleurs et les reflets de l'arc-en-ciel ». Mais le souvenir de la déesse elle-même est bien estompé. Pourtant, Iris était aussi appréciée des dieux que des humains. Elle était le symbole du lien entre le ciel et la terre, et une messagère toute dévouée au service de Zeus et d'Héra.

Avec son caractère susceptible, ses amours et ses infidélités, Zeus n'est donc en rien un être parfait. Il n'est pas non plus le créateur de toute chose, puisqu'il n'est pas à l'origine des premières divinités, et qu'il ne s'est pas créé de lui-même. Cependant, il a réussi à imposer son autorité sur tous et il a engendré de nombreux dieux et héros ; c'est pourquoi il portait chez Homère le titre incontesté de « Père des dieux et des hommes ».

Mégère
Héraclès
La Voie lactée
Argus
Juin
Monnaie

Héra ♦ Junon

Héra est la sœur de Zeus, mais surtout son épouse officielle. Parmi les divinités féminines de l'Olympe, elle seule est mariée. Elle incarne tout naturellement la déesse du Mariage légitime... dont elle ne donne pourtant pas une image très positive ! Héra s'est fait remarquer par son caractère particulièrement difficile. On pourrait presque la qualifier de « **mégère** », mais ce nom est déjà celui d'une autre divinité. Mégère est une créature au corps ailé et à la chevelure de serpents. Avec ses sœurs Tisiphone et Alecto, elle forme le groupe des Érinyes que les Romains appelaient les Furies. Une **mégère** ou une **furie** sont en français des termes fort peu aimables pour qualifier une « femme au caractère exécrable ». Ces charmantes créatures sont en effet célèbres pour torturer physiquement et moralement les mortels coupables de fautes ou de crimes. Elles personnifient aussi le remords qui peut rendre fou le criminel. Mégère, dont le nom signifie en grec « la haine », est une divinité tout à fait paradoxale : elle suscite chez les hommes la colère ou la jalousie qui les poussent au meurtre pour ensuite tourmenter leur conscience jusque dans les Enfers.

Héra est donc une déesse particulièrement désagréable. Extrêmement susceptible, elle n'oublie aucune offense. Négligée par Pâris, prince de Troie, qui lui préféra Aphrodite lors d'un fameux concours de beauté (voir le chapitre sur la guerre de Troie), elle en conçut une rancune éternelle contre tous les Troyens. Avec un tel caractère, elle réagit forcément violemment aux infidélités de son époux, Zeus, en s'en prenant à ses maîtresses ou à ses enfants naturels. C'est à cause d'elle que la naïve Sémélé a été foudroyée : revêtant l'apparence de sa nourrice, elle la convainquit de demander à son amant Zeus la preuve de sa toute-puissance... Mais sa haine se déchaînera tout particulièrement contre un autre personnage : un fils illégitime de Zeus, que ce dernier fit appeler Héraclès, c'est-à-dire « gloire d'Héra », sans doute pour tenter d'amadouer son épouse. La rancune d'Héra l'a poursuivi dès le début de sa vie. Il faut dire que Zeus n'a rien fait pour arranger les choses. La mère d'Héraclès étant une simple mortelle, Zeus voulut que son fils soit nourri au lait d'une déesse pour lui permettre de gagner l'immortalité. Profitant du sommeil de son épouse légitime, il plaça devant son sein le bébé déjà particulièrement robuste. L'enfant a-t-il trop tiré sur la mamelle ou Héra, brusquement réveillée, l'a-t-elle violemment rejeté ? Toujours est-il que du sein de la déesse est sortie une giclée de lait qui est à l'origine de l'expression **Voie lactée** en français pour désigner la voûte du ciel tachetée d'étoiles comme s'il s'agissait de gouttes de lait. Le terme

galaxie est lui-même issu du grec **gala, galaktos* qui signifie le « lait ».

Cette « mésaventure » n'était que le début d'une longue série de conflits durant lesquels Héra allait se déchaîner avec une cruauté inimaginable contre son beau-fils.

Héra poursuivit aussi de sa haine un certain nombre de maîtresses de son mari. Responsable de la mort de Sémélé, elle tenta de tuer Callisto, pourchassa Léto en l'empêchant d'accoucher... Elle se méfiait particulièrement de la jeune Io, transformée en vache par Zeus pour détourner les soupçons bien légitimes de son épouse. Elle fit garder la génisse par un de ses fidèles amis, le géant Argus. Ce dernier avait la particularité de posséder cent yeux, répartis sur tout le corps. Tous ses yeux ne se fermaient jamais en même temps, ce qui faisait de lui, en principe, un gardien sûr et attentif. C'est cette vigilance qui a rendu son nom célèbre : avoir **les yeux d'Argus** signifie que « rien n'échappe à sa vue ». Un « surveillant » ou un « espion » peuvent être définis comme des **argus**. Mais l'**argus** désigne surtout une « publication » susceptible de vous faire réaliser les meilleures affaires en « vous fournissant les renseignements les plus avisés ». On y trouve notamment la cote de certains biens.

Hélas pour notre géant, Zeus fit appel à Hermès qui trouva le seul moyen de l'endormir tout à fait : il lui joua un air de flûte et profita de son sommeil pour le tuer. Pour témoigner sa reconnaissance à son ami défunt, Héra recueillit tous ses yeux et en para les plumes de son oiseau favori, le paon. Les zoologistes se sont souvenus de cette légende lorsqu'ils ont décidé d'appeler **argus** des « animaux portant des taches en forme d'yeux » : papillons, oiseaux et même coquillages.

Si Zeus trompa souvent son épouse, il est généralement admis qu'Héra resta d'une fidélité exemplaire. Cela n'empêcha pas Zeus de se montrer à son tour particulièrement jaloux. Quand Ixion, roi des Lapithes, voulut séduire sa femme, il le punit en l'attachant à une roue enflammée qui tourne à tout jamais dans le ciel. Aujourd'hui, Ixion a donné son nom à un astéroïde, et sa roue est le symbole d'un terrible supplice éternel.

Héra eut avec son époux plusieurs enfants : Ilithye, déesse de l'Enfantement, Hébé, déesse de la Jeunesse, et Arès, dieu de la Guerre. Selon certaines traditions, elle conçut seule le dieu Héphaïstos, pour prouver qu'elle était capable de faire aussi bien que Zeus, qui avait donné naissance à lui seul à quelques divinités comme Athéna ou Dionysos. Mais, dégoûtée par l'aspect physique de son fils, elle le jeta du haut de l'Olympe pour s'en débarrasser. Héphaïstos prendra plus tard sa revanche sur sa mère et la forcera à le reconnaître officiellement.

Chez les Romains, Héra s'appelle Junon. Elle est sans doute à l'origine du nom du mois de **juin.** Elle est respectée sous de nombreuses appellations : Juno Regina, protectrice de Rome, Juno Pronubia, protectrice des mariages, Juno Lucina, protectrice des accouchements... Juno Moneta, littéralement

« celle qui avertit », était réputée pour avoir sauvé Rome lors d'une tentative d'invasion gauloise en 390 av. J.-C. Ce nom est à l'origine du mot français **monnaie**, car on conservait les coins avec lesquels on frappait les pièces non loin de son temple. Du mot *pecunia* qui désignait la « monnaie » en latin, le français retiendra en revanche l'adjectif **pécuniaire.**

Malgré son caractère et ses défauts, Héra/Junon était donc tout à fait respectée. Mais elle n'a jamais eu la majesté reconnue de son époux, et on ne lui a pas accordé le titre de reine des dieux, pas plus qu'elle n'était considérée comme un modèle de mère. Elle se contentera d'être l'épouse du souverain des dieux.

S'embarquer pour Cythère
Aphrodisiaque
Éros/érotique
Psyché
Pygmalion
Priapisme
Adonis
Mont de Vénus
Maladie vénérienne
Coup de pied de Vénus
Vendredi

Aphrodite ◆ Vénus

Voici la plus belle et la plus convoitée des déesses : Aphrodite (en grec), ou Vénus (en latin), est la déesse de l'Amour. On pourrait la qualifier de « femme libérée » : elle n'hésite pas à multiplier les aventures amoureuses, selon ses fantaisies, profitant de ses charmes sans regret ni remords.

Selon Homère dans l'*Iliade*, elle serait la fille de Zeus et de Dioné, mais la tradition la plus célèbre la fait naître de la semence d'Ouranos tombée dans la mer après sa mutilation et devenue écume. La déesse doit d'ailleurs son nom grec à cette origine, puisqu'en grec *aphros* signifie « écume de mer ». Elle serait née près de l'île de Cythère, d'où l'expression **partir** ou **s'embarquer pour Cythère.** Cette métaphore est utilisée pour exprimer que l'on est prêt à « s'abandonner aux délices de l'amour ». Cependant, l'île de Chypre, qui prétend avoir recueilli la belle après sa naissance, est surnommée aujourd'hui encore l'« île d'Aphrodite ».

Aphrodite est bien évidemment à l'origine du mot **aphrodisiaque**, « qui stimule le désir sexuel », car la déesse provoquait le désir aussi bien chez les dieux que chez les hommes. Elle devint, malgré elle, la compagne d'Héphaïstos, le dieu le plus laid de l'Olympe, qui avait obtenu sa main en récompense d'un service rendu à sa mère, Héra. Elle s'empressa de le tromper, notamment avec Arès dont elle appréciait particulièrement les prouesses physiques, plus célébrées par les Grecs que ses qualités morales. De leur union est né Éros (ou Cupidon), souvent représenté comme le petit dieu de l'Amour dont les flèches rendent les hommes amoureux. Éros a bien entendu donné l'adjectif **érotique** et le nom **érotisme,** qui qualifient surtout « ce qui est du domaine de l'amour physique ». Quant à l'**érotomanie**, il s'agit du terme savant qui désigne l'« obsession sexuelle ».

Éros était soumis aux ordres de sa mère, et les flèches qu'il envoyait sur son ordre avaient souvent des effets terribles sur ses victimes et des conséquences fatales. Jalouse de la beauté de la jeune Psyché, Aphrodite avait demandé à son fils de la châtier. Mais le jeune homme en tomba amoureux. Il réussit à s'en faire aimer en retour mais lui interdit qu'elle puisse jamais le voir par crainte des représailles de sa mère. C'est pourquoi il ne venait la rejoindre que dans l'obscurité nocturne. Malheureusement, la curiosité l'emporta chez Psyché, et elle voulut découvrir qui était son amant. Une nuit, elle réussit à le contempler, à la lumière d'une lampe, mais une goutte d'huile bouillante tomba sur l'épaule d'Éros et le réveilla. Il disparut alors, et Psyché dut traverser de nombreuses épreuves pour le retrouver. De son côté, Éros manifesta un tel amour que sa mère elle-même en fut émue. Finalement, Éros et Psyché parvinrent à se rejoindre. Psyché put boire le nectar et l'ambroisie des dieux qui la rendirent immortelle et elle demeura à jamais auprès de celui qu'elle aimait. En fait, Psyché (dont le nom vient de *psuchê* en grec, qui signifie l'« esprit ») et Éros représentent l'union de l'âme et de l'amour physique. Curieusement, la langue française a conservé le nom de **psyché** dans un sens très restreint, puisque ce mot ne désigne qu'un « grand miroir mobile monté sur pied ». Seule subsiste donc l'idée de la beauté de cette héroïne.

Dans cette légende, Aphrodite n'a pas le meilleur rôle, mais elle peut aussi se montrer émue par un amour sincère. L'histoire de Pygmalion et Galatée le prouve. Pygmalion était sculpteur. Il avait créé une statue d'ivoire ou de marbre représentant pour lui la femme idéale. Cette statue était si parfaite qu'il en tomba amoureux. Touchée par les sentiments et les prières de Pygmalion, Aphrodite donna vie à son œuvre, et le créateur put épouser Galatée. L'expression « **être un Pygmalion** » rappelle cette histoire puisqu'elle désigne une « personne ayant mené à la perfection l'éducation ou la formation d'une autre ».

Éros est loin d'être le seul enfant d'Aphrodite. Elle en eut de nombreux autres, aussi bien de ses amants mortels que des dieux qu'elle aima. Certains furent des héros, comme Énée, fils du prince troyen Anchise. Énée échappa à la ruine de Troie, et, après de multiples aventures contées par le poète Virgile dans l'*Énéide*, il put s'installer en Italie. Il est considéré comme le père fondateur de la civilisation romaine. Jules César prétendait que le nom de sa famille provenait de celui de Iule, fils d'Énée. Il lui arrivait souvent de rappeler ses liens familiaux avec la déesse, manière de s'inscrire dans une illustre lignée. D'autres enfants d'Aphrodite connurent un destin nettement moins glorieux. L'un des plus caricaturaux fut le dieu Priape, dont le père était Dionysos. Dès sa naissance, sa mère le rejeta car il était particulièrement difforme et possédait notamment un phallus gigantesque. Cet attribut fit de lui un dieu de la Fertilité, mais son caractère obscène marqua davantage les esprits. On utilisa son nom pour former le terme **priapisme** qui en médecine désigne un « état d'érection continuelle ». Il s'agit le plus souvent d'une maladie, mais ce terme peut également être utilisé pour évoquer une « vive excitation ».

La multiplicité des amants d'Aphrodite pourrait faire croire qu'elle était incapable d'aimer réellement, mais ce n'est pas le cas. Aphrodite éprouva une folle passion pour un très beau jeune homme, Adonis. Elle se disputa même son affection avec Perséphone, la déesse des Enfers au point que Zeus lui-même dut intervenir pour les départager. Malheureusement, la jalousie d'Arès allait mettre fin à cet amour. Le dieu envoya un sanglier furieux qui blessa mortellement Adonis. De son sang naquit une fleur, l'anémone. Aphrodite pleura longtemps la perte de son amant. Le nom **adonis** subsiste aujourd'hui pour qualifier un « jeune homme d'une grande beauté ».

Quant au nom latin d'Aphrodite, Vénus, il a fourni en français un certain nombre d'expressions en rapport avec la féminité ou l'amour. Une **vénus** est une « femme d'une grande beauté, éminemment désirable ». L'expression **mont de Vénus** désigne la « partie du corps féminin que recouvrent les poils pubiens » – zone particulièrement visible sur les statues de la déesse, très souvent dénudée pour inspirer le désir. Mais l'amour physique a aussi ses dangers : les MST (maladies sexuellement transmissibles), parfois encore nommées **maladies vénériennes**. Le terme « vénérien » est directement issu d'une forme (le génitif) du nom Vénus. Il qualifia d'abord « ce qui concernait l'amour charnel » avant de devenir l'épithète réservée à ce genre de maladies. De manière plus métaphorique, on leur donne parfois le surnom de **coup de pied de Vénus**, comme s'il s'agissait d'une vengeance de la déesse de l'Amour.

Enfin, comme les grands dieux de l'Olympe, Vénus a la gloire de donner son nom à un jour de la semaine : le **vendredi.** Les savants l'ont également choisie pour baptiser une planète du système solaire, plus proche du Soleil que la Terre et remarquable par son éclat.

Aphrodite/Vénus nous offre donc une image de la femme très ambiguë : à la fois objet de désir et d'admiration pour sa grande beauté, mais aussi de déconsidération pour ses défauts « typiquement féminins » (jalousie, coquetterie, inconstance). Les diverses traces qu'ont laissées son nom et ses légendes dans notre langue témoignent bien de cette ambiguïté.

Phobie-phobe
Harmonie
Amazone
Aréopage
Champ de Mars
Mardi
Martial

Arès ◆ Mars

Le dieu de la Guerre est un curieux personnage. Détesté par les Grecs sous le nom d'Arès, il est particulièrement honoré par les Romains qui l'appellent Mars.

Bien que les Grecs aient eu une admiration indéniable pour les récits guerriers et épiques, ils n'estimaient pas ce dieu et ne lui accordaient rien de la noblesse des héros. Arès est pourtant le fils unique de Zeus et de son épouse légitime Héra. Mais il a davantage hérité le caractère acariâtre de sa mère que l'autorité de son père. S'il aime la guerre, ce n'est pas pour l'art de bien la mener, c'est pour sa violence. On le représente souvent accompagné d'autres divinités aussi peu sympathiques que lui : sa sœur Éris (la Discorde), ou ses deux fils, Deimos (la Crainte) et Phobos (la Terreur). Phobos est la personnification du nom commun *phobos* qui signifie tout d'abord « ce qui fait fuir en effarouchant ». Le terme français **phobie** ainsi que le suffixe **-phobe** en sont évidemment issus : **l'agoraphobie,** par exemple, incite ceux qui en souffrent à fuir les lieux publics, tandis qu'une matière **hydrophobe** empêche l'eau de la pénétrer et semble la repousser en la laissant glisser. En revanche, il n'est plus question de fuite mais d'aversion voire de haine dans le terme **xénophobe** qui s'applique à celui qui est hostile aux étrangers.

Un mélange de peur, de dégoût et de mépris : c'est ainsi que l'on pourrait résumer les sentiments des Grecs à l'égard d'Arès. Les poètes, comme Eschyle, n'hésitaient pas à le surnommer « le fléau des mortels », et l'on se réjouissait de ses nombreuses mésaventures. Son manque de subtilité lui valut notamment des conflits avec Athéna, la déesse de la Sagesse et de l'Intelligence guerrière, qui triomphait de lui sans peine. Quand Arès prit les armes devant Troie et crut combattre un simple mortel, il ignorait que ce dernier était aidé par Athéna. Blessé, le dieu se ridiculisa par son manque de courage et d'endurance. Il courut vers l'Olympe en gémissant. Seule la déesse Aphrodite était sensible aux charmes de ce personnage. Tous deux connurent des amours torrides. Mais leurs ébats furent aussi l'occasion d'une humiliation dont se délectèrent les ennemis du dieu : Aphrodite était alors la compagne d'Héphaïstos qu'elle trompait sans retenue. Averti de son infortune, Héphaïstos conçut un filet aux mailles invisibles dans lequel il enferma les deux amants pris sur le fait. Puis il avertit les autres dieux afin qu'ils puissent « profiter du spectacle ». Ceux-ci accoururent et éclatèrent de rire devant cette scène cocasse, laissant Arès et Aphrodite mortifiés…

Aphrodite n'était pas la seule maîtresse d'Arès, mais elle fut la mère de certains de ses enfants les plus célèbres. Outre Éros, Deimos et Phobos déjà cités, elle mit également au monde une fille au doux nom d'Harmonie. Les termes français **harmonie, harmonieux, harmoniser** qui expriment l'idée d'un agencement idéal, dérivent en fait du nom commun *harmonia* qui est à l'origine de ce prénom. Il signifie d'abord « assemblage » puis « juste proportion ». Pourtant, Harmonie eut une destinée peu en accord avec son nom. Tous les dieux de l'Olympe assistèrent à son mariage avec le roi de Thèbes, Cadmos, et la couvrirent de cadeaux. Mais ces présents portèrent malheur à ceux qui les possédèrent et la descendance d'Harmonie et de Cadmos fut tout sauf harmonieuse.

Arès était aussi le père de créatures qui, par leur goût de la violence, lui ressemblaient fort : les Amazones. Célèbres pour leur refus de l'autorité masculine, elles n'acceptaient les hommes dans leur cité qu'en tant que serviteurs, ou occasionnellement pour assurer leur descendance. Elles mutilaient ou tuaient les nouveau-nés mâles et n'élevaient que les filles. Pour pouvoir s'adonner à leur unique passion, la guerre et la chasse, elles n'hésitaient pas à se couper le sein droit, qui les gênait pour tirer à l'arc. Excellentes cavalières, elles combattaient toujours leurs ennemis à cheval. Dans le langage actuel, une **amazone** peut désigner soit une « femme qui monte à cheval », soit une « posture » (**monter en amazone** s'emploie quand on n'enfourche pas le cheval mais qu'on laisse les deux jambes du même côté de la selle), soit un habit. Mais ce sont la farouche indépendance de ces femmes et leurs goûts assez virils qui ont particulièrement frappé les esprits. On utilise aussi le terme **amazone** pour qualifier une « femme plutôt masculine » ou même une « prostituée qui travaille pour son propre compte ».

Parmi les autres enfants d'Arès, il faut citer aussi la jeune Alcippé, qui fut violée par un des fils du dieu de la Mer, Poséidon. Furieux de cet outrage, le père décida de venger sa fille et tua son violeur. Poséidon obtint qu'Arès soit jugé. Le jugement eut lieu sur la colline où avait eu lieu le viol. On reconnut des circonstances atténuantes au meurtrier qui fut acquitté. La colline prit le nom d'Aréopage (colline d'Arès). Située près d'Athènes, elle était le siège de son conseil et de son tribunal. Curieusement **aréopage** a pris en français deux sens bien différents : s'inspirant de l'assemblée des dieux réunis pour juger Arès, il peut désigner un « ensemble de personnes particulièrement qualifiées réunies pour discuter », ou encore de façon ironique un « regroupement de personnes incompétentes ».

L'Arès grec a été assimilé au dieu romain Mars. Cette divinité était à la fois dieu du Printemps et dieu de la Guerre. Au mois de **mars,** premier mois de l'an dans les calendriers romains les plus anciens, débutait une nouvelle année du point de vue agricole mais aussi militaire, puisque recommençaient alors les campagnes de l'armée. Du dieu grec, les Romains ont surtout retenu ses amours avec la plus désirable des déesses. Mais ils ne le considéraient pas comme un personnage haïssable ou ridicule. Au contraire, ils en ont fait le père de Romulus et Rémus, les fondateurs légendaires de Rome. La cité romaine était donc destinée à conquérir le monde sous la protection de Mars, grâce aux guerres menées par ses redoutables armées. Une vaste plaine au nord-ouest de la ville, où se trouvait un très ancien temple de Mars et qui fut longtemps le lieu d'exercices militaires, porte le nom de **champ de Mars.** La ville de Paris a baptisé de la même façon un espace à l'origine destiné aux manœuvres des soldats, puis devenu un grand jardin public, près de la Tour Eiffel.

Comme tous les dieux importants, Mars a donné son nom à un jour de la semaine : *Martis dies*, le jour de Mars, devenu en français **mardi.** Quant à la planète **Mars,** quatrième planète de notre système solaire découverte dès l'Antiquité, son nom a été choisi en raison de sa couleur rouge qui faisait penser au sang. Quand on lui découvrit des satellites au XIXe siècle, on pensa tout de suite à les baptiser... Deimos et Phobos. L'adjectif **martial** peut s'appliquer à ce qui concerne cette planète (bien qu'aujourd'hui on lui préfère le terme **martien**). Mais il désigne plus souvent ce qui est en rapport avec les attributions du dieu, c'est-à-dire la guerre et l'armée. La **cour martiale** est ainsi le « tribunal militaire d'exception » ; les **arts martiaux** sont des « arts de combat » ; un **discours martial** est censé attiser l'envie de se battre. Un militaire imbu de ses prérogatives et un peu trop guindé peut se voir reprocher avec ironie son **apparence martiale.**

Mars a donc conquis chez les Romains une dignité qu'il n'avait pas chez les Grecs. Il est vrai que ces derniers lui préféraient Athéna, la déesse de la Sagesse et de l'Intelligence guerrière. Et si les Grecs furent dominés militairement par les Romains, ces derniers reprirent leurs dieux et recherchèrent des origines historiques communes. Comme l'écrivit le poète romain Horace : « La Grèce conquise a conquis son farouche vainqueur. » Là encore, Athéna a fini par l'emporter sur Arès et Mars est passé au second plan.

Sorti tout armé
Sous l'égide de
Athènes
Arachnéen
Une minerve
Arbre de Minerve (olivier)
Oiseau de Minerve

Athéna ◆ Minerve

Voici la déesse qui a la plus forte personnalité : Athéna est à la fois divinité de la Sagesse, protectrice des arts et des métiers et déesse guerrière. Cependant, il ne faut pas la confondre avec son demi-frère Arès, le dieu de la Guerre : si ce dernier n'aime que la violence et la force brutale, Athéna privilégie l'intelligence et la réflexion même si elle n'hésite pas à combattre quand cela est nécessaire, en maniant redoutablement l'art de la ruse.

Athéna est née de l'union de Zeus avec une de ses tantes, la Titanide Mêtis, déesse de la Sagesse et de la Ruse. Mêtis avait aidé Zeus lors de sa lutte contre son père, Cronos : elle avait préparé pour lui la potion vomitive ayant forcé Cronos à « restituer » ses fils et filles après les avoir dévorés. Zeus avait fait de cette déesse sa première épouse. Malheureusement, une prophétie annonçait que l'enfant de Mêtis serait plus puissant que son père. Pour éviter de connaître le même sort que Cronos, Zeus reprit les « bonnes vieilles traditions familiales » et avala Mêtis alors qu'elle était enceinte. Quelque temps plus tard, il fut pris de violents maux de tête. La douleur devenant insupportable, il demanda l'aide d'Héphaïstos dont l'intervention fut radicale : d'un coup de hache, il fendit le crâne de Zeus. La déesse Athéna sortit alors de la tête de son père, déjà adulte et armée de pied en cap, lance, casque et bouclier compris. La naissance spectaculaire de cette divinité déjà prête à exercer son autorité et à combattre est à l'origine de l'expression **sortir tout armé.** Cette dernière qualifie en effet « une idée ou un projet entièrement développé sous sa forme définitive dès sa conception » (cependant on écrit plus souvent qu'un projet ***n'est** pas* **sorti tout armé,** c'est à-dire qu'il « a nécessité de nombreuses discussions ou mutations »).

La déesse devint rapidement la fille préférée de son père. Zeus lui confia souvent l'égide, définie tantôt comme un bouclier, tantôt comme une cuirasse faite à partir de la peau de la chèvre Amalthée, l'ancienne nourrice du dieu. À la fois instrument de défense et symbole du pouvoir divin, l'égide offre une protection invincible. Ainsi, l'expression « être **sous l'égide de quelqu'un** », d'une personne ou d'une administration, signifie que l'on est « soumis à la protection et à l'autorité de la personne de l'instance en question ».

Ainsi armée, Athéna n'hésitait pas à entrer en guerre, aux côtés des dieux, notamment lors de la lutte contre les Géants, ou des hommes, par exemple pendant la guerre de Troie. Elle prit le parti des Grecs, car Pâris, le prince troyen, lui avait fait l'affront de déclarer Aphrodite plus belle qu'elle. Elle accorda aussi son aide à de nombreux héros comme Persée, Bellérophon ou Ulysse.

Les Grecs, reconnaissants, lui rendirent hommage en donnant son nom à la plus importante de leurs cités : **Athènes**. En fait, ce choix fut l'objet de longues délibérations, car le dieu de la Mer, Poséidon, souhaitait lui aussi que la ville portât son nom. Il fut alors décidé que l'on choisirait le nom de la divinité qui aurait offert le cadeau le plus utile à la cité. Selon les versions du mythe, Poséidon offrit un cheval ou une source d'eau chaude. Athéna offrit un olivier. Ce don fut particulièrement apprécié puisque l'on pouvait se servir aussi bien de ses fruits que de son bois : il était donc utile en temps de guerre comme en temps de paix. La cité s'appellerait Athènes. De nombreux lieux de culte furent consacrés à Athéna, tels le fameux petit temple d'Athéna Nikè (Athéna victorieuse) sur l'Acropole et surtout le magnifique Parthénon (Athéna Parthenos, la vierge), où se trouvait une superbe statue de la déesse, en or et en ivoire. Pour rappeler leurs liens avec cette divinité jusque dans leurs échanges commerciaux, les Athéniens ont fait frapper dès le ve siècle av. J.-C. une monnaie sur laquelle figurait une chouette, compagne fidèle d'Athéna (la pièce actuelle d'un euro venue de Grèce reproduit l'image de cette monnaie).

Chez les Romains, la divinité homologue, Minerve, jouissait d'une certaine notoriété, car elle appartenait avec Jupiter et Junon à la triade capitoline, constituée par les trois divinités essentielles de Rome. Cependant, le rôle de la déesse était moins important qu'en Grèce. On en fit surtout une protectrice des arts et de l'artisanat. D'après le poète latin Ovide, elle avait la réputation d'être une excellente tisseuse. Mais une jeune fille, Arachné, prétendit qu'elle pouvait la surpasser. Un concours entre les deux femmes fut organisé. Arachné réussit à tisser une toile si merveilleuse que la déesse, dépitée, frappa sa rivale et déchira son œuvre. Désespérée, Arachné se pendit. Minerve la transforma alors en araignée afin qu'elle puisse continuer à tisser pour l'éternité. On peut voir dans cette légende et dans le nom de son héroïne l'origine de termes comme l'adjectif **arachnéen**, qui définit ce qui est « léger ou structuré comme une toile d'araignée », ou encore le nom **arachnophobie**, qui désigne la « peur panique ressentie face à ces insectes ».

La personnalité et les talents de Minerve ont enrichi le vocabulaire français puisqu'il arrive que l'on désigne comme **une Minerve** une « femme aussi sage que belle, particulièrement instruite ou adroite au travail ». Mais la plupart d'entre nous connaissent la **minerve** dans des circonstances moins agréables puisqu'il s'agit aussi d'un « appareil orthopédique servant à maintenir le cou bien droit, et soutenant la tête », siège de l'intelligence, à la manière de la cuirasse portée par la déesse.

La culture et la langue latines ont laissé plus de traces en français que leurs équivalents grecs. Le nom de Minerve a ainsi souvent été préféré à celui d'Athéna, comme dans l'expression **arbre de Minerve**, parfois employée pour parler de l'« olivier ». L'**oiseau de Minerve** désigne la « chouette », mais La Fontaine se sert aussi de ces termes pour évoquer le « hibou ». En philosophie, cette expression renvoie à la « sagesse » elle-même.

Bien que la Sagesse soit donc sa « spécialité », il arrivait tout de même à notre déesse de perdre son sang-froid, comme on l'a vu avec Arachné, et de commettre quelques erreurs ou injustices. La protection de sa virginité l'entraîna parfois à des ripostes cruelles face à ce qu'elle interprétait comme une agression masculine. Elle rendit aveugle Tirésias qui avait eu le malheur de l'apercevoir nue. Regrettant son acte, elle lui accorda le don de divination. Quant aux Troyens, ils ne purent que regretter de s'être attiré ses mauvaises grâces, car elle se montra une ennemie redoutable, et fut la meilleure alliée de leurs ennemis.

Puissante, courageuse et rusée mais aussi parfois autoritaire et vindicative, cette déesse est décidément bien la fille de son père !

Un apollon
Pythonisse
La sibylle/sibyllin
Les Muses/Taquiner la Muse
Musée
Musique
Lyrique
Tresser des couronnes
S'endormir sur ses lauriers
Daphné (arbrisseau)
Lauréat
Lycée
Jacinthe
Cyprès
La fusée Apollo
Apollinien

Apollon

Pour un homme, quoi de plus flatteur que d'être comparé à Apollon ? Il est en effet le plus beau des dieux, et le plus représenté dans les arts antiques. Son allure juvénile, son visage imberbe et sa musculature bien développée lui valent l'admiration de tous. Bref, si on dit de vous, monsieur, que vous êtes **un (véritable) apollon,** vous pouvez être satisfait de vous… ou du moins de votre apparence. En revanche, si l'on est doté d'un physique plus ingrat, il arrive que l'on avoue : **« Je ne suis pas un Apollon du Belvédère.** » C'est une allusion un peu ironique à une statue du dieu visible au palais du Belvédère au Vatican et considérée comme un modèle du genre.

Cependant, la beauté n'est pas le seul attribut d'Apollon. C'est une des divinités olympiennes les plus importantes : dieu de la Lumière et du Soleil, protecteur des bergers et des troupeaux, dieu des Arts, dieu de la Maladie et de la Guérison, dieu de la Divination. Il est aussi un archer redoutable dont les flèches atteignent toujours leur but. Son existence est donc riche d'aventures ou de mésaventures, dont on retrouve la trace dans le vocabulaire français.

Apollon et sa sœur jumelle Artémis ont eu pour mère Léto, maîtresse de Zeus, qu'Héra voulut empêcher d'accoucher. Après bien des déboires, Léto put enfin mettre au monde ses deux enfants qui manifestèrent très tôt une personnalité exceptionnelle. En quelques jours, Apollon devint un magnifique adolescent. Il s'empara de Delphes en tuant de ses flèches le serpent Python, gardien de la cité, qui avait persécuté sa mère. Pour célébrer sa victoire, il instaura les jeux Pythiques et surtout s'attribua la faculté de rendre l'oracle que détenait Python. Sur un trépied couvert de la peau du monstre, la pythie, prêtresse du dieu, était censée prédire l'avenir. Dans un état de transe, elle livrait ses prédictions sous forme de paroles incohérentes, interprétées ensuite par d'autres prêtres. De cette tradition est notamment né le terme **pythonisse**, qui désigne une « femme douée du don de prophétie ». Ce mode de divination a été repris chez les Romains qui appelaient cette même prêtresse la sibylle. Ses paroles n'étant pas plus compréhensibles, son nom a donné en français l'adjectif **sibyllin** qui signifie « énigmatique » ou « ambigu ». On appelait aussi autrefois **sibylle** une « femme qui affectait un air inspiré » ou plus familièrement une « vieille fille », puisque ces prêtresses étaient vouées au célibat et étaient souvent d'un âge mûr.

Dieu des Arts, Apollon était souvent escorté par les Muses : les neuf filles de Zeus et de la déesse de la Mémoire, Mnémosyne, dont le nom dérive de la racine *mnémo/mnémé* qui est à l'origine de mots tels que « mnémotechnique » ou « amnésie ». Chacune de ces Muses possédait un don dans un domaine bien précis : danse, éloquence, histoire, poésie, tragédie, comédie… Le nom **muse** a très vite pris le sens d'inspiratrice ou tout simplement d'inspiration. Employée assez familièrement, l'expression « **taquiner la Muse** » indique que l'on cherche à écrire des vers. Le mot **musée** désignait d'abord le sanctuaire consacré à ces divinités, avant d'adopter le sens qu'on lui connaît aujourd'hui. Quant au terme **musique,** il s'appliquait initialement à l'« ensemble des arts régis par les Muses » avant de se « limiter » à l'harmonie des sons.

Cet art était le préféré d'Apollon. Au nom de la musique, il pouvait tout endurer ou au contraire se montrer d'une cruauté effroyable. Il pardonna ainsi à son demi-frère Hermès de lui avoir volé ses troupeaux quand ce dernier lui fit don de la lyre qu'il avait inventée. La lyre devint l'instrument qui accompagnait les poètes dans leurs déclamations les plus poignantes. Le nom **lyrisme** et l'adjectif **lyrique** n'ont aujourd'hui plus grand-chose à voir avec cet instrument. Ils désignent l'expression des sentiments et des émotions, sauf lorsque l'on parle d'art lyrique, c'est-à-dire d'« opéra ». La lyre, instrument privilégié d'Apollon, est devenue un de ses emblèmes. Aucune musique ne pouvait égaler celle du dieu. Marsyas, un satyre, eut l'impudence de croire que ses airs de flûte étaient plus harmonieux que ceux d'Apollon. Le dieu, comme bien des membres de sa famille, était d'une très grande susceptibilité et refusait toute rivalité. Il organisa pourtant un concours avec Marsyas et prit le roi Midas pour arbitre. Midas eut la maladresse de préférer Marsyas. Apollon l'affubla d'oreilles d'âne et châtia Marsyas en l'écorchant vif.

Comme on l'a vu, Apollon n'était pas très « beau joueur ». Il multipliait cependant les compétitions, sportives ou littéraires. Les vainqueurs se voyaient récompensés par une couronne de laurier. La locution **tresser des couronnes** qui signifie « glorifier quelqu'un », vient de cette tradition ainsi que l'expression **s'endormir sur ses lauriers** que l'on emploie à propos d'une « personne qui se contente d'un premier succès sans essayer de poursuivre dans cette voie ». La présence du laurier s'explique par une aventure sentimentale de notre dieu. Apollon était en effet tombé amoureux d'une jeune fille, Daphné. Mais Daphné refusa cet amour et s'enfuit. Alors qu'il était sur le point de la rattraper, elle supplia les dieux de lui venir en aide. Elle fut alors transformée en laurier. Dépité, Apollon décida néanmoins de ne pas se séparer de Daphné et fit du laurier son arbre préféré. Les botanistes ont donné le nom de **daphné** à un « petit arbre aux fleurs précoces et odorantes ». Quant au laurier, il est donc devenu le symbole de la victoire. On le retrouve notamment dans le nom **lauréat** qui signifiait « couronné de lauriers » avant de désigner le vainqueur d'un concours. Mais, contrairement à ce que l'on pourrait penser, le « baccalauréat », qui possède une tout autre origine étymologique, n'a pas de rapport avec le laurier.

Les études sont néanmoins (très indirectement) placées sous l'influence d'Apollon. Le lycée doit en effet son nom au gymnase où enseignait Aristote à Athènes, ainsi nommé car il se trouvait dans le voisinage du temple d'Apollon « Lykos », une des épithètes du dieu qui se rapporte au loup.

Les amours d'Apollon furent nombreuses mais pas toujours heureuses. On peut mentionner à ce propos sa liaison avec Coronis qui fut tuée par Artémis parce qu'elle avait été infidèle. Asclépios (Esculape), dieu de la Médecine, naquit de cette union. Cassandre, fille du roi de Troie, refusa, comme Daphné, de céder aux avances du plus beau des dieux et en fut cruellement punie (voir le chapitre sur la guerre de Troie).

Apollon eut également plusieurs aventures avec de jeunes hommes. Il tomba amoureux du bel Hyacinthe, qu'il tua par accident. Son amant fut alors transformé en **jacinthe**, « fleur de couleur pourpre » comme le sang qui s'échappait de sa blessure mortelle. Quant à Cyparissos, autre jeune éphèbe aimé du dieu, il connut un sort assez semblable puisque affligé de la perte de son cerf favori, il obtint d'être transformé en **cyprès**, devenu l'« arbre du deuil ».

Le nom de notre dieu s'est rappelé au souvenir des scientifiques dans la grande période de la conquête spatiale au moment d'envoyer des hommes sur la Lune. C'est en voyant une représentation d'Apollon chevauchant son char à destination du soleil que le directeur des programmes de la NASA, M. Silverstein, eut l'idée de baptiser son nouveau programme du nom anglais du dieu : Apollo. Peut-être avait-il également en tête le fait que la sœur jumelle très proche d'Apollon était la déesse de la Lune, Artémis (Diane). Toujours est-il que le nom **Apollo** reste dans les mémoires comme synonyme de missions spatiales extraordinaires. C'est la fusée Apollo XI qui fut la première à envoyer des hommes sur la Lune.

Du nom d'Apollon est aussi né, plus traditionnellement, l'adjectif **apollinien** qui exprime en philosophie ce qui est « conforme à un idéal de mesure et de sérénité ». Pourtant, l'histoire de ce dieu nous montre qu'il n'a pas toujours fait preuve de ces qualités. Il s'est montré violent et vindicatif (au point qu'il a été par deux fois expulsé de l'Olympe pour meurtre), n'a pas toujours su maîtriser ses sentiments et a souvent échoué dans ses entreprises. Mais notre mémoire reste influencée par la beauté de toutes les représentations qu'on en a données, et nous font oublier ses défauts.

Pléiade
Caducée
Hermétique
Mercure
Mercredi
Mercuriale
Hermaphrodite

Hermès ◆ Mercure

Dès le berceau, Hermès fit preuve de ruse et d'inventivité. En grandissant, il tint le plus souvent un rôle secondaire dans les mythes, mais son aide ne fut pas négligeable.

Hermès est né des amours de Zeus avec la nymphe Maia, fille du Titan Atlas. Maia et ses six sœurs se nommaient les Pléiades. Transformées en colombes par le souverain des dieux qui voulait leur éviter les assauts du guerrier Orion, elles devinrent ensuite des étoiles placées tout près de la constellation d'Orion. Sept poètes alexandrins du IIIe siècle av. J.-C., puis sept poètes français du XVIe siècle choisirent de se regrouper sous le nom de la Pléiade. Par la suite, le mot **pléiade** désigna un « groupe de personnes illustres », puis plus simplement un « nombre important de personnes ». La plupart des sept sœurs connurent des aventures avec des dieux, et Maia ne fit donc pas exception à la règle. Ses rencontres avec Zeus avaient lieu dans une grotte. Bientôt y vint au monde le petit Hermès. À peine né, il s'échappa de la grotte pour explorer le monde. Il trouva une carapace de tortue et eut l'idée de s'en servir comme caisse de résonance. Il lui manquait des cordes pour fabriquer l'instrument de musique qu'il avait en tête. Qu'à cela ne tienne ! Il vola les troupeaux gardés par son demi-frère aîné Apollon, et utilisa les boyaux des animaux pour terminer ce qui deviendrait une lyre.

Il fit ensuite disparaître tout ce qui ne lui était plus utile, avant de retourner tranquillement dans son berceau. Quand Apollon, furieux, vint lui demander des comptes, il feignit l'innocence : comment un petit enfant comme lui aurait-il pu commettre pareil méfait ? Conduit devant son père, Zeus, Hermès continua de nier. Cependant, il profita de l'inattention d'Apollon pour lui voler son arc et ses flèches. Zeus, bien que flatté d'avoir un enfant si précoce, lui demanda néanmoins de restituer tout ce qu'il avait volé. Hermès s'exécuta et se réconcilia avec Apollon en lui offrant la lyre en échange de son pardon. Plus tard, il proposa à son frère un autre instrument de musique : la flûte. Il l'échangea cette fois-ci contre une houlette d'or. En voulant, à l'aide de cette houlette, séparer deux serpents, Hermès créa le caducée qui devint son emblème. Le **caducée**, d'abord marque distinctive des hérauts et des messagers, est aujourd'hui le symbole des professions liées à la santé et même à la paix. Pour finir, le jeune dieu réussit encore à négocier avec son frère aîné une sorte d'initiation à la divination.

Ainsi, Hermès est considéré à la fois comme le dieu des Voleurs, pour ses méfaits, et le dieu du Commerce, pour son sens des affaires. Ses pouvoirs de divination lui vaudront d'être confondu avec la divinité égyptienne Thot, dieu des Savoirs cachés.

Cet amalgame est à l'origine des sens donnés à l'adjectif **hermétique** : les livres dans lesquels étaient détenus les secrets du dieu étaient « parfaitement clos » (premier sens du terme), et ses propos étaient « difficiles voire impossibles à interpréter » (second sens du terme).

Après ces brillants débuts, Hermès se fit surtout remarquer en tant que complice ou soutien de nombreux dieux ou héros. Il aida son père Zeus dans ses conflits guerriers, comme la Gigantomachie, mais aussi dans ses histoires amoureuses : c'est lui qui tua le géant Argus, chargé par Héra de surveiller de près son époux volage (voir chapitre sur Héra). Par diverses interventions, il sauva également la vie de son frère Dionysos. Chargé d'accompagner les âmes dans les Enfers, il sut y guider Héraclès pour l'un de ses travaux. Il protégea enfin Ulysse contre les plans machiavéliques de la magicienne Circé et annonça à la nymphe Calypso qu'elle devait laisser repartir ce héros vers son île natale. En effet, Zeus fit à de nombreuses reprises d'Hermès son messager auprès des dieux comme auprès des mortels : c'est pourquoi on le représente souvent avec son chapeau et son manteau de voyageur, et chaussé de ses sandales ailées qui lui permettaient de se rendre au plus vite là où l'appelaient ses missions. On peut donc ajouter à ses nombreuses attributions le titre de dieu des Voyageurs, et l'on comprend sans peine pourquoi une célèbre marque d'articles de voyage lui a emprunté son identité. De plus, de par sa réputation d'entremetteur, son nom latin **Mercure** est devenu dans une expression aujourd'hui vieillie le synonyme de « messager d'amour ». Ce nom a également inspiré les chimistes puisqu'ils appelèrent **mercure** le « vif argent », métal liquide particulièrement « fuyant », qui évoque ainsi le caractère insaisissable d'un dieu toujours sur les routes ou dans les airs (ceux d'entre nous qui ont déjà cassé un thermomètre peuvent en témoigner !). Dans le domaine littéraire, quelques publications périodiques, comme le *Mercure de France* (devenu une maison d'édition) et *Le Mercure galant* rappellent aussi par leur titre qu'Hermès, dans son rôle de messager, était non seulement celui qui transmettait des ordres mais également celui qui apportait des nouvelles.

Mercure, telle d'autres divinités, a donné son nom à un jour de la semaine, le **mercredi**. Comme, sous l'Ancien Régime, l'assemblée des cours de justice avait lieu un mercredi tous les six mois, on lui donna le nom de **mercuriale.** Par extension, ce mot devint synonyme de réprimande ou de remontrance, puisque, au cours de ses réunions, cette assemblée dénonçait les erreurs commises au nom de la justice. La relation avec notre dieu est devenue ici très indirecte. En revanche, elle est plus évidente quand **mercuriale** désigne la « liste des cours officiels des denrées sur les marchés » : est rappelé ainsi le lien privilégié de Mercure avec les commerçants. Enfin, Mercure est aussi le nom de la planète la plus proche du Soleil (on avait également baptisé

Hermès le projet d'une navette spatiale européenne mais ce projet a finalement été abandonné).

Souvent complice des amours d'autrui, Hermès/Mercure a lui-même connu de nombreuses aventures galantes. La plus notable est celle qui l'a uni à Aphrodite. De cet amour est né un garçon qui porta les noms mêlés de ses deux parents : **Hermaphrodite.** La légende raconte que sa beauté a tant ému la nymphe Salmacis qu'elle a obtenu que son corps ne fît plus qu'un avec celui de ce jeune homme. Hermaphrodite devint alors un être bisexué. Son nom est employé comme adjectif en français et il qualifie les êtres vivants qui ont les attributs des deux sexes, les escargots par exemple, ainsi que les personnes androgynes. Hermès passe aussi pour être le père d'Autolycos, le grand-père d'Ulysse. Le caractère rusé de ce héros s'expliquerait en partie par cette hérédité.

En fait, Hermès est le dieu le plus présent dans les légendes mythologiques. Malgré ses nombreux titres, on a surtout retenu dans notre vocabulaire son rôle de messager et de voyageur. Mais la multiplicité de ses talents et son caractère en font une divinité plutôt sympathique, particulièrement originale et intéressante.

Satyre
Comédie
Pactole
Dionysiaque (dionysien)
Dithyrambique
Bacchanale
Bacchante
Bachique
Enthousiasme

Dionysos ◆ Bacchus

Dionysos est une divinité à part. On peut le définir comme le dieu du Vin… et de ses conséquences : la joie, la fête, l'ivresse qui fait perdre ses repères et mène à l'extase. Comme l'atteste sa légende, il a dû se battre pour que les hommes l'admettent au rang des dieux, car ses origines et sa personnalité hors du commun ne plaidaient pas en sa faveur.

Dionysos est le fils de Zeus et de Sémélé, fille de Cadmos, roi de Thèbes, et d'Harmonie. Sa naissance est particulièrement originale : il serait littéralement « né de la cuisse de Jupiter » (voir le chapitre sur Zeus). Certains linguistes pensent même que son nom signifierait « deux fois né ». Mais cette version est le plus souvent contestée et l'origine réelle du nom reste mystérieuse : elle ne serait en tout cas pas grecque.

Dionysos dut échapper pendant toute sa jeunesse à la haine d'Héra qui voulait l'éliminer. La cruelle déesse châtia impitoyablement les mortels qui l'avaient hébergé. Hermès le confia alors à des nymphes, les Ménades, dans le pays de Nysa. Pour le protéger, on lui donna pendant quelque temps la forme d'un chevreau, ce qui explique qu'on le représente parfois avec des cornes. Il fut élevé par Silène, un dieu des Sources et des Cours d'eau. Représenté comme un vieillard ventru et jovial, ce dernier n'avait rien du précepteur traditionnel... C'est dans ce cadre que Dionysos apprit à connaître les plaisirs du vin et se constitua son escorte caractéristique. Il se déplaçait accompagné des Ménades, mais aussi des Satyres. Divinités parfois considérées comme les fils de Silène, mi-hommes, mi-boucs, ceux-ci étaient particulièrement sensibles aux plaisirs de l'amour physique et n'hésitaient pas à manifester ostensiblement leur désir sexuel. Il n'est donc pas étonnant que l'on ait donné en français le nom de **satyres** à certains « individus coupables d'attentats à la pudeur ou plus particulièrement d'exhibitionnisme ». Les compagnons de Dionysos formaient cependant une troupe joyeuse qui ne pensait qu'à se livrer aux charmes du sexe, du chant, de la danse et du vin. Leurs manifestations, puis les fêtes qui s'en sont inspirées, désignées en grec par le mot *komos*, sont d'ailleurs à l'origine du mot **comédie**, mot à mot : « le chant du komos ».

Dionysos et son cortège connurent de multiples aventures qui les menèrent jusqu'en Inde. Durant son périple, le dieu fut frappé de folie par Héra et dut multiplier les miracles pour retrouver la santé et prouver son caractère divin. Son voyage s'acheva à Thèbes, pays de son grand-père Cadmos, où l'on refusait encore de reconnaître sa divinité. Il manifesta alors sa puissance en châtiant de manière spectaculaire les incrédules : toutes les femmes de

Thèbes devinrent folles, dont ses tantes, les sœurs de Sémélé, qui lynchèrent dans leur délire leur fils et neveu, le roi Penthée qui s'était opposé au dieu.

Cruel avec ses ennemis, Dionysos savait se montrer généreux avec ceux qui l'avaient soutenu ou qui lui avaient rendu service. Encore fallait-il ruser pour profiter des largesses du dieu. Le roi Midas le comprit à ses dépens : ce roi de Phrygie (déjà mentionné dans le chapitre sur Apollon) avait retrouvé Silène qui s'était perdu sur ses terres. Il le reconnut, lui rendit hommage et le ramena auprès de Dionysos. Pour le remercier d'avoir si bien traité son père adoptif, Dionysos accorda à Midas le vœu de son choix. Midas lui demanda alors le don de changer en or tout ce qu'il toucherait. Malheureusement pour lui, il n'avait pas pensé que la nourriture et la boisson n'échapperaient pas à cette transformation. Ne pouvant plus rien avaler de comestible et risquant de mourir de faim, il préféra renoncer à ce nouveau pouvoir. Pour en être définitivement débarrassé, il dut se laver dans une rivière de Lydie appelé le Pactole, dont l'eau se chargea de paillettes d'or. La richesse légendaire de ce cours d'eau explique que le mot **pactole** soit devenu en français un nom commun qui évoque une abondante source de richesses et de profits.

Après bien d'autres aventures, Dionysos finit par être accepté parmi les Olympiens. Il conserva cependant toute son originalité. En français, l'adjectif qualificatif **dionysiaque** (ou **dionysien**) issu de son nom en est la preuve, puisqu'il qualifie ce qui est propre à l'inspiration et à l'enthousiasme tumultueux et désordonné, s'opposant à l'adjectif « apollinien » qui s'applique au contraire à ce qui est réfléchi et mesuré. Le culte qui lui était rendu ne prenait pas du tout les mêmes formes que celui des autres dieux. Il s'agissait de cérémonies publiques mettant en valeur des arts comme la tragédie et la comédie. Lors de ces manifestations étaient composés des hymnes souvent très emphatiques à la gloire de Dionysos, appelés « dithyrambes ». L'adjectif **dithyrambique** s'emploie aujourd'hui avec une certaine ironie pour des propos « pompeux ou exagérément élogieux ».

Outre ces célébrations publiques, il y avait aussi des cérémonies privées, des rites secrets appelés « mystères », où le sexe, l'ivresse, la drogue jouaient un rôle prépondérant. Ces pratiques ont bien évidemment renforcé l'image « sulfureuse » de Dionysos, mais elles ont aussi marqué le vocabulaire français, en passant par le latin. En effet, c'est de son nom latin Bacchus que sont dérivés les termes **bacchanale**, qui signifie « orgie », et **bacchante** dans le sens de « prostituée » (en revanche, l'origine des « bacchantes » désignant les moustaches n'est pas la même : elle nous viendrait de l'allemand *Backenbart* qui correspond aux « favoris »). Quant à l'adjectif **bachique** (écrit curieusement avec un seul *c)*, il qualifie « ce qui célèbre le vin, l'ivresse et même la joie de vivre » : des chansons ou des vers bachiques accompagnent les fêtes bien « arrosées » ; le vin luimême est parfois appelé « liqueur bachique ».

C'est également à Dionysos que nous devons le mot **enthousiasme**. Issu des termes grecs *èn* (= dans) et *théos* (= le dieu), il signifie dans un premier temps que le dieu est entré en soi, ce qui suscite l'inspiration et provoque l'exaltation. Ainsi « possédé », un poète crée des œuvres qui ne sont pas entièrement humaines mais soufflées par la divinité. Seule l'idée de l'exaltation nous est restée aujourd'hui quand nous utilisons ce mot.

Chez les Grecs, à sa manière, Dionysos se montre donc un protecteur des beaux-arts, comme l'est son demi-frère, pourtant si différent, Apollon. En revanche, il semble qu'en l'assimilant à Bacchus, les Romains n'aient principalement retenu que son rôle de dieu du Vin et de tous les excès. Son culte fut d'ailleurs interdit à Rome à partir de 186 ap. J.-C. Plus tard, il fut « diabolisé » par le christianisme qui le considérait comme un concurrent païen.

En fait, si Bacchus est plutôt mésestimé, Dionysos en revanche semble avoir gardé une meilleure image et un certain pouvoir de fascination. Il reste le symbole des plaisirs et des mystères de la vie.

Parque(s)
Champs Élysées
Tartare
Supplice de Tantale
Rocher de Sisyphe
Tonneau des Danaïdes
Achéron
Passer le Styx
Cerbère
Menthe
Pluton (planète)
Plutonium

Hadès ♦ Pluton

Chut ! Voici un dieu dont, par superstition, on n'osait que rarement prononcer le nom : il s'agit du souverain des Enfers, là où se retrouvaient à jamais les morts.

Hadès ne choisit pas lui-même de remplir ce rôle. Après s'être débarrassé de Cronos, Zeus établit un partage de l'univers avec ses deux frères, Poséidon et Hadès. Un tirage au sort décida que Poséidon règne sur la mer, Zeus sur les cieux. Il ne restait plus que les Enfers pour Hadès. Certes, il s'agissait là d'un très vaste royaume aux sujets, hélas, toujours plus nombreux. C'est pour cette raison que le dieu était surnommé « Ploutos », le riche, qualificatif à l'origine de son nom romain Pluton. Il s'agissait aussi d'une allusion aux richesses agricoles ou minières de la terre et du sous-sol dont ce dieu était le maître. On l'appelait aussi parfois Aïdoneus, « celui qu'on ne voit pas ». En effet, lors de la Gigantomachie, les Cyclopes, qui avaient forgé la foudre pour Zeus, avaient offert à Hadès un casque qui le rendait invisible. Ce dernier prêta d'ailleurs plusieurs fois son casque à des héros ou à des dieux pour leurs exploits. Mais cela ne suffit pas à le rendre sympathique, et Hadès garda l'image d'un dieu craint et détesté.

Il n'avait pourtant pas le pouvoir de vie ou de mort sur les êtres. La destinée de chacun était décidée par trois déesses sœurs, appelées Moires chez les Grecs et Parques chez les Romains, et nul, pas même Zeus, ne pouvait s'opposer à leurs décisions. Chaque destin était représenté par un fil, tiré par la première sœur, Clotho, dévidé par la deuxième, Lachésis, et finalement coupé par la troisième, Atropos. En français, il arrive que l'on désigne le « sort » ou la « fatalité » en parlant de la **Parque** (et parfois des Parques), en évoquant les ciseaux de la Parque ou la vie elle-même sous l'expression « **le fil des jours** ». Hadès se contentait d'être le monarque implacable qui régnait sur ceux dont la Parque avait coupé le fil.

Les Enfers doivent leur nom au latin *inferus* qui signifie « ce qui est placé en bas » (mot qui est à l'origine d'« inférieur » en français). Il ne faut donc pas voir en ce lieu l'équivalent de l'enfer judéo-chrétien réservé aux êtres malfaisants. Tous les morts y étaient accueillis, et les trois juges des Enfers, Minos, Rhadamanthe et Éaque, leur assignaient une place. La plupart erraient pour toujours dans la vaste et sinistre plaine des Asphodèles.

Certains privilégiés, comme les héros, les poètes ou les prêtres favoris des dieux, avaient droit de se retrouver dans l'« île des Bienheureux », plus connue sous le nom de champs Élysées (pour les Parisiens, les **Champs-Élysées** ne sont plus qu'une des plus belles avenues de la capitale). Ceux qui pouvaient profiter de ce séjour bénéficiaient d'une existence qui n'était pas désagréable, exempte de souffrances physiques ou morales, mais, semble-t-il, plutôt ennuyeuse.

Quant aux criminels et en particulier à tous ceux qui avaient tenté de s'opposer aux dieux, ils étaient envoyés dans une zone abominable appelée le Tartare. En poésie, le **Tartare** sert parfois à désigner l'« enfer », mais on a aussi baptisé ainsi un « peuple oriental très craint pour ses dangereuses invasions ».

Le Tartare était le lieu des plus terribles tortures, souvent éternelles. Quelques-unes sont si célèbres qu'elles sont devenues des expressions courantes de la langue française, telles que supplice de Tantale. Ce fils de Zeus avait osé défier les dieux en leur offrant pour repas son propre fils Pélops. Mais ces derniers, clairvoyants, refusèrent de goûter au plat de Tantale. Indignés par son crime et son audace, ils le condamnèrent à être toujours torturé par la faim et la soif. Dans le Tartare, il fut placé au milieu d'un lac, une branche d'arbre portant des fruits délicieux devant les yeux. Dès qu'il essayait de boire, l'eau se transformait en sable et quand il tentait d'attraper la branche, elle se dérobait sous ses mains. Ainsi, « celui qui ne peut atteindre ce qu'il souhaite alors même que cela semble à sa portée » peut se plaindre de subir le **supplice de Tantale.**

Le châtiment auquel fut condamné Sisyphe était tout aussi terrible. Cet homme, extrêmement rusé, trompa plusieurs fois les dieux. Il réussit à s'emparer du génie de la Mort, Thanatos, et le retint un temps prisonnier. Mais Zeus le força à libérer Thanatos. Se voyant condamné à partir pour les Enfers, Sisyphe demanda à son épouse de ne pas lui rendre les honneurs funèbres. Arrivé auprès d'Hadès, il se plaignit tant et tant de la prétendue impiété de sa femme qu'il obtint du dieu la permission exceptionnelle de revenir sur terre afin de lui rappeler ses devoirs. Bien entendu, dès qu'il fut de retour dans sa ville, Sisyphe refusa de repartir pour le royaume des morts. Il vécut ainsi de longues années encore. Cependant, il lui fallut un jour mourir et rejoindre définitivement les Enfers. À jamais prisonnier du Tartare, Sisyphe fut condamné à faire rouler un énorme et lourd rocher jusqu'au sommet d'une montagne. Mais, dès qu'il y parvenait, le rocher redescendait et tout était à recommencer. Le **rocher de Sisyphe** est devenu le « symbole même du travail et de la peine inutiles », voire, d'après Camus, de l'« absurdité de la condition humaine ».

La même idée est reprise dans l'expression le **tonneau des Danaïdes.** Les Danaïdes étaient les cinquante filles du roi Danaos. Promises à leurs cinquante cousins, elles durent, sur l'ordre de leur père, tuer leurs époux pendant la nuit de noces. Seule l'une d'entre elles épargna son mari. Aux Enfers, les Danaïdes durent expier leur crime en tentant de remplir un « tonneau sans fond ».

Avant de parvenir dans l'une des régions des Enfers, les ombres des morts devaient traverser un premier fleuve, l'Achéron. Il fallait payer son passage en barque au nocher, le sinistre Charon. On plaçait dans la bouche des morts une pièce de monnaie, une obole, avec laquelle ils étaient censés s'acquitter de cette dette. L'**Achéron** est parfois en poésie le synonyme de l'enfer ou de la mort.

Comme l'Achéron, le Styx était un célèbre fleuve des Enfers, et **passer le Styx** est l'une des périphrases qui signifient « mourir ». Enfin, à l'entrée des Enfers se trouvait Cerbère, un chien monstrueux à trois têtes, chargé d'empêcher les morts de repartir. Il tenait si bien son rôle qu'on continue à appeler aujourd'hui un **cerbère** un « gardien particulièrement patibulaire ».

C'est donc dans cette atmosphère lugubre que vivait Hadès. Il ne sortait que très rarement de cet univers où il vivait solitaire. En profitant d'une de ses rares sorties, il enleva la jeune Perséphone (Proserpine en latin), fille de sa sœur Déméter, la déesse de l'Agriculture. Sa pauvre mère erra désespérément à sa recherche. Quand elle parvint enfin à savoir où se trouvait Perséphone, la jeune fille était désormais considérée comme l'épouse d'Hadès, et ce dernier refusa de la laisser repartir. À la suite de l'arbitrage de Zeus, il fut décidé que Déméter retrouverait sa fille six mois par an et que cette dernière repartirait auprès de son époux pour les six mois suivants. Les saisons s'expliquaient ainsi : le printemps et l'été correspondaient à la période pendant laquelle la mère et la fille se retrouvaient, tandis que l'automne et l'hiver correspondaient à celle où Déméter devait laisser Perséphone repartir pour les Enfers. Perséphone ne semblait pas aimer passionnément son mari. Elle lui manifesta pourtant cruellement sa jalousie quand une nymphe,

Menthé, tomba amoureuse de lui. Elle la tua en la piétinant sans pitié. Par la suite, Menthé fut transformée en **menthe**, plante qui exhale un agréable parfum quand on froisse ses feuilles.

Le nom romain d'Hadès, **Pluton,** a été donné en 1930 à ce que l'on croyait être la planète la plus éloignée du Soleil, et lorsqu'on lui trouva un satellite, on le nomma Charon. Du nom de cette planète fut tiré celui du **plutonium,** élément chimique indispensable aux bombes atomiques. Les conditions de combustion extrêmes de cet élément rappelaient l'atmosphère censée régner aux Enfers. Hélas, des recherches récentes ont déchu Pluton, jusqu'alors considérée comme la neuvième planète du système solaire, au rang de « planète naine » : il ne s'agirait plus que d'un corps céleste parmi d'autres, qui ne mériterait pas le titre de planète à part entière…

Le nom de ce dieu n'est décidément pas un signe de chance ! Seule exception : le chien créé par Walt Disney pour accompagner Mickey, le sympathique Pluto. En l'appelant ainsi dans les années 1930, Disney pensait faire allusion à la planète que l'on venait de découvrir. Mais il est bien évident qu'il n'y a vu aucun rapport avec la divinité des Enfers. De fait, le chien Pluto bénéficie d'une popularité que le dieu Pluton n'a jamais pu espérer…

Protée/protéiforme
Vestale
Céréale
Volcan/vulcanologue
Vulcain
Vulcanisation
Diane
Complexe de Diane
Nymphe/nymphette
Nymphomane
Flore
Faune
Panacée
Bras de Morphée
Morphine
Panique
Flûte de Pan
Castor et Pollux

Vulcain, Vesta, Pan et les autres...

Certaines des divinités les plus importantes de l'Olympe n'ont que peu marqué la langue française. C'est le cas de Poséidon, Neptune en latin, frère de Zeus, qui avait reçu en partage la souveraineté sur les mers. Certes, il a donné son nom à une planète, Neptune, placée après Uranus, mais les nombreuses légendes dont il est le protagoniste n'ont pas beaucoup inspiré les linguistes. En revanche, un de ses fils, le dieu grec Protée, divinité de la Mer, a laissé sa trace dans notre langue grâce à ses pouvoirs. Il avait le don de divination mais aussi la particularité de se transformer pour échapper à tous ceux qui souhaitaient l'interroger. Il pouvait prendre à sa guise la forme de divers animaux ou même d'éléments comme l'eau, la terre, le feu... Un **protée** désigne donc en français une « personne qui change facilement de comportement ou d'opinion ». Mais on utilise surtout l'adjectif **protéiforme** pour qualifier « ce qui peut prendre les formes les plus diverses, qu'il s'agisse de personnes ou de concepts » : on peut dire par exemple d'un artiste qu'il est protéiforme s'il manifeste ses talents dans différents domaines, mais la violence peut être aussi définie comme protéiforme quand on veut signifier qu'elle s'exerce de diverses manières.

Vesta (Hestia en grec), la discrète sœur aînée de Neptune (et donc de Jupiter), reste dans nos mémoires par l'intermédiaire de ses prêtresses : les vestales. Très respectées dans l'Antiquité, elles devaient entretenir un foyer éternel et surtout rester vierges, comme leur déesse. Tout manquement à la règle était puni : la fautive était alors condamnée à être enterrée vive. Aujourd'hui, on accorde parfois le « titre » de **vestale** à une « femme qui se montre particulièrement chaste ou qui fait preuve d'un grand respect des traditions ». Quant à Déméter, autre fille de Cronos et de Rhéa, déesse de l'Agriculture, c'est par son nom romain Cérès qu'elle a laissé sa trace dans notre langue : les **céréales** sont en effet les présents qu'elle fit aux hommes, puisqu'elle leur apprit à les semer.

Certains enfants de Zeus se retrouvent aussi dans la langue française à travers des termes s'inspirant de leurs noms romains. Ainsi, Héphaïstos, fils d'Héra et amant malheureux d'Aphrodite, est plus illustre sous le nom de Vulcain. Ce dieu du Feu forgeait armes, armures et objets magiques divers sous la terre. On situait traditionnellement sa forge sous l'Etna, en Sicile, et on expliquait par sa présence les manifestations de cette curieuse « montagne ». Il n'est donc pas étonnant qu'on ait fini par l'appeler un **volcan** et ceux qui s'y intéressent plus particulièrement, des **vulcanologues.** Le **vulcain** peut désigner aussi un « papillon orange et noir, couleurs du feu et de l'obscurité ». Enfin, un procédé chimique, la **vulcanisation,** doit son nom au fait que l'on ajoute au caoutchouc du soufre, élément que l'on associe facilement au dieu du Feu.

De même, c'est par son nom romain, Diane, que l'on fait le plus souvent allusion à la déesse Artémis, fille de Zeus et de Léto. La sœur jumelle d'Apollon, déesse de la Chasse et de la Lune, a surtout frappé les esprits par sa virginité qu'elle défendait farouchement. Il arrive donc que l'on désigne sous le nom de **diane** une « jeune fille particulièrement chaste ». Elle a aussi inspiré les psychanalystes qui nomment **complexe de Diane** un « comportement de refus de la féminité et de la sexualité chez une femme ».

Enfin, il existe un certain nombre de divinités, d'importance moindre, qui survivent dans des expressions ou des termes français. Les Nymphes en font partie : déesses mineures des lieux naturels, elles se caractérisent par leur apparence juvénile et leur corps gracieux. Le nom de **nymphe** peut s'appliquer à une « jeune femme particulièrement belle » ; une **nymphette** désigne de manière plus péjorative une toute « jeune fille plutôt aguicheuse » ; enfin une **nymphomane** souffre d'un besoin immodéré de séduction et de rapports sexuels.

On peut également mentionner deux divinités secondaires romaines : Faunus et Flora. Faunus était un dieu protecteur des troupeaux que l'on a parfois assimilé au dieu Pan. Flora, quant à elle, était la déesse protectrice de la végétation et en particulier de la floraison. Les ouvrages de botanique ayant été écrits à l'origine en latin, le nom de Flora, transformé en **flore,** fut employé pour désigner d'abord ce genre d'ouvrage, puis leur contenu, soit l'ensemble des végétaux qui poussent naturellement en un lieu donné. De la même façon, on utilisa le nom de **faune** pour des ouvrages zoologiques avant que le terme ne s'applique à l'ensemble des animaux dans une zone déterminée.

La fille du dieu de la Médecine, Asclépios, lui-même fils d'Apollon, n'est pas connue par des légendes spécifiques, mais son nom est passé directement dans notre langue. Elle s'appelle Panacée, ce qui signifie « qui guérit tout ». Cette déesse exerçait ses pouvoirs grâce aux plantes. La **panacée** est ainsi devenue le « remède miracle capable de venir à bout de tous les maux, au sens propre comme au sens figuré ».

Quant au dieu grec des Rêves, Morphée, fils de la Nuit (Nyx) et du Sommeil (Hypnos), il reste présent dans nos mémoires grâce à des périphrases comme **être dans les bras de Morphée** qui signifie « rêver » et donc « dormir », ou, au contraire, **sortir des bras de Morphée,** c'est-à-dire « s'éveiller ». La drogue appelée **morphine** doit aussi son nom à ce dieu, du fait de ses vertus soporifiques. Pourtant, ce n'était pas Morphée lui-même qui provoquait l'endormissement. Son nom, qui signifie « la forme », révèle qu'il était en fait « polymorphe » : il prenait l'apparence de divers personnages au cours des rêves des mortels.

Un tel pouvoir aurait sans doute plu au dieu Pan. Sa laideur était si remarquable que sa propre mère l'avait rejeté dès la naissance. Mi-homme, mi-bouc, Pan possédait des cornes et des pieds fourchus et il n'hésitait pas à manifester un grand appétit sexuel. Il s'amusait à apparaître brusquement devant ses victimes, au point de provoquer chez elles un effroi auquel il a donné son nom : la **panique.** Voulant échapper à ses assauts, la nymphe Syrinx se transforma en roseaux. Qu'à cela ne tienne ! Pan cueillit les roseaux et, en les assemblant, en fit son instrument de musique de prédilection, la fameuse **flûte de Pan.** Le mot « pan » peut aussi être considéré comme signifiant « tout » en grec. C'est pourquoi on a parfois considéré que Pan était le dieu de la Vie universelle, du « Grand Tout ». Une légende raconte qu'on entendit la phrase : « Le Grand Pan est mort » au moment où le christianisme l'a emporté sur le polythéisme gréco-romain. Cette expression est parfois reprise pour exprimer la fin d'un monde ancien et l'avènement d'un monde nouveau. Dans sa chanson *Le Grand Pan*, Brassens reprend ces termes pour regretter que le règne de la raison et de la science toute-puissantes ait ôté tout le merveilleux de la vie.

Brassens fit par ailleurs volontiers allusion aux personnages de la mythologie dans son œuvre. On connaît notamment cet extrait de la chanson *Les Copains d'abord* :

> « C'étaient pas des amis de lux',
> Des petits Castor et Pollux... »

Castor et Pollux sont ici cités comme un exemple de couple inséparable. Ils sont en réalité le symbole même de la fraternité. Castor et Pollux étaient les enfants de Léda, qui avait connu une bien curieuse aventure. Elle était mariée au roi Tyndare quand Zeus tomba amoureux d'elle. Pour la séduire, il se transforma en cygne et se laissa cajoler... au point que Léda tomba enceinte. Quelque temps après, elle mit au monde... deux œufs. Dans l'un se trouvaient les enfants de son époux légitime Tyndare, donc de simples mortels : une fille, Clytemnestre, et un garçon, Castor ; dans l'autre, les enfants nés de l'union avec Zeus : la belle Hélène qui sera la cause de la guerre de Troie et son frère Pollux. Pollux était immortel, mais ce n'était pas le cas de Castor. Cependant, leur entente était si parfaite qu'on les appelait les Dioscures, c'est-à-dire les fils de Zeus. Sans jouer de rôle primordial, ils participèrent à de nombreuses aventures, comme l'expédition des Argonautes pour conquérir la Toison d'or, ce qui fit d'eux les dieux protecteurs des marins. Ils se montraient aussi très complémentaires : Castor dressait remarquablement les chevaux tandis que Pollux était un expert en pugilat (combat de boxeurs dans l'Antiquité, dont les mains étaient gantées de cuir et de plomb), et tous deux faisaient preuve d'un grand courage guerrier. Mais un jour, à la suite d'un combat, Castor fut mortellement blessé. Pollux, qui ne voulait pas être séparé de son frère, refusa l'immortalité à laquelle il était destiné. Zeus accorda alors aux jumeaux le droit de se partager l'immortalité : ils pouvaient passer ensemble six mois dans l'Olympe et six mois aux Enfers. Plus tard, ils constituèrent la constellation des Gémeaux. À travers eux étaient célébrés à la fois la force guerrière et l'amour fraternel.

Les exemples d'amitié indéfectible ne manquent pas dans la mythologie, mais ils sont souvent plus le fait de mortels que des dieux. Sans doute ces derniers sont-ils trop préoccupés de leur pouvoir et de leur personne et se font-ils davantage remarquer par leurs déchaînements de haine que par leurs démonstrations de sympathie.

Mais la mythologie présente aussi des personnages exceptionnels qui ne sont pas des dieux. On les appelle les héros. Les destins fabuleux de ces héros ne nous laissent pas indifférents, car nous y retrouvons certaines des préoccupations dues à notre condition humaine. Leurs aventures ont aussi fourni à la langue française de nombreuses images, expressions, métaphores, périphrases qui l'ont enrichie.

SECONDE PARTIE

Les héros

Un sosie
Un amphitryon
Fort comme Hercule
Herculéen
Hercule de foire
Un travail d'Hercule
Lion de Némée (constellation)
Hydre
Nettoyer les écuries d'Augias
Colonnes d'Hercule
Tunique de Nessus
Apothéose

Héraclès ◆ Hercule

Héros le plus populaire de la mythologie gréco-romaine, Héraclès a pour père Zeus, mais il n'est pas le fils d'Héra, bien que son nom signifie littéralement « la gloire d'Héra ». En fait, il s'agit là d'un surnom attribué suite aux épreuves que lui fit subir cette cruelle belle-mère. Héra le poursuivit de sa haine, car il était le fruit d'une des multiples aventures extraconjugales de Zeus. Il survécut cependant et devint un héros en s'illustrant dans des aventures plus extraordinaires les unes que les autres.

Les origines d'Héraclès sont racontées avec humour dans une comédie de l'auteur romain Plaute, *Amphitryon*. Jupiter était tombé amoureux de la jolie Alcmène. Son charme seul n'aurait pas suffi à lui attirer les bonnes grâces de la jeune femme : Alcmène était une épouse fidèle à son mari, le roi de Thèbes Amphitryon. Le dieu, expert en métamorphoses, n'eut aucun mal à prendre l'apparence du roi qui était parti guerroyer. Pour rendre la transformation encore plus parfaite, il demanda à son fils Mercure de se changer en Sosie, le fidèle serviteur d'Amphitryon. Alcmène crut ainsi se consacrer au devoir conjugal, mais le retour inopiné de son véritable mari compliqua l'affaire. Le serviteur, devançant son maître, se trouva nez à nez avec Mercure. L'esclave dont on avait pris l'apparence a donné son nom au terme *sosie* qui qualifie une « personne qui ressemble fort à une autre ». Mercure réussit à gagner du temps en affirmant être bel et bien Sosie et en chassant le vrai serviteur. Celui-ci alla tout raconter à son maître, qui découvrit qu'on avait usurpé son identité et fut près d'accuser sa femme d'adultère. Mais Jupiter en personne finit par intervenir. Il dévoila la supercherie et annonça qu'Alcmène mettrait au monde des jumeaux : l'un d'entre eux serait le fils d'Amphitryon, Iphiclès, le second serait le fils du dieu (nommé à l'origine Alcide, futur Héraclès), mais, par ses exploits, il servirait la gloire de son père putatif. Cette histoire et ses quiproquos fournirent un sujet de prédilection à de nombreux auteurs. Dans sa comédie écrite en 1668, Molière mit en scène un faux Amphitryon qui invite ses invités à un somptueux festin. Grâce à cette scène devenue célèbre, le nom **amphitryon** a fini par désigner en français « l'hôte qui offre le repas » et non un mari trompé, comme on aurait pu s'y attendre.

Dès son plus jeune âge, le petit Alcide manifesta une force surhumaine qui lui fut bien utile. Héra, sa belle-mère, tenta de le tuer en déposant dans sa chambre d'enfant deux énormes serpents. Alors que son frère jumeau, simple humain, se contentait de hurler de terreur, le futur Hercule attrapa un serpent dans chaque main et réussit à étouffer les cruels reptiles. Par la suite, cette force ne se démentira pas et lui sera d'une grande aide dans les épreuves qu'il devra subir. Il n'est donc pas étonnant que l'on utilise la comparaison **fort comme Hercule,** et qu'un « homme particulièrement musclé » soit qualifié d'**herculéen.** Une telle puissance peut donner lieu à un spectacle : c'est pourquoi, avec une certaine ironie, on appelle **hercule de foire** l'« artiste » qui fait des démonstrations de sa force.

Malheureusement pour ses victimes, Hercule n'utilisa pas toujours sa robustesse et sa vigueur à bon escient. Dans un accès de colère, il tua un jour son professeur avec la lyre dont il essayait vainement de jouer. Mais à dix-huit ans, il réussit son premier exploit. Il tua un fauve cruel et jusque-là invincible, qui massacrait les troupeaux d'Amphitryon : le lion du Cithéron. Il combattit ensuite vaillamment les ennemis de son prétendu père dans une guerre que les Thébains remportèrent grâce à son courage. Amphitryon mourut et Créon, son successeur, offrit sa fille Mégara en mariage au héros. Tous deux eurent plusieurs enfants. Mais Héra n'avait pas renoncé à sa vengeance. Elle rendit Hercule fou et, dans un accès de démence, ce dernier massacra ses enfants et, selon certaines versions, sa femme. Il lui fallait désormais expier ses crimes. Il abandonna le nom d'Alcide pour celui d'Héraclès et manifesta ainsi sa soumission à la déesse. Héra avait prévu un châtiment : Héraclès devint l'esclave de son cousin Eurysthée, roi de Mycènes et de Tirynthe, qui, suivant les ordres de la déesse, lui imposa les épreuves plus connues sous le nom de « douze travaux d'Hercule ». Aujourd'hui un **travail d'Hercule** désigne une « mission particulièrement difficile à accomplir, qui demande une force et une ténacité surhumaines ».

L'ordre de ces douze travaux est parfois variable. On s'accorde cependant à reconnaître que la première épreuve consista à tuer le **lion de Némée.** La peau de cette bête féroce avait la particularité d'être si résistante qu'aucune arme ne pouvait la transpercer. Héraclès parvint à étouffer le fauve dans ses bras. Avec la peau de l'animal, il se fit une sorte de manteau qui le rendait invulnérable et se servit de la tête du lion comme couvre-chef. C'est ce que l'on appelle la léontée, attribut caractéristique de notre héros. Ce lion serait aussi à l'origine de la Constellation du Lion, une constellation de l'été.

Héraclès dut ensuite s'attaquer à l'Hydre de Lerne, créature au corps de chien et à neuf têtes dont l'une était immortelle. Si l'on s'avisait de couper une de ces têtes, elle était immédiatement remplacée par une autre. Cette capacité à se régénérer a inspiré les zoologistes et les linguistes : une **hydre** est aujourd'hui un genre de « petit serpent d'eau dont les parties coupées peuvent se renouveler », et, au sens figuré, ce même terme désigne un « mal qui s'accroît au fur et à mesure qu'on essaie de le détruire ». Pour en venir à bout, Héraclès dut faire appel à son neveu Iolaos. À chaque tête tranchée, Iolaos mettait le feu à l'endroit de la blessure pour empêcher qu'elle ne repousse. Puis notre héros coupa la tête immortelle et l'enterra.

La troisième épreuve consista à attraper vivant le sanglier d'Érymanthe qui dévastait les forêts d'Arcadie. Puis Héraclès dut capturer un autre animal : la biche de Cérynie, aux cornes d'or et aux pieds d'airain. Il en vint à bout au terme d'une course-poursuite qui dura un an. Il lui fallut ensuite tuer les oiseaux du lac Stymphale, d'affreux volatiles dont le plumage était constitué de lames effilées et tranchantes qui blessaient mortellement ceux qui s'en approchaient. Eurysthée exigea ensuite de son cousin qu'il nettoyât en une seule journée les écuries d'Augias. Augias, fils du Soleil avait hérité de son père d'énormes troupeaux. Il les avait laissés à l'abandon durant des années dans des écuries qui n'étaient jamais entretenues, et une quantité phénoménale de fumier s'y était accumulée. Aux grands maux, les grands remèdes : pour réussir ce défi, Héraclès dévia le cours de deux fleuves voisins, l'Alphée et le Pénée, et les fit passer à travers les fameuses écuries. Les eaux emportèrent tout sur leur passage. Cette image a frappé les esprits puisque l'on utilise l'expression **nettoyer les écuries d'Augias** pour signifier que l'« on a mis fin de manière radicale à un problème ou une situation génante ».

Le septième travail fut rondement mené : il s'agissait de capturer le taureau fou qui avait ravagé la Crète. Héraclès réussit à le dompter et le ramena à Eurysthée en l'emportant sur son dos à travers la mer.

L'exploit suivant consista à maîtriser les juments de Diomède, un roi cruel de Thrace qui capturait les étrangers et nourrissait de leur chair ses chevaux. Hercule tua Diomède et le servit en repas aux juments qui furent aussitôt domptées.

Puis Héraclès partit au pays des Amazones (voir le chapitre sur Arès) pour en rapporter la magnifique ceinture d'Hippolyte, la reine de ces femmes guerrières.

Pour son dixième travail, Héraclès dut ramener à Eurysthée les bœufs de Géryon, guerrier monstrueux à trois corps qui possédait d'immenses troupeaux à l'extrême ouest du monde alors connu. Accompagné de son neveu Iolaos, notre héros fit route par l'Afrique du Nord puis passa par un détroit, se frayant un chemin après avoir repoussé les monts de Calpé et d'Abyla. Ce passage que l'on appelait les **Colonnes d'Hercule,** est désigné aujourd'hui sous le nom de « détroit de Gibraltar ». Héraclès finit par trouver les troupeaux, massacra les monstres qui les gardaient et, après de multiples aventures, il ramena les bœufs à Eurysthée.

Rapporter trois pommes d'or du jardin des Hespérides : telle fut la nouvelle mission imposée à Héraclès. Ces pommes d'or étaient gardées dans un magnifique jardin où seul le géant Atlas avait le droit d'entrer. Finalement, quand Héraclès trouva Atlas, il était toujours occupé à soutenir la voûte céleste sur ses épaules : c'était là son châtiment éternel. Il ne pouvait aider le fils de Zeus que si ce dernier le remplaçait dans cette tâche. Héraclès soutint donc la voûte céleste à la place d'Atlas qui partit cueillir les fruits promis. Mais à son retour, le géant n'avait plus du tout l'intention de supporter à nouveau une telle charge. Hercule dut ruser et profiter d'une certaine naïveté d'Atlas pour lui remettre à jamais sur les épaules son lourd fardeau.

Le dernier travail imposé à Héraclès consista à descendre aux Enfers pour s'emparer du célèbre gardien des lieux, Cerbère. Aidé d'Hermès et d'Athéna, il obtint d'Hadès l'autorisation de ramener Cerbère sur terre s'il arrivait à le battre à mains nues. Il réussit, bien entendu, cet exploit et présenta le monstre à Eurysthée, terrifié.

Au terme de ces différentes épreuves, Héraclès était purifié de ses crimes. Mais il commit encore d'autres « erreurs » et se retrouva esclave de la reine de Lydie, Omphale. Les poètes latins racontent que, Hercule, éperdument amoureux de la reine, perdit alors toute trace de dignité virile et accepta de filer au rouet, aux pieds de la belle Omphale, comme s'il était une femme. Par la suite, il participa à la fameuse expédition des Argonautes pour tenter de conquérir la Toison d'or et joua un rôle primordial auprès des dieux dans leur lutte contre les Géants.

On pouvait espérer pour notre héros une fin de vie paisible après tous ces exploits. Ce ne fut pas le cas. Héraclès se maria avec Déjanire, fille du roi de Calydon. Mais sa maladresse ou son impétuosité lui firent tuer involontairement un parent du roi. Il dut de nouveau s'exiler, avec son épouse. En chemin, il leur fallut traverser un fleuve. Le centaure Nessus proposa son aide à Déjanire. Mais il voulut profiter de la situation pour violenter la jeune femme. Héraclès, furieux, lui décocha une flèche qui le blessa mortellement. Avant de mourir, Nessus conseilla à Déjanire de recueillir un peu de son sang : il était censé contenir un charme qui ramènerait à la fidélité son époux si un jour il « s'écartait du droit chemin ». Quand, quelque temps plus tard, Héraclès tomba amoureux de la jeune et belle Iole, Déjanire appliqua le sang de Nessus sur la tunique de son mari. Or il s'agissait, bien évidemment, d'un poison. Dès qu'il eut revêtu son vêtement, Héraclès fut pris de douleurs atroces : la tunique se collait à sa peau et la brûlait. Aujourd'hui, l'expression une « **tunique de Nessus** » évoque un « cadeau empoisonné » ou une « contrainte morale douloureuse dont on ne peut se débarrasser ». Seule la mort pouvait soulager le malheureux Héraclès. À sa demande, on alluma un grand bûcher dans lequel il se jeta. Mais alors qu'il allait succomber comme un mortel ordinaire, Zeus ordonna qu'il soit accueilli dans l'Olympe. Le ciel s'ouvrit et le char de la grande déesse Athéna vint enlever ce héros. Il put alors se réconcilier avec Héra et vivre en paix au milieu des dieux : ce qu'on appelait l'« apothéose », mot à mot la mise au rang des dieux. Dans l'Antiquité, l'apothéose était considérée comme le destin idéal, et nombreux seraient les empereurs romains qui auraient connu ce sort. Aujourd'hui, **l'apothéose** garde surtout le sens d'« honneur suprême décerné par l'opinion publique », mais aussi, plus largement, d'un « épanouissement absolu », et les dieux n'y jouent plus aucun rôle.

Hercule est donc un héros qui aura réussi les missions les plus périlleuses mais n'aura pas accompli celle qui, pourtant, semble à la portée de la plupart des mortels : vivre une vie de famille sans heurt ! Sa popularité n'est pas due qu'à ses exploits : ses échecs et ses imperfections l'ont rendu tout aussi célèbre.

Lit de Procuste
Complexe de Médée
Labyrinthe
Dédale
Fil d'Ariane
Mer Icarienne
Icare
Ariane
Mer Égée

Thésée

Légendaire roi d'Athènes, Thésée est le héros d'une série d'aventures riches en rebondissements qui l'ont rendu très célèbre. Il côtoya durant sa vie de nombreux personnages mythologiques et d'autres héros, comme Héraclès, qu'il admirait et dont il devint l'ami. Il n'avait ni sa force surhumaine, ni ses origines divines, mais l'audace, la ruse et le courage dont il fit preuve le virent triompher de bien des obstacles.

Sa personnalité extraordinaire a pu faire croire qu'il était d'ascendance divine : on le disait parfois fils de Poséidon. Mais la tradition la plus répandue lui donnait pour père Égée, le roi d'Athènes, et pour mère Aethra, fille de Pitthée, roi de Trézène, en Argolide. Égée était alors aux prises avec cinquante de ses cousins, les Pallantides, qui convoitaient son trône. Quand il sut qu'Aethra était enceinte, il voulut protéger son enfant : il demanda qu'il soit élevé à Trézène et cacha sous une lourde roche son épée et ses sandales. Il recommanda à Aethra de ne révéler à leur fils ses véritables origines que lorsqu'il serait assez fort pour s'emparer de ces objets. Puis Égée repartit pour Athènes.

L'enfant fut donc élevé à la cour de Pitthée. Bientôt, il devint un adolescent si robuste qu'il n'eut aucune peine à soulever la pierre pour récupérer ce que lui avait laissé son père. Sa destinée était donc de rejoindre Égée à Athènes. Un long voyage l'attendait s'il passait par les terres. De plus, les chemins étaient infestés de bandits tous plus redoutables les uns que les autres. Ces derniers tuaient les voyageurs après leur avoir fait subir des tortures effroyables. Sa mère et son grand-père lui conseillèrent de passer par la mer, mais Thésée avait pour modèle Héraclès et comptait bien imiter ses exploits.

Thésée se mit en route. Le même scénario se répétait à chaque fois. Thésée faisait subir au bandit le supplice que celui-ci infligeait d'ordinaire à ses victimes. C'est ainsi que le brigand Sinis, qui tuait les passants en les attachant au sommet de deux pins courbés jusqu'à terre puis brusquement relâchés, finit à son tour écartelé de la même façon. Parmi ces bandits, Procuste est resté dans les mémoires pour sa cruauté. Il trompait les voyageurs par son hospitalité, puis les attachait de force sur un lit. Si le lit était trop court, il leur coupait les jambes. S'il était trop long, il étirait leurs membres jusqu'à ce que mort s'ensuive. De nos jours, on peut qualifier de **lit de Procuste** des « règles particulièrement contraignantes qui empêchent toute liberté d'action ou de création ». On utilise également cette locution quand on estime qu'une œuvre ou une idée ont été vidées de leur substance en étant privées de leur caractère original. Comme pour les précédents,

Thésée infligea au brigand la torture qu'il faisait subir aux autres et mit fin à ses jours en lui coupant la tête.

Le jeune homme dut se présenter à Athènes sans révéler son identité. En effet, Égée l'aurait accueilli avec plaisir, mais ce n'était pas le cas de sa nouvelle femme, la terrible Médée. Cette magicienne avait déjà causé le malheur de Jason, son premier époux, en tuant par jalousie les enfants qu'elle lui avait donnés. Elle n'avait pas hésité auparavant à faire périr son frère et tous ceux qui pouvaient l'empêcher de parvenir à ses fins. Son nom est surtout resté dans les mémoires comme le synonyme de « mère infanticide » et ses méfaits ont inspiré les artistes depuis l'Antiquité jusqu'à nos jours : auteurs antiques ou modernes, peintres comme Delacroix, cinéastes comme Pasolini... Les psychanalystes parlent même de **complexe de Médée** pour évoquer les femmes qui, pour punir leur mari, s'en prennent à leurs enfants. Médée tenta d'empoisonner Thésée. Mais Égée ne tarda pas à le reconnaître comme son héritier légitime, et Médée dut s'exiler.

Les retrouvailles allaient être de courte durée. Thésée se porta en effet volontaire pour partir en Crète. Il avait appris que, régulièrement, sept jeunes gens et sept jeunes filles d'Athènes devaient être livrés en pâture au Minotaure qui vivait sur cette île. Ainsi en avait décidé Minos, le roi de Crète, qui se vengeait de cette façon de la mort d'un de ses fils survenue à Athènes. L'origine du Minotaure mérite d'être contée. Des années plus tôt, Minos avait commis l'erreur de ne pas sacrifier à Poséidon un magnifique taureau qui lui avait pourtant été envoyé à cet effet. Pour se venger, le dieu de la Mer rendit la femme de Minos, Pasiphaé, folle amoureuse du taureau. Elle séduisit l'animal en se déguisant en vache et de leur union naquit un être qui possédait un corps d'homme et une tête de taureau. On l'appela le Minotaure, c'est-à-dire le taureau de Minos. Le roi était contraint de garder ce monstre sur son île. Pour pouvoir l'enfermer, il demanda l'aide d'un architecte génial, Dédale. Celui-ci conçut le Labyrinthe, édifice complexe dont il était en principe impossible de retrouver l'issue. Le mot **labyrinthe** est toujours utilisé en français pour désigner un « lieu dans lequel il est difficile de s'orienter ». Mais il est aussi employé au sens figuré pour évoquer une « situation compliquée » ou des « difficultés dont on a peine à se sortir ». Parfois, ce mot est remplacé par celui de **dédale**, le nom de son créateur, utilisé alors comme nom commun pour qualifier aussi bien des « rues tortueuses » que des « embarras intellectuels ».

Les jeunes gens sacrifiés se perdaient dans le Labyrinthe et finissaient tôt ou tard par rencontrer le monstre qui mettait fin à leurs jours. Pour pouvoir tuer le Minotaure, Thésée devait donc trouver le moyen de sortir à coup sûr de cet enclos. Son charme avait opéré sur Ariane, la fille de Minos : elle ne voulait pas laisser périr un si beau jeune homme ! Elle s'enquit auprès de Dédale d'un moyen pour sauver celui dont elle était tombée amoureuse.

Il lui conseilla de confier à Thésée une pelote de fil qu'il déroulerait au fur et à mesure de sa progression dans le Labyrinthe. Une fois le Minotaure tué, il n'aurait plus qu'à suivre le fil pour retrouver la sortie. C'est bien sûr de cette aventure que nous vient l'expression **le fil d'Ariane**, autre manière de nommer « ce qui nous guide vers la solution dans une situation compliquée », ou encore le « fil conducteur d'un raisonnement ou d'une pensée tortueux ».

Thésée rejoignit Ariane hors du Labyrinthe. Il promit à la jeune fille de l'épouser à Athènes et embarqua avec elle sur son navire.

Quand Minos comprit ce qui s'était passé, il entra dans une fureur effroyable. Voulant punir Dédale, il l'enferma avec son fils Icare au cœur du Labyrinthe, prison à ciel ouvert dont même le concepteur ne connaissait pas les plans. C'est alors que Dédale eut l'idée de leur confectionner des ailes en collant des plumes avec de la cire. Ainsi équipés, ils prirent tous deux leur envol, mais grisé par ce pouvoir et négligeant les avertissements de son père, Icare s'approcha trop près du soleil. La cire fondit, les ailes se décomposèrent, et Icare fut précipité dans la mer sous les yeux de Dédale. Cette partie de la mer fut désormais appelée la **mer Icarienne.** Quant à Icare lui-même, il est devenu le symbole des personnes trop téméraires puisqu'il a négligé les conseils paternels pour satisfaire sa curiosité. Ainsi dans son film *I comme Icare*, Henri Verneuil met en scène le sort tragique d'un homme qui s'est trop approché de la vérité.

Pendant ce temps, Thésée et Ariane retournaient donc vers Athènes. Au cours du voyage, ils firent une escale sur l'île de Naxos. Les avis divergent sur ce qui se passa alors : Ariane était-elle malade ? Thésée voulut-il se débarrasser d'elle ? Toujours est-il qu'il repartit vers l'Attique sans emmener la jeune fille. Cela explique que le nom d'**Ariane** devint un synonyme de « femme abandonnée ». Mais que les âmes sensibles se rassurent : la tradition la plus courante raconte qu'elle fut retrouvée par le dieu Dionysos, qui devint son époux et la rendit immortelle. De plus, les scientifiques européens lui ont rendu hommage puisqu'on a baptisé de son nom la première fusée européenne : le souvenir de son rôle de guide a donc fini par l'emporter sur son humiliant abandon.

Le sort allait se charger de venger Ariane en punissant Thésée. Quand ce dernier avait quitté Athènes pour la Crète, son père lui avait demandé que soit hissée sur son bateau une voile noire, en signe de deuil. Cette voile devait être remplacée par une voile blanche si Thésée revenait vainqueur. Hélas, Thésée oublia la consigne ou laissa la voile noire à cause de l'absence d'Ariane. Quand Égée vit le navire arriver, désespéré, il se suicida en se jetant dans la mer. C'est pourquoi on appela cette mer intérieure du bassin méditerranéen la **mer Égée**.

Thésée est un héros si présent dans les mémoires des Grecs qu'il fait à la fois partie de leur mythologie et de leur histoire. Or, il est avant tout un homme qui fut longtemps favorisé par les dieux, au point de finir par croire qu'il était digne d'eux. Mais la fin de sa vie lui a fait retrouver la tristesse de sa condition de mortel.

Laïus
Œdème
Un sphinx
Complexe d'Œdipe
Complexe d'Électre
Complexe de Jocaste
Une Antigone

Œdipe

Dans la mythologie gréco-romaine, nombreux sont les personnages qui paient un lourd tribut pour une faute qu'ils ont commise involontairement ou imputable à un membre de leur famille.

Œdipe incarne cette fatalité : son sort était décidé dès sa naissance ; rien, pas même sa volonté, n'a pu empêcher son destin de s'accomplir, et le malheur s'est abattu inéluctablement sur ses descendants.

Tous ces éléments ont fait de l'histoire d'Œdipe l'un des mythes les plus célèbres de l'Antiquité qui continue de fasciner à travers les siècles.

Le crime à l'origine de cette malédiction fut commis par Laïos. Laïos aurait dû être le souverain de Thèbes mais il était en exil à la cour du roi Pélops. Faisant fi des lois de l'hospitalité, il enleva Chrysippe, le fils de Pélops, dont il était tombé amoureux et le viola. Humilié, le jeune homme se suicida, mais sa mort n'allait pas rester impunie. Quelque temps plus tard, Laïos regagna Thèbes. Il épousa la jeune Jocaste, espérant qu'elle lui donnerait bientôt un héritier. Mais l'oracle consulté à Delphes fut formel : le fils engendré par Laïos tuerait son père et épouserait sa mère. Le roi de Thèbes s'interdit donc toute relation sexuelle avec sa femme, jusqu'au jour où, poussé par l'ivresse, il lui rendit visite et conçut celui qui allait causer leur malheur. Quelles pouvaient être les pensées de son père à la naissance de son enfant ? Il est bien difficile de le dire... Et pourtant, en 1804, on demanda aux élèves de Polytechnique de rédiger le discours qu'aurait pu prononcer Laïos ou plutôt Laïus, son nom en latin. Ce sujet ne suscita guère l'enthousiasme : que dire, si ce n'est des évidences ou des banalités ? C'est ainsi que l'on finit par appeler **laïus** un « discours long et verbeux, le plus souvent bien peu passionnant ».

Comme la tradition l'y autorisait, Laïos « exposa » l'enfant : il ordonna à un serviteur de l'abandonner sur une colline de Thèbes, le mont Cithéron. Pour qu'il ait moins de chance de survivre, il lui perça les pieds et le suspendit à un arbre. Mais l'enfant fut trouvé par un berger qui le recueillit. Le roi Polybe et la reine Méropé, qui régnaient sur Corinthe, n'avaient pas d'enfant. Ils adoptèrent le bébé, qu'ils appelèrent Œdipe, ce qui signifie « les pieds enflés », à cause de sa blessure. Ce nom est composé des mots grecs *pous*, le pied, et *oidéo* qui signifie gonfler. La racine de ce verbe a donné en français le nom *œdème*, mot savant pour désigner une « enflure », un « gonflement pathologique des tissus ou de certains organes ».

Œdipe, devenu jeune homme, consulta à son tour l'oracle de Delphes. Il apprit alors avec horreur le destin criminel auquel il était condamné. Si les dieux pouvaient commettre le parricide et l'inceste sans que leur dignité en souffrît, ces actes étaient considérés comme les plus honteux des crimes chez les hommes. Œdipe mit tout en œuvre pour échapper à son sort. Il quitta Corinthe afin de protéger ceux qu'il croyait être ses parents et partit à l'aventure. En chemin, il rencontra un vieillard irascible, suivi d'une petite escorte. C'était Laïos, qui, se sentant en danger, était en route pour consulter l'oracle à Delphes. Une altercation éclata et Œdipe, sous le coup de la colère, tua le vieil homme et plusieurs de ses gardes du corps. Un seul homme en réchappa. Quant à Œdipe, il ne se doutait pas que la moitié de la prophétie s'était réalisée…

La mort de Laïos laissa le trône de Thèbes vacant. Créon, le frère de Jocaste, prit la régence. Le pays était alors menacé par un monstre terrible que l'on appelait la Sphinge, au corps de lion, aux ailes d'aigle, au buste et à la tête de femme. Cette abominable créature arrêtait les voyageurs qui se dirigeaient vers la cité. Elle leur promettait de les relâcher s'ils parvenaient à trouver la réponse à l'énigme qu'elle leur proposait, sans quoi elle les dévorait. Bientôt Thèbes se retrouva en état de siège, la famine menaçant. Créon proclama alors qu'on accorderait le trône de Thèbes et la main de la reine Jocaste à celui qui saurait vaincre la Sphinge. Œdipe décida de relever ce défi et se présenta devant le monstre. Le caractère étrange de cet être et sa ressemblance avec le Sphinx d'Égypte, qui possède lui aussi une tête humaine et un corps de lion, ont fait que les expressions nées de cette aventure font référence au nom masculin. Un **sphinx** désigne une « personne énigmatique, mystérieuse, aux pensées impénétrables », dans des expressions telles que « un air de sphinx », « muet comme un sphinx », « immobile comme un sphinx »... Ce nom a été donné également à une espèce de papillons de nuit, de grande taille, pourvus d'un corps épais. Certains sont réputés malfaisants : mystères et maléfices semblent aller de pair.

La Sphinge posa à Œdipe une énigme devenue célèbre : « Quel est l'animal qui a quatre pieds le matin, deux à midi et trois le soir ? » Œdipe lui répondit sans hésiter : « C'est l'homme. » En effet, un bébé au matin de sa vie marche à quatre pattes, un homme en pleine force de l'âge se sert de ses deux jambes, alors qu'un vieillard, au soir de son existence, a besoin d'un appui, bâton ou canne, pour se déplacer. Vaincue, la Sphinge se précipita du haut du rocher où elle se tenait et mourut.

Œdipe entra dans Thèbes en vainqueur. Il devint le roi de la cité et l'époux de Jocaste. Sans le savoir, il commettait l'inceste, deuxième partie de la malédiction.

Œdipe et Jocaste eurent quatre enfants : deux fils, Étéocle et Polynice, et deux filles, Antigone et Ismène. Involontairement, notre héros était allé jusqu'au bout de ce que les psychanalystes ont appelé beaucoup plus tard le **complexe d'Œdipe.** D'après les théories de Sigmund Freud, les jeunes garçons connaissent en effet, au cours de leur développement, une période durant laquelle ils éprouvent une attirance sexuelle à l'égard de leur mère. Leur père est alors considéré comme un rival qu'ils souhaitent plus ou moins consciemment éliminer. Avec le temps, l'impossibilité de l'amour sous cette forme s'impose et ce désir a en principe disparu au moment de la puberté. Le même genre de complexe peut se manifester chez les petites filles. Le psychanalyste Carl Jung lui donne alors le nom de **complexe d'Électre.** Électre était la fille du roi Agamemnon qui fut assassiné par son épouse Clytemnestre. Électre vengea son père bien-aimé en incitant son jeune frère Oreste à tuer leur mère : la haine à l'égard de la mère est ici bien manifeste, mais le désir à l'égard du père est moins évident. Plus récemment, on a évoqué l'existence d'un **complexe de Jocaste** rencontré chez des mères abusives qui éprouvent le besoin de contrôler jusqu'à la sexualité de leurs propres enfants.

« Après des années d'un règne apparemment heureux, Thèbes fut endeuillée par une terrible peste. L'oracle consulté fit savoir que la maladie cesserait lorsque la mort de Laïos serait vengée. Œdipe décida de mener l'enquête sans se douter qu'il était lui-même le meurtrier qu'il recherchait. Il voulut consulter Tirésias, l'homme aveuglé par Athéna, qui avait reçu de la déesse le don de la divination. Ce dernier, qui connaissait la vérité, tenta d'abord de se dérober mais, exaspéré par la violence et l'arrogance d'Œdipe à son égard, finit par lui révéler la vérité. Le roi de Thèbes refusa tout d'abord de le croire et le renvoya. Mais le doute s'insinuait progressivement dans son esprit. Bientôt survint un messager qui lui annonça la mort du roi de Corinthe ; or il lui révéla aussi qu'il n'était pas le fils de Polybe mais un enfant trouvé sur le Cithéron par un serviteur de Laïos. Ce dernier avoua que l'enfant qu'il avait sauvé était bien le fils de Laïos et de Jocaste. Il n'y avait désormais plus de doute possible : Œdipe était un parricide, un fils incestueux, et il n'avait rien vu. Pour se punir de cette cécité morale qu'il estimait coupable et ne plus voir le monde qui lui rappelait tant ses fautes, Œdipe se creva les yeux. Jocaste s'était suicidée peu après avoir réalisé la vérité. Leurs deux fils, Étéocle et Polynice, chassèrent Œdipe de la cité et prirent le pouvoir à sa place. Seule sa fille Antigone accepta de l'accompagner. Ils errèrent ensemble avant de trouver refuge dans la ville de Colone, près d'Athènes. Thésée les accueillit et rendit tous les honneurs funèbres à Œdipe quand il mourut.

Mais la malédiction ne prit pas fin avec lui. Quand Antigone revint à Thèbes, la cité venait de vivre un véritable chaos. Ses frères, qui étaient censés se partager le pouvoir, s'étaient livré une guerre sans merci, Étéocle ayant refusé de céder son trône au bout d'un an à Polynice, comme il devait le faire. Polynice avait levé une armée contre Thèbes pour reprendre le pouvoir. Les deux hommes avaient fini par s'entre-tuer. Créon, devenu roi, décréta qu'Étéocle aurait droit à des funérailles officielles tandis qu'il serait interdit, sous peine de mort, d'enterrer Polynice, qui avait trahi la cité. Sans sépulture, l'âme du défunt était condamnée à errer éternellement sans pouvoir rejoindre le royaume des morts. Alors qu'Ismène, sa sœur, acceptait la loi édictée par Créon, Antigone refusa de se soumettre, par amour pour son frère. Seule, elle décida de lui donner une sépulture symbolique et le recouvrit de quelques poignées de poussière. Cette opposition à l'ordre établi fit d'elle une héroïne : une **Antigone** reste aujourd'hui synonyme d'une « jeune femme courageuse qui n'hésite pas à s'opposer à la tyrannie au péril de sa vie ». Ce personnage a séduit les auteurs dramatiques, depuis Sophocle jusqu'à Jean Anouilh au XXe siècle. Elle fut d'abord célébrée pour son attachement aux valeurs familiales, avant d'être estimée pour son esprit de rébellion.

Antigone connut une fin tragique. Créon condamna à mort sa nièce. Son fils Hémon, fiancé à Antigone, mit alors fin à ses jours, et son épouse, la mère d'Hémon, se suicida à son tour. Créon continua de régner sur Thèbes et, d'après diverses traditions, il mourut assassiné.

Les malheurs d'Œdipe et de sa famille continuent d'exercer sur notre imaginaire une influence, en partie due à une sorte de fascination à l'égard du malheur. Mais ce mythe nous rappelle aussi que nous ne pouvons pas être entièrement les maîtres de notre destin, soumis à des forces qui nous dépassent, à des influences venues du monde extérieur… ou de notre propre inconscient.

Prométhéen
Un Prométhée
Se ronger le foie
Boîte de Pandore
Complexe de Prométhée

Prométhée

Ce personnage aurait pu avoir sa place parmi les dieux : il était le fils du Titan Japet, et, lors de la guerre qui opposa les Titans aux Olympiens, il prit fait et cause pour son cousin Zeus. Mais par la suite, il trahit les intérêts divins pour apporter son aide aux hommes : cela lui valut le titre de bienfaiteur de l'humanité mais aussi de graves conflits avec les divinités qui ne lui pardonnèrent pas facilement ses offenses. Prométhée a payé chèrement son audace et son amour des hommes : il est en cela plus proche d'un héros que d'un dieu.

Le nom de Prométhée signifie « celui qui réfléchit à l'avance ». Effectivement, il sut faire preuve de prévoyance quand il décida de s'allier aux dieux contre son père et ses oncles les Titans. Il était alors accompagné par un de ses frères, Épiméthée, dont le prénom signifie « celui qui réfléchit trop tard ». Les deux frères devaient répartir les dons de Zeus entre les diverses espèces vivant sur la terre. Épiméthée s'occupa d'abord des animaux auxquels il attribua toutes les qualités qu'il avait pu imaginer : la force, l'agilité, la robustesse, l'astuce… Mais quand vint le moment de doter les hommes, il ne restait plus grand-chose à leur donner. Nus et vulnérables, les êtres humains avaient peu de chance de survivre. C'est alors que Prométhée intervint. Il les modela à l'image des dieux en les faisant se tenir debout, il leur enseigna les arts et les artifices que lui avait transmis la déesse Athéna, et surtout il leur apprit à se servir du feu. Ces atouts leur permirent bientôt de dominer les autres créatures. L'adjectif **prométhéen,** directement issu de son nom, a certes le sens de « gigantesque » ou de « titanesque », puisque son père était un Titan ; mais ce terme qualifie aussi ce qui manifeste la confiance en la grandeur de l'homme, et le pouvoir de son action face à une adversité toute-puissante. On parle notamment d'**œuvres prométhéennes** pour des « réalisations ambitieuses », de « grands travaux effectués pour le bien de l'humanité, en dépit des obstacles de la nature ».

Par la suite, Prométhée continua à favoriser ses protégés et n'hésita pas à tromper les Olympiens pour y parvenir. Un jour, suite au sacrifice d'un taureau, il fut chargé de partager « équitablement » les restes de la bête entre les dieux et les hommes – les dieux estimant évidemment avoir droit à la meilleure part. Prométhée fit deux portions : l'une constituée des os de l'animal qu'il avait eu soin de recouvrir d'une graisse appétissante, l'autre, d'une apparence extérieure assez répugnante, mais dissimulant dans l'estomac du taureau ses chairs comestibles et sa peau. Zeus choisit la première part.

Dupé, le souverain des dieux résolut de se venger en punissant les humains. Il leur ôta le feu si indispensable à leur survie. Prométhée parvint à gagner l'Olympe et déroba une braise incandescente auprès du char enflammé du dieu Soleil. Il redescendit en échappant à la vigilance des dieux et réussit ainsi à rendre le feu aux hommes. Prométhée devint aux yeux de tous le « voleur de feu », celui qui avait osé défier les dieux pour le bonheur de l'humanité. C'est en souvenir de cet acte que l'on a parfois donné le nom de **Prométhée** à une personne qui « allume le feu » au sens propre comme au sens figuré : un chimiste ou un innovateur. On a aussi ajouté à l'adjectif **prométhéen** le sens d'« orgueilleux », puisque ce vol fut considéré comme une suprême audace qui se retourna contre son auteur.

En effet, Zeus voulut châtier de façon exemplaire celui qui l'avait trahi. Il le fit attacher nu à un rocher du Caucase et ordonna qu'un vautour (ou un aigle, son oiseau favori) vînt quotidiennement lui dévorer le foie. Or, le foie de Prométhée se régénérait, prolongeant indéfiniment cette torture. De là, est née l'expression **se ronger le foie (ou les foies)** ou plus familièrement **avoir les foies** qui signifie « se faire du souci ». Le supplice dura trente ans, jusqu'à la venue d'Héraclès, alors en quête d'un moyen pour récupérer les pommes du jardin des Hespérides. Héraclès tua le volatile, délivra le prisonnier et obtint enfin de son divin père la grâce de Prométhée.

Mais Zeus avait aussi voulu se venger des hommes. Prométhée, qui le redoutait, avait mis en garde son frère Épiméthée : sous aucun prétexte il ne devait accepter de cadeau du souverain des dieux. Mais en l'absence de Prométhée, Zeus conçut un plan diabolique : il créa la première femme en ordonnant à Héphaïstos de la façonner à l'image des déesses. Les Olympiens lui accordèrent toutes les qualités, ce qui explique son nom, Pandore, qui signifie « celle qui a tous les dons ». Par ailleurs, le dieu Hermès se chargea de son éducation : il en fit un être charmeur qui savait utiliser la parole pour tromper autrui. La jeune créature descendue sur terre n'eut aucun mal à séduire l'irréfléchi Épiméthée, qui en fit sa femme. Or il existait une jarre fermée dans laquelle étaient dissimulés tous les maux qui pouvaient s'abattre sur la terre : les maladies, les souffrances morales et physiques, la vieillesse, la mort. Selon les versions, cette jarre avait soit été confiée à la garde d'Épiméthée par Prométhée, soit donnée à Pandore par les dieux. Quoi qu'il en soit, il était interdit de l'ouvrir. Mais c'était sans compter la légendaire curiosité féminine ! L'épouse d'Épiméthée libéra de la jarre toutes les calamités qui y reposaient. Seule resta à l'intérieur l'espérance, considérée à la fois comme un bien et un mal : un bien car elle permet de ne pas s'abandonner au désespoir face au destin, un mal car elle est souvent trompeuse. Comme dans la Bible, la première femme est à l'origine de tous les malheurs de l'humanité : elle charme par ses atouts extérieurs et trompe sur sa véritable nature qui attire les catastrophes. On appelle ainsi une **boîte de Pandore** « un objet ou un concept qui paraît très séduisant mais dont on découvre plus tard les effets maléfiques ». **Ouvrir la boîte de Pandore** peut signifier « se comporter de manière irréfléchie », mais surtout « provoquer une série de maux terribles sans le vouloir, à la suite d'une manœuvre malheureuse, physique ou intellectuelle ». Depuis peu, il arrive que l'on donne de cette fameuse boîte une image moins négative : cela rejoint alors une autre version de l'histoire selon laquelle la jarre n'aurait pas été remplie de maux mais de tous les bienfaits que les hommes auraient dû conserver et qui se seraient définitivement échappés lors de son ouverture.

Jusqu'au bout, Prométhée chercha à protéger les hommes de la tyrannie ou de l'oppression de Zeus. De nombreuses associations ou techniques ont repris son nom : leur point commun est la quête d'un meilleur confort de vie ou d'un réseau de soutien. Son rôle de voleur de feu n'a pas été oublié puisque certains voient même en lui l'ancêtre des chauffagistes et qu'on a également baptisé Prométhée une banque de données sur les incendies de forêts. Ses ruses pour améliorer la vie des mortels ont été interprétées par certains psychanalystes comme une forme d'obsession : on parle de **complexe de Prométhée** « lorsqu'une personne semble assoiffée de connaissances nouvelles avec l'intention de faire mieux que ses prédécesseurs ». L'orgueil reste donc aussi indissociablement lié à son nom que les notions d'aide ou de prévoyance.

Certes, Prométhée n'était pas un homme. Cependant, malgré ses origines quasi divines et l'immortalité qu'il a acquise, il a combattu l'injustice des dieux par des méthodes toutes humaines : la ruse et la réflexion. Il a souffert comme un être humain lors du supplice qui lui fut infligé. Il a donc bien sa place parmi les héros, d'autant plus qu'il s'est battu pour le bien de l'humanité et non pour sa gloire personnelle.

Un combat homérique
Un rire homérique
Pomme de discorde
Le jugement de Pâris
Jouer les Cassandre
Le talon d'Achille
Le tendon d'Achille
Une Iphigénie
Une voix de stentor
Un myrmidon
Achillée (plante)
Se retirer sous sa tente
Une truie
Un cheval de Troie

La guerre de Troie

Quand, en 1935, à la veille de la Seconde Guerre mondiale, Jean Giraudoux écrivit la pièce intitulée *La guerre de Troie n'aura pas lieu*, il choisit un titre évocateur pour le plus grand nombre de spectateurs ou de lecteurs. Cette guerre légendaire est essentielle dans la culture gréco-romaine, et ses principaux épisodes sont illustres. Giraudoux faisait également allusion à l'imminence d'un nouveau conflit, inévitable, comme la guerre de Troie l'avait été en son temps.

En effet, tout était prévu de longue date pour que cette guerre éclate, si l'on en croit la légende. Celle-ci nous est en partie rapportée dans le poème l'*Iliade*, issu du nom Ilion qui désigne Troie. Traditionnellement cette œuvre est attribuée à Homère, que l'on représente comme un poète aveugle. Sa cécité est tout à fait symbolique : de cette façon, l'homme aurait ainsi été influencé non par une réalité qu'il ne pouvait voir mais directement inspiré par les dieux. Le style d'Homère l'a rendu célèbre. Aujourd'hui, l'adjectif **homérique** qualifie ce qui est « démesuré ou fabuleux », comme peuvent l'être les scènes qu'il raconte (des **combats homériques** par exemple). Mais on qualifie aussi d'**homérique** un rire peu discret, par allusion à une scène où Homère décrit l'hilarité des Olympiens provoquée par la gaucherie du dieu boiteux Héphaïstos.

Le talent et la réputation d'Homère ont pu faire croire que l'intégralité de la légende de la guerre de Troie se trouvait dans l'*Iliade :* or, ce poème n'en relate que certains épisodes. Pour reconstituer l'ensemble de cette histoire, il faut lire l'Odyssée, œuvre également attribuée à Homère, mais aussi les textes d'auteurs postérieurs comme ceux des tragiques grecs ou encore l'*Énéide*, de Virgile.

Tout commença le jour où la reine Hécube, alors enceinte de son époux Priam, le roi de Troie, rêva que l'enfant qu'elle allait mettre au monde se transformerait en torche et brûlerait toute la cité. Les devins interrogés prirent ce rêve pour une prémonition : l'enfant causerait la destruction de la cité. À sa naissance, le fils du couple royal, Pâris, fut donc confié à un berger qui avait pour ordre de l'abandonner en pleine nature. Mais l'homme apitoyé, éleva le bébé, qui grandit et devint pâtre à ses côtés. Puis furent célébrées les noces du roi Pélée avec Thétis. Bien que déesse, Thétis avait dû se résigner à épouser un mortel. Son destin la vouait en effet à devenir la mère d'un enfant qui serait plus puissant que son père. Avertis de cette fatalité, les dieux avaient renoncé à la prendre pour femme. Aux noces étaient conviés tous les dieux et déesses, sauf Éris, la déesse de la Discorde. Pour se venger, celle-ci envoya à l'assemblée une pomme d'or portant l'inscription « À la plus belle ». Bien entendu, nombreuses étaient les candidates à ce titre. Depuis, on appelle une **pomme de discorde** ce qui est la cause ou l'objet de désaccords voire de conflits.

Finalement, trois déesses se jugèrent dignes de posséder cette pomme : Athéna, Héra et Aphrodite. Parmi les invités, personne n'osa les départager. Zeus leur conseilla de se soumettre au jugement d'un mortel et désigna comme arbitre le jeune Pâris, qui était alors berger sur le mont Ida. Les trois déesses acceptèrent ce choix. Le jugement de Pâris a fait l'objet de nombreuses représentations dans l'art depuis l'Antiquité. L'expression même de **jugement de Pâris** est parfois utilisée pour des « concours où le choix est particulièrement difficile et où la décision finale peut entraîner de lourdes conséquences ».

Chaque déesse avait prévu d'influencer l'arbitre en lui faisant des propositions plus ou moins honnêtes. Athéna et Héra lui promirent secrètement, chacune à son tour, qu'il deviendrait un très puissant souverain s'il les choisissait. Quant à Aphrodite, elle se contenta de lui exposer sa beauté et de lui proposer l'amour de la plus belle femme du monde. Pâris n'hésita pas longtemps : il remit la pomme à Aphrodite, ce qui vexa terriblement ses deux rivales. Athéna et Héra devinrent ses ennemies jurées et elles témoignèrent à partir de ce jour leur hostilité aux Troyens, dont il était le représentant. Peu de temps après, Pâris découvrit ses véritables origines et revint à Troie. Curieusement, son père, Priam, avait oublié les sombres présages et accueillit avec joie son fils dans sa famille qui ne comptait pas moins de cinquante enfants. Parmi eux se trouvaient notamment Hector, le fils aîné, remarquable par sa sagesse et sa fidélité à son épouse, Andromaque, et Cassandre, dont Apollon était tombé amoureux. Pour s'attirer les faveurs de la jeune fille, le dieu lui avait donné le don de divination. Cassandre avait cependant continué de se refuser à lui. Apollon la punit en la condamnant à n'être jamais crue. Tout au long de l'histoire de Troie, la pauvre princesse tenta de prévenir son entourage des catastrophes qui l'attendaient… Jamais personne ne fit attention à ses prédictions même si par la suite elles étaient avérées. L'expression **jouer les Cassandre,** directement issue de son histoire, témoigne aussi d'un certain mépris à l'égard de la jeune fille, car elle désigne de façon un peu goguenarde des personnes qui ne savent prédire que le pire…

Bien qu'Hector fût l'héritier du roi de Troie et l'habitué des missions diplomatiques, Priam choisit d'envoyer Pâris en ambassade à Sparte. Le nouveau prince troyen y fit la fatale rencontre de la belle Hélène, l'épouse de Ménélas, le roi de Sparte. Sa beauté était légendaire et la perspective de son mariage avait failli déclencher une guerre fratricide entre les princes des cités grecques. Son véritable père était Zeus, mais elle fut élevée par Tyndare, l'époux de sa mère, Léda. Pour éviter un massacre, Tyndare demanda à tous les prétendants d'Hélène de prêter serment : ils devaient jurer de respecter le mari qu'elle choisirait et de combattre avec lui quiconque enlèverait la belle à son époux. Tous se soumirent. Hélène choisit Ménélas. Les autres prétendants, déçus, durent repartir.

Hélène fut-elle consentante ou a-t-elle été enlevée par Pâris contre son gré ? Toujours est-il qu'elle fut accueillie à Troie comme un nouveau membre de la famille malgré les vains avertissements de Cassandre. À Sparte, Ménélas, bafoué et furieux, battit le rappel des prétendants. Parmi eux se trouvaient son propre frère Agamemnon, roi de Mycènes qui avait fini par épouser Clytemnestre, la demi-sœur d'Hélène, mais aussi Ulysse, le roi d'Ithaque, célèbre pour sa ruse. Après avoir tenté d'épouser Hélène, il avait trouvé son bonheur auprès de la sage Pénélope, qui lui avait donné un fils, Télémaque. Quand on vint le chercher pour lui rappeler son serment, il n'avait aucune envie de partir de chez lui. Et pour éviter d'être mêlé à cette guerre, il fit semblant d'être devenu fou : les envoyés de Ménélas le trouvèrent en train de labourer des champs en tous sens en y semant du sel. L'un d'entre eux eut alors l'idée de placer devant le passage de la charrue le petit Télémaque qui n'était alors qu'un bébé. Ulysse s'arrêta et prit son fils dans ses bras. Il se trahit ainsi et fut contraint de rejoindre les autres prétendants auprès de Ménélas. Son absence loin des siens allait durer vingt longues années…

Avant d'engager le combat, les Grecs essayèrent de régler l'affaire à l'amiable. Ulysse fut envoyé en ambassade à Troie pour demander qu'Hélène soit rendue à son époux. Mais les Troyens, qui considéraient la jeune femme comme une sorte de trophée, refusèrent toute négociation. Le conflit était inévitable.

Aux prétendants d'Hélène se joignirent plusieurs héros, tel Achille, le fils né de l'union de Thétis et de Pélée. Thétis regrettait que son fils ne soit qu'un simple mortel, même s'il était destiné à être plus puissant que son père. Elle tenta de le rendre immortel en le plongeant entièrement dans le Styx. Toutes les parties de son corps immergées dans les eaux de ce fleuve des Enfers devinrent alors invulnérables. Seul le talon, par lequel elle tenait l'enfant, ne fut pas mouillé : c'est là que se trouvait l'unique faiblesse du futur héros. Cette légende nous a donné la célèbre expression **le talon d'Achille,** qui désigne « le point sensible ou le défaut d'une personne ou d'un objet en apparence parfaits ». Par extension, on a donné le nom de **tendon d'Achille** au tendon calcanéen, qui est le plus gros du corps humain et que l'on trouve à l'arrière de la cheville, sous le mollet. Il semblerait que cela soit bien un point particulièrement fragile, car nombreux sont les sportifs qui ont souffert d'une rupture de ce tendon et de ses conséquences.

Malgré les efforts de sa mère, Achille n'était donc pas devenu immortel. Il eut cependant droit à une éducation exceptionnelle dispensée par le sage centaure Chiron, et il développa des qualités de guerrier puissant et rapide. Quand sa mère lui fit savoir qu'il avait le choix entre une vie courte et brillante ou une vie longue mais obscure, il choisit sans hésiter la première voie. Thétis savait que son fils était destiné à mourir au cours de la guerre, et voulut tout tenter pour qu'il échappe à son destin. Elle demanda au roi de Skyros, Lycomède, de garder Achille déguisé en femme parmi ses cinquante filles afin qu'il ne puisse pas être découvert par les envoyés de Ménélas. Ulysse fut chargé de le retrouver. Il se présenta à la cour de Lycomède déguisé en marchand qui proposait des tissus et des bijoux d'une part, et des armes d'autre part. Les princesses se précipitèrent sur les colifichets, et la seule « jeune femme » qui s'intéressa aux armes se révéla bien sûr être Achille. Ulysse obtint sans difficulté l'accord d'Achille, qui était très impatient de pouvoir enfin participer à une guerre digne de lui.

Une nouvelle épreuve attendait les alliés de Ménélas : la flotte des Grecs restait bloquée à Aulis, faute de vents favorables. Tel était le châtiment que la déesse Artémis leur imposait pour se venger de leur chef Agamemnon qui avait tué une de ses biches sacrées. Le seul moyen d'amadouer la déesse était de lui sacrifier Iphigénie, la fille aînée d'Agamemnon. La jeune fille se soumit au sacrifice avec courage. Sa mère, Clytemnestre, ne pardonna jamais sa mort à son époux et lui voua dès lors une funeste haine. Il arrive aujourd'hui que l'on appelle une **Iphigénie** la « victime innocente, quoique parfois consentante, d'un conflit dont elle n'est en rien responsable ». Cependant, selon la tradition la plus connue, Iphigénie ne serait pas morte sous le couteau du sacrificateur mais aurait été remplacée au dernier moment par une biche. Elle-même serait devenue prêtresse de la déesse Artémis dans une lointaine région appelée la Tauride. Réel ou simulé, son sacrifice permit enfin à la flotte grecque de partir vers les côtes troyennes.

Pendant des années, Grecs et Troyens combattirent au pied des murailles infranchissables de Troie. Aucun camp ne semblait pouvoir l'emporter sur l'autre. Les dieux, tels Arès, Apollon, Aphrodite ou Athéna, participaient à cette guerre, en aidant leurs favoris ou en prenant part personnellement aux combats. Héra encouragea les Grecs en adoptant l'apparence et la voix du guerrier Stentor, qui, d'après Homère, criait « aussi fort que cinquante hommes ». Avoir une **voix de stentor** signifie aujourd'hui avoir une « voix particulièrement puissante et audible ». Le nom de Stentor a notamment été donné à la fin du XIXe siècle à l'un des premiers phonographes destinés à faire écouter de la musique à une grande assemblée.

Cependant, ni l'aide des dieux, ni même les exploits d'Achille n'étaient suffisants pour permettre aux Grecs de remporter une victoire définitive. Achille se montrait pourtant un chef de guerre parfait. Il était accompagné des Myrmidons dont il était le roi. Ces soldats, à l'image de leur souverain, étaient particulièrement puissants. Or, curieusement, le mot **myrmidon** a pris en français un tout autre sens : il désigne une « personne petite ou insignifiante, qui se rend ridicule en affichant des airs supérieurs ». Les Myrmidons passaient pour être un peuple né de la métamorphose de fourmis en êtres humains, ce qui explique peut-être ce changement de sens par rapport à la légende. Très respecté par ses hommes en tant que guerrier, Achille avait aussi des talents « médicinaux ». Sur les conseils de son ancien maître le centaure Chiron, il utilisait une « plante pour soigner les blessures » de ses hommes. En son honneur, cette plante a gardé le nom d'*achillée.*

Une nouvelle étape de la guerre commença lorsqu'une grave querelle opposa Achille au roi Agamemnon. Ce dernier lui enleva sa captive favorite, Briséis. Outré par ce qu'il estimait être un abus de pouvoir, Achille montra son désaccord et devint le premier gréviste connu de l'Histoire ! Il refusa ostensiblement de mener ses hommes et de participer aux nouveaux combats en se retirant sous sa tente. **Se retirer sous sa tente** est aujourd'hui une périphrase élégante pour dire « cesser toute action », ou tout simplement « bouder ». Or, ce comportement de la part du héros n'avait rien de puéril ou d'anodin. Thème central de l'*Iliade*, la colère d'Achille fut un véritable tournant dans cette guerre qui paraissait interminable.

Privés de leur meilleur guerrier et de ses soldats, les Grecs s'entendirent avec les Troyens pour mettre fin aux combats en organisant un duel décisif entre Ménélas et Pâris. Ménélas faillit l'emporter, mais au dernier moment Pâris fut protégé par Aphrodite qui l'entoura d'une nuée et le mit à l'abri. Les combats reprirent, et le chef troyen Hector remporta plusieurs victoires. C'est alors que Patrocle, le meilleur ami d'Achille, décida d'intervenir. Les affinités entre les deux hommes étaient si grandes que certains estimaient même qu'ils étaient amants – ce qu'Homère ne confirme pas. Toujours est-il qu'un **Patrocle** est devenu le synonyme d'« ami particulièrement proche », car l'amitié entre les deux hommes joua un grand rôle dans la légende de la guerre de Troie. Patrocle a demandé donc à Achille de reprendre le combat. Achille refusa d'y participer une nouvelle fois, mais après les supplications de son ami, il autorisa les Myrmidons à rejoindre le champ de bataille. Pour laisser croire aux Troyens qu'il était de retour dans les rangs des Grecs, il prêta aussi à Patrocle ses armes légendaires, forgées par les dieux et données par sa mère, Thétis. Malheureusement pour ce fidèle compagnon, il fut confondu avec le héros dans le combat qui suivit, et Hector tua Patrocle en croyant s'attaquer à Achille. Ce dernier, désespéré et furieux, ne songea plus qu'à venger la mort de son ami. Son véritable retour provoqua la déroute des Troyens. Finalement, Hector et Achille se retrouvèrent en un combat singulier. Hector succomba sous les coups d'un Achille toujours fou de rage, qui se vengea même sur son cadavre en le faisant traîner par ses chevaux tout autour des murailles de Troie, sous les yeux des Troyens horrifiés. Tandis qu'on se préparait à célébrer en grande pompe les funérailles de Patrocle, Achille souhaitait qu'Hector ne puisse pas bénéficier des hommages que l'on devait lui rendre selon la tradition. Mais après les cérémonies, il se laissa fléchir et rendit à Priam le corps de son fils. C'est là que s'arrête le récit conté dans l'*Iliade*. Peu de temps après, Achille fut lui-même tué par Pâris qui le frappa d'une flèche empoisonnée au talon, son seul point sensible.

À la mort d'Achille, les Grecs comprirent qu'ils ne pourraient vaincre Troie en utilisant les stratégies guerrières habituelles. Il leur fallait trouver un moyen de franchir les murailles et de pénétrer dans la cité. Ulysse eut alors l'idée de faire construire le célèbre cheval de Troie : une gigantesque construction de bois qui pouvait abriter secrètement dans ses flancs une troupe d'hommes. Elle devait se présenter comme un cadeau destiné aux dieux, afin d'être emmenée par les Troyens au sein même de leur cité. Curieusement, certains linguistes attribuent l'origine du mot français **truie** à ce fameux cheval, du fait de sa capacité à contenir des « surprises ». Les Romains désignaient en effet sous le nom de *porcus trojanus* (« cochon troyen ») un cochon rôti dans le ventre duquel on avait placé des oiseaux et du gibier ; par assimilation on aurait ainsi nommé la truie *troja*.

Les Grecs construisirent donc cette statue gigantesque qui pouvait apparaître comme un hommage au dieu Poséidon, créateur du cheval, puis firent mine de quitter les côtes troyennes. Les assiégés crurent que la guerre était terminée. Ils s'emparèrent du cheval de bois et, comme Ulysse l'avait prévu, l'emmenèrent dans leurs murs. Un prêtre, Laocoon, et la princesse Cassandre tentèrent de s'opposer à son introduction dans la cité. Mais

Laocoon et ses deux enfants moururent étouffés par deux énormes serpents qui sortirent de la mer, et, comme le voulait la malédiction, personne ne crut aux prédictions de Cassandre. Bien entendu, à l'intérieur du cheval se dissimulaient plusieurs guerriers grecs, dont Ulysse lui-même. Dès que la ville fut endormie, ils sortirent de leur cachette et purent ouvrir les portes de la cité aux troupes grecques qui attendaient non loin de là leur signal. Troie fut alors envahie.

C'est ainsi que le **cheval de Troie** est devenu le symbole de la ruse mais surtout de la perfidie. Il a pris un nouveau sens dans le langage informatique du XXIe siècle puisqu'un **cheval de Troie** désigne aujourd'hui un « logiciel espion qui s'installe dans l'ordinateur d'un usager et peut permettre à une personne extérieure d'en prendre le contrôle à distance », en découvrant notamment les codes secrets et les mots de passe.

La guerre de Troie avait donc duré dix ans, dix longues années de combats entre les hommes et les dieux, dix longues années durant lesquelles les hommes restèrent toujours les jouets du destin, soumis également aux caprices des divinités. Les nombreux épisodes de cette guerre, souvent repris dans des œuvres artistiques ou littéraires, continuent de frapper notre imagination par leur variété et les émotions qu'ils suscitent. On y retrouve des thèmes universels : l'amour, l'amitié, la bravoure, la violence et la fragilité de la condition humaine.

Une odyssée
Cyclopéen
Éolien/éolienne
Une Circé
La circée (plante)
Une Pénélope
Une toile (ou un travail) de Pénélope
Une voix de sirène
Écouter le chant des Sirènes
Tomber de Charybde en Scylla
Calypso
Mentor
Chien d'Ulysse

Ulysse, l'*Odyssée*

Après leur victoire à Troie, les héros grecs pouvaient enfin rentrer chez eux. Mais le retour ne se fit pas dans le calme. Les nombreuses épreuves qu'ils ont subies furent racontées en détail dans des textes presque tous perdus aujourd'hui. Seule subsiste l'*Odyssée*, qui est le récit du retour d'Ulysse, le roi d'Ithaque. Cette œuvre est généralement attribuée à Homère, même si on admet qu'elle est bien postérieure à l'*Iliade* et que son style est différent.

Le terme « odyssée » est directement issu du nom grec d'Ulysse, « Odusseus ». Or notre mémoire n'a généralement conservé que la francisation du nom latin « Ulixes », et le mot *odyssée* a pris en français le sens de « parcours particulièrement long et mouvementé ». En fait, lorsque l'on parle de l'odyssée d'Ulysse, on commet un pléonasme puisqu'on ne fait que répéter le même prénom sous ses deux formes différentes. On peut d'ailleurs se demander si l'origine des malheurs d'Ulysse n'était pas déjà annoncée dans l'étymologie de ce prénom : « Odusseus » viendrait du verbe grec *odussomai* qui signifie « être haï de tous ». Or, les différentes mésaventures d'Ulysse furent souvent la conséquence de la haine de ses ennemis, haine qu'il a su fort bien attiser parfois.

Ulysse repartit de Troie avec ses hommes, en même temps que la flotte d'Agamemnon, mais une terrible tempête sépara définitivement ses navires des autres vaisseaux grecs. Ils s'arrêtèrent en Thrace, chez les Cicones où des combats meurtriers réduisirent leur flotte. Puis les vents contraignirent leur bateau à aborder sur les côtes du pays des Lotophages. Les Lotophages, c'est-à-dire les « mangeurs de lotos », avaient l'habitude de se nourrir du lotos, un fruit mais aussi une sorte de drogue dont ils étaient dépendants. Les hommes d'Ulysse y goûtèrent et perdirent la mémoire, comme l'envie de retrouver leur terre natale. Leur chef eut toutes les peines du monde à les faire réembarquer. Ils atteignirent ensuite plus au nord une île où abondaient les chèvres. Ils purent alors se ravitailler. Sans le savoir, ils étaient arrivés au pays des Cyclopes : non pas les fils d'Ouranos et forgerons de la foudre de Zeus, mais un peuple d'êtres sauvages et gigantesques dont le nom signifie « à l'œil rond » (du grec *kuklos* le « cercle » et *opsis* « l'œil »), car ils ne possédaient qu'un seul œil, au milieu du front. D'après leur nom fut créé l'adjectif *cyclopéen* qui qualifie ce qui paraît démesuré ou énorme tels des constructions ou des travaux qui ne semblent pas à échelle humaine. Pourtant, ils étaient loin d'être des travailleurs acharnés. Ils se contentaient d'élever des moutons et vivaient dans des grottes. Imprudemment, Ulysse et douze de ses compagnons pénétrèrent dans celle qui appartenait au Cyclope Polyphème, dont le père était le dieu Poséidon en personne. Inconscients du danger, ils commencèrent à se servir dans les victuailles qu'ils y trouvèrent. Quand Polyphème rentra avec ses troupeaux, il referma l'entrée de sa grotte en y plaçant un lourd rocher puis se précipita vers les intrus et se mit à les dévorer. Ulysse comprit qu'il ne pouvait attendre aucune pitié de sa part. Il lui offrit alors de boire du vin qu'il avait apporté avec lui, ce que le Cyclope accepta assez naïvement. Rapidement enivré, il demanda au chef des Grecs quel était son nom. Il ne décela aucune ruse quand Ulysse répondit « Personne ». Avant de sombrer dans le sommeil, il promit même, en guise de remerciement, de manger « Personne » en dernier. Il faut dire que Polyphème signifie « qui parle beaucoup » et sous-entend « qui réfléchit peu ». Dès que le monstre fut endormi, les survivants se précipitèrent pour tailler en pointe un pieu de bois et l'enfoncèrent dans son œil unique, le rendant ainsi totalement aveugle. Ils devaient en effet le laisser vivant car seul le Cyclope était capable de déplacer l'énorme pierre qui obstruait l'entrée. Polyphème se mit à hurler de douleur, alertant ainsi ses frères aux alentours. Mais quand ces derniers lui demandèrent qui était la cause de ses cris, il leur répondit : « C'est Personne. » Ils en déduisirent qu'il était devenu fou et personne ne lui vint en aide. À l'aube, lorsqu'il lui fallut faire sortir son troupeau, il surveilla comme il put l'issue de la grotte, tâtant les dos de ses bêtes avant de les laisser partir une à une. Mais les hommes s'étaient dissimulés sous les ventres des moutons…

Malheureusement, Ulysse depuis son bateau ne put, par orgueil, se retenir de railler le monstre, et lui révéla son véritable nom. Polyphème, furieux, manqua de faire couler le navire en jetant de lourds rochers dans sa direction. Cette réaction explique la théorie selon laquelle les Cyclopes, caractérisés par leur grande taille et leur œil unique, seraient en fait une représentation des volcans avec leurs cratères et leurs jets de pierres. En désespoir de cause, Polyphème demanda vengeance à son père Poséidon. Ulysse fut ainsi condamné par la haine du dieu : il ne devait pas revoir sa patrie avant de longues années et serait le seul survivant de son voyage. De plus, des épreuves l'attendraient encore à son retour au pays.

Après avoir échappé au Cyclope, Ulysse et ses hommes arrivèrent sur l'île d'Éole, le dieu des Vents. C'est à ce dieu que nous devons l'adjectif **éolien,** « qui fonctionne sous l'action du vent ». On parle ainsi de « harpe éolienne » pour désigner un instrument de musique constitué de cordes vibrant grâce aux vents. En géologie, les « formations éoliennes » sont des dépôts de matériaux repoussés par le vent. Les machines à pales utilisant l'énergie du vent ont été baptisées « éoliennes ». Mais les termes venant d'Éole peuvent également faire référence à la légèreté du vent : en parlant d'un « son éolien », on évoque un son doux comme un souffle. On appelle aussi « éolienne » une étoffe de soie et de laine particulièrement légère. Le dieu Éole était effectivement le maître de tous les courants d'air, des plus calmes aux plus violents. Il voulut aider Ulysse et enferma dans une outre les vents qui lui étaient contraires et qui l'empêchaient de retrouver Ithaque. L'équipage crut qu'il s'agissait là d'un trésor que leur chef voulait lui cacher. Alors qu'ils étaient en mer, les marins ouvrirent la fameuse outre et libérèrent de nouveau les vents qui les éloignèrent de leur patrie.

Après une brève visite chez des anthropophages, les Lestrygons, Ulysse et les hommes qui avaient survécu abordèrent l'île d'Aea. Certains furent envoyés en reconnaissance. Ils découvrirent un palais merveilleux et son hôtesse, la charmante Circé, qui les convia à un somptueux banquet. Hélas, cette créature était une terrible magicienne. Dès qu'ils eurent goûté aux plats délicieux, elle les frappa de sa baguette magique et les transforma en porcs. Il n'est donc pas étonnant qu'*une Circé* désigne en français une « femme séduisante et dangereuse, n'hésitant pas à utiliser des artifices pour parvenir à ses fins ». On s'est aussi inspiré de son prénom pour baptiser circée une « plante aux vertus prétendument magiques ». Mais ce n'est pas cette plante qui a sauvé Ulysse. Prévenu par un de ses hommes qui n'avait pas participé au festin et aidé par le dieu Hermès, qui lui donna une herbe magique, il resta insensible aux sortilèges de Circé. Elle dut lui jurer de ne plus lui nuire et rendit aux marins leur forme humaine.

Les Grecs restèrent un certain temps chez Circé qui devint la maîtresse d'Ulysse. Grâce à ses conseils avisés, il put accomplir un nouvel exploit. Il réussit à descendre provisoirement aux Enfers pour aller consulter l'âme du devin Tirésias sur le destin qui l'attendait. Il retrouva alors Achille, regrettant amèrement sa vie trop brève, et sa propre mère, dont il ignorait la disparition. Il apprit ainsi qu'il lui faudrait combattre les prétendants de sa femme, Pénélope, à Ithaque. En effet, depuis des années, cette dernière était « harcelée » par des hommes qui souhaitaient l'épouser pour régner sur l'île. Or, la reine était fidèle à son époux et refusait de croire en sa mort. Cette fidélité est devenue légendaire puisqu'on appelle une **Pénélope** une « femme remarquable par sa constance et sa loyauté ». Elle dut finalement promettre qu'elle se remarierait, mais elle demanda qu'on la laissât terminer auparavant une grande pièce de toile qu'elle tissait. Pour retarder l'échéance, elle y travaillait durant la journée et défaisait tout pendant la nuit. C'est ainsi qu'une **toile de Pénélope** (ou un **travail de Pénélope**) est devenue une expression pour désigner une « tâche qui n'en finit jamais ou qui est toujours à recommencer ». Cette ruse fonctionna pendant quelques années, jusqu'à ce que la reine soit trahie par une de ses servantes, qui révéla le stratagème aux prétendants.

Ulysse devait donc repartir pour reprendre sa place à Ithaque. Il bénéficia des derniers conseils de Circé qui l'avertit sur les dangers qui l'attendaient. Le navire arriva auprès de l'île des Sirènes. Celles-ci ne doivent pas être vues comme de charmantes créatures à queue de poisson, ainsi qu'on les a représentées plus tardivement. Ces Sirènes-là étaient des êtres à tête de femme et à corps d'oiseau qui attiraient les marins par leurs chants et provoquaient leur naufrage, pour mieux les dévorer. Mais Ulysse, prévenu par la magicienne, avait pris ses précautions et avait ordonné à ses hommes de se boucher les oreilles avec de la cire. Cependant, par défi, il voulut écouter ces fameux chants. Il se fit donc attacher au mât pour éviter d'être entraîné, en interdisant à son équipage de le libérer tant qu'ils ne seraient pas hors de danger. Cette aventure a beaucoup frappé les esprits puisqu'au sens figuré une **sirène** désigne en français une « femme particulièrement charmeuse », tandis qu'une **voix de sirène** est mélodieuse et enchanteresse. Malheureusement, ce n'est pas cette douceur acoustique qui caractérise les sirènes qu'on utilise pour prévenir d'un danger. Ces dernières n'ont plus grand-chose à voir avec les ennemies d'Ulysse. En revanche, on retrouve leur présence dans l'expression **écouter le chant des sirènes,** qui signifie « se laisser charmer par des apparences trompeuses, en risquant les plus graves conséquences ». Si le roi d'Ithaque n'avait pas été attaché à son mât, il aurait succombé, comme tous les autres, aux charmes de ces êtres redoutables. Par la « force des choses », il put leur résister. Les Sirènes, outragées, mirent alors fin à leurs jours.

Enorgueilli par sa réussite, Ulysse pensa peut-être qu'il pourrait facilement venir à bout des prochains obstacles qu'on lui avait prédits. Il s'agissait de passer entre deux monstres marins, Charybde et Scylla. À l'origine, ces monstres étaient des jeunes femmes que les dieux avaient métamorphosées parce qu'elles les avaient offensés. Scylla était devenue une horrible créature qui dévorait les marins passant à sa portée. Charybde s'était transformée en un gouffre marin qui engloutissait d'un coup les navires et leur équipage. Tandis qu'Ulysse faisait attention à ne pas trop s'approcher de Charybde, Scylla en profita pour s'emparer de plusieurs de ses hommes et en faire son repas. De là est née l'expression **tomber de Charybde en Scylla,** que l'on utilise quand on veut faire comprendre que l'« on a évité un danger ou un malheur pour en connaître un autre plus grave encore », ou quand on décrit l'« aggravation d'une situation ».

Enfin, Ulysse et son équipage arrivèrent en Sicile, là où le dieu du Soleil, Hélios, faisait paître ses troupeaux de bœufs. Il était interdit de toucher à ces animaux mais les marins, affamés, ne purent résister. Ils mangèrent quelques-uns des bœufs sacrés. Seul Ulysse s'était abstenu. Hélios se plaignit auprès de Zeus et la vengeance divine ne se fit pas attendre. Lorsque le bateau reprit la mer, il fut foudroyé et sombra avec tout son équipage. Ulysse échappa de peu à la mort. Ballotté par les flots pendant neuf jours, il fut jeté sur l'île d'Ogygie. Ainsi, comme l'avait prévu Poséidon, Ulysse se retrouvait l'unique survivant de ce périple.

Sur l'île d'Ogygie vivait la belle nymphe Calypso. Certaines traditions la disent fille du Soleil, d'autres fille d'Atlas, mais tous s'accordent à lui trouver de nombreux charmes. Il n'est donc pas étonnant que le commandant Cousteau ait décidé de baptiser la **Calypso** son navire, qui fut une des vedettes de la célèbre série *L'Odyssée sous-marine du Commandant Cousteau*. D'autre part, le **calypso** est également une « musique d'origine antillaise », popularisée par des artistes comme Harry Belafonte, les Andrew Sisters ou Henri Salvador. Elle nous vient donc des îles et donne lieu à une danse assez sensuelle... comme cette charmante créature. Ulysse ne resta pas indifférent à sa beauté mais il aurait dû se méfier de son nom : Calypso signifie « celle qui cache ». La nymphe s'éprit de lui et fit tout pour le retenir auprès d'elle pendant des années. Cependant Ulysse ne pouvait oublier les siens. Finalement, les dieux envoyèrent Hermès pour ordonner à Calypso de laisser partir celui qu'elle aimait. Elle obéit en permettant à Ulysse de construire un radeau et en lui laissant des vivres.

Ulysse était donc parti depuis vingt ans. À son départ pour Troie, il avait confié sa maison et sa famille à un vieil ami, Mentor. Ce dernier s'était en particulier occupé de l'éducation de Télémaque, le fils d'Ulysse, qui n'avait alors que quelques mois. Aujourd'hui encore on appelle un **mentor** une « personne sage et avisée dont l'expérience offre de bons conseils ». Athéna elle-même n'a pas hésité à revêtir l'apparence de ce personnage pour adresser à Télémaque divers avertissements. Devenu jeune homme, il partit à la recherche de son père – il n'avait jamais perdu espoir et avait su résister aux provocations des prétendants qui entouraient sa mère. Mais, seul, il n'était pas assez fort pour les chasser et avec le temps devenait de plus en plus gênant pour eux. Ulysse savait qu'il pouvait compter sur son fils ainsi que sur quelques sujets qui lui étaient restés fidèles. Parmi eux, il choisit Eumée, le chef de ses porchers. Il lui révéla sa véritable identité puis lui demanda de l'aider à rencontrer en secret Télémaque. Les retrouvailles entre le père et le fils, toujours sous la protection d'Athéna, furent poignantes. Cependant, le roi d'Ithaque ne voulait pas encore avertir son épouse de son retour. Déguisé en mendiant, Ulysse fut introduit dans le palais par Télémaque. Personne ne le reconnut. Il croisa du côté des cuisines son chien de chasse Argos, laissé à l'abandon depuis le départ de son maître vingt ans auparavant. La bête, épuisée par la vieillesse et les parasites, eut tout de même la force de montrer qu'elle l'avait reconnu, malgré son déguisement et le temps passé. Ulysse, ému, vit Argos s'approcher de lui en remuant la queue puis mourir à ses pieds après cette dernière joie. Il n'est donc pas étonnant que le **chien d'Ulysse** soit considéré comme le « symbole même de la fidélité ». Malgré son apparence, le mendiant avait été accueilli selon les règles de l'hospitalité par Pénélope qui ne le reconnut pas. Elle demanda à Euryclée, l'ancienne nourrice de son époux, d'honorer cet hôte en lui lavant les pieds. Euryclée s'exécuta. Ce faisant, elle découvrit à la cheville de l'homme la cicatrice d'une vieille blessure qu'Ulysse s'était faite pendant sa jeunesse. Elle était sur le point de prévenir sa maîtresse mais son souverain lui demanda de garder le secret.

Il fallait encore agir avec prudence : les prétendants ne devaient se douter de rien. Il parvint à s'approcher de Pénélope et, sans lui révéler son identité, il prévint que le retour de son époux était proche. Puis il s'assura du soutien de serviteurs. Il rejoignit ses rivaux alors qu'ils étaient en train de festoyer au palais. Pas un ne se douta que le misérable mendiant dont ils se moquaient était leur souverain. Pendant qu'ils étaient ainsi occupés, Ulysse et Télémaque purent discrètement emmener leurs armes hors de leur portée.

Pénélope avait fait connaître sa décision : elle épouserait l'homme qui saurait se servir de l'arc que seul son époux pouvait bander. Quand elle apporta le fameux arc, les prétendants tentèrent leur chance, en vain. Le mendiant proposa alors d'essayer à son tour, suscitant les railleries. Quand il réussit à tendre l'arc, les hommes furent saisis d'effroi. Ulysse aidé de Télémaque tua de ses flèches tous les prétendants et fit châtier les servantes qui l'avaient trahi. Enfin, il se fit reconnaître de Pénélope.

En fait, Ulysse reste avant tout pour nous le voyageur de l'impossible. On a donné son nom à une sonde spatiale dont la mission fut d'approcher la planète Jupiter. Comme on l'a vu, son nom grec « Odusseus » a perdu son sens initial pour devenir synonyme de voyage. Mis à part le cheval de Troie, ses exploits avant cette odyssée ainsi que ceux qu'il est censé avoir accomplis après son retour à Ithaque n'ont pas laissé de trace dans notre langue. Cependant à travers les siècles nous continuons à admirer l'homme qui est parvenu à surmonter les épreuves que les vengeances divines avaient mises sur son chemin. De plus, il sut faire preuve d'audace en se lançant dans des aventures impossibles : défier un Cyclope, descendre aux Enfers, écouter le chant des Sirènes... Mais il resta toujours un être humain avec ses faiblesses, manifestant ses émotions, aimant sa femme tout en cédant aux charmes d'autres créatures, commettant des erreurs et échouant parfois. Enfin, il suscita chez ses proches des sentiments et une fidélité extraordinaires. Tout cela fait de lui un héros attachant et particulièrement marquant.

Une gorgone
Une méduse
Méduser/médusé
Cétacé
Chimère/chimérique
Enfourcher Pégase
Orphée/orphéen
Orphéon/orphéonique
Orphisme/orphique
Écho
Narcisse/narcissisme/narcissique

Autres aventures ou mésaventures mythologiques

Il existe encore de nombreux héros, heureux ou malheureux, dans la mythologie gréco-romaine. Mais leurs aventures n'ont pas donné lieu à la création de termes ou d'expressions dans notre langue. Parfois, le nom seul du héros nous est resté, avec le vague souvenir de ses exploits ou de ses malheurs. Parfois, son nom n'est pas employé dans la langue française mais ses adversaires ou ses alliés ont suffisamment marqué les imaginations pour devenir des noms communs ou être à l'origine d'expressions imagées.

Le héros Persée est dans ce cas de figure. Ce jeune homme était un des fils illégitimes de Zeus. Le dieu était tombé amoureux de Danaé, fille du roi d'Argos, Acrisios. Or, un oracle avait prédit à ce dernier qu'il serait tué par son petit-fils. Pour éviter à sa fille tout risque de rencontre masculine, il l'avait donc fait enfermer dans une chambre souterraine en bronze. Mais cela ne découragea nullement Zeus, qui rendit visite à la jeune femme sous la forme d'une pluie d'or qui la féconda. Danaé mit au monde Persée. Quand il eut découvert l'existence de ce bébé, Acrisios, furieux, voulut mettre à mort sa fille et son petit-fils. Il les enferma dans un coffre qu'il jeta en pleine mer. Après un long périple, le coffre arriva sur l'île de Sériphos où la femme et l'enfant furent recueillis par le pêcheur Dictys, frère du tyran de l'île, Polydectès. Ils vécurent ensemble jusqu'au jour où Polydectès fit la connaissance de Danaé et s'enflamma pour elle. Persée, devenu jeune homme, représentait pour le tyran un obstacle à ses désirs. Pour s'en débarrasser, il lui confia une mission particulièrement dangereuse : le jeune homme devait rapporter la tête de la Gorgone nommée Méduse. Les Gorgones étaient trois monstres féminins, à la chevelure constituée de serpents venimeux, objets d'horreur aussi bien pour les hommes que pour les dieux. Leur laideur et leur cruauté sont devenues si légendaires qu'on peut appeler une **gorgone** une « personne particulièrement repoussante et méchante ». C'est également le nom donné à un « animal marin dont les tentacules ressemblent à des ramifications ». La seule mortelle des trois Gorgones était Méduse. Elle était tout aussi horrible que ses sœurs et les zoologistes ont tout de suite pensé à elle quand ils ont baptisé **méduse** un autre « animal marin, tentaculaire et visqueux ». De plus, cette femme monstrueuse avait le pouvoir de transformer en pierre ceux qui croisaient son regard. Le verbe **méduser** signifie donc « paralyser sous l'effet de la stupeur ». On emploie le plus souvent ce verbe au passif et plus particulièrement son participe **médusé,** plus imagé que « stupéfié ».

Persée ne pouvait accomplir une telle mission sans l'aide des dieux. Hermès et Athéna lui fournirent les conseils et les « accessoires » dont il avait besoin. Après bien des aventures, il parvint au repaire des Gorgones qu'il trouva endormies. Chaussé des sandales ailées d'Hermès, il vola au-dessus de Méduse. Grâce au bouclier d'Athéna dont il se servit comme d'un miroir, il parvint à la combattre sans croiser son regard, en se fiant à son reflet. Il réussit à la décapiter et plaça sa tête dans un sac magique. Du sang de Méduse naquirent des êtres fabuleux dont le cheval ailé Pégase. Enfin, Persée échappa aux regards des deux autres Gorgones en se couvrant du casque emprunté à Hadès, qui rendait invisible. La tête de Méduse fut offerte plus tard à Athéna qui en décora son bouclier.

Sur le chemin du retour, Persée croisa le géant Atlas qui se montra fort hostile. Il lui montra alors la tête monstrueuse qu'il avait dissimulée dans son sac et Atlas se transforma en une gigantesque montagne qui a gardé son nom : l'Atlas. Persée rencontra ensuite la belle Andromède, promise à un sort bien cruel. Sa mère, Cassiopée, avait imprudemment avancé qu'Andromède était plus belle que les déesses. Ces dernières, vexées, demandèrent à Poséidon de déchaîner un gigantesque monstre marin qui ravagea le pays. Décrit à l'origine comme une sorte de dragon à bec avec de grands tentacules, ce monstre nommé Cetus fut assimilé à une baleine. Une constellation, surnommée aussi la constellation de la Baleine, porte depuis le nom du monstre. Mais Cetus est surtout à l'origine du mot **cétacé**, qui désigne au pluriel l'« ordre des mammifères aquatiques auquel appartiennent, entre autres, les baleines ». Pour apaiser les colères divines, Andromède devait être sacrifiée à cette horrible créature. Persée tomba amoureux de la jeune fille. Il promit à son père, Céphée, qu'il affronterait le monstre et sauverait sa fille s'il la lui donnait en mariage. La scène représentant Andromède accrochée à un rocher tandis que le héros s'attaque au monstre prêt à la dévorer inspira de nombreuses œuvres d'art. Grâce à ses sandales ailées (ou peut-être à Pégase), Persée vola au-dessus de Cetus et le combattit à l'épée, puis il sortit la tête de Méduse de son sac et pétrifia à jamais l'énorme animal.

De retour sur l'île de Sériphos, Persée apprit que Polydectès s'était mal conduit avec sa mère, Danaé. Il transforma le tyran en pierre à l'aide de son « arme » favorite avant de remettre les pouvoirs entre les mains du respectable pêcheur Dictys. Puis il partit pour Argos, sa terre natale, afin de rencontrer son grand-père Acrisios. Ce dernier, craignant toujours pour sa vie, s'enfuit chez un peuple voisin. Or, Persée fut invité à participer à des jeux funéraires chez ce peuple. Il lança un disque qui retomba… sur Acrisios, spectateur parmi tant d'autres de ces jeux. Cela fut fatal au vieillard qui n'avait pu échapper à sa destinée.

Persée et Andromède vécurent heureux et eurent des enfants qui firent d'eux les lointains ancêtres d'Héraclès.

Un autre héros, Bellérophon, a inscrit ses exploits dans notre mémoire, grâce non pas à son propre nom mais à celui de la créature qu'il a combattue.

Ce jeune homme reçut la mission de tuer un monstre que l'on appelait la Chimère et qui dévastait alors le pays. Elle possédait un corps de lion, une tête de chèvre sur son échine, une queue en forme de serpent, et elle crachait du feu. Le nom de ce monstre a pris plusieurs sens en français. Une **chimère** peut être au sens propre un « animal fantastique effrayant » ou plus vaguement une « chose monstrueuse qui suscite l'épouvante ». Au sens figuré, c'est une « illusion » ; et, au pluriel, les **chimères** sont des « rêveries sans fondements, de vaines imaginations ». L'expression **poursuivre une chimère** signifie « se lancer dans des projets sans avenir » et l'adjectif **chimérique** qualifie ce qui n'est qu'une utopie. Le mot **chimère** a pris récemment une nouvelle signification pour rendre compte d'une découverte scientifique : alors que chaque être vivant possède en principe un patrimoine génétique qui lui est propre, il existe des cas d'« organismes possédant plusieurs patrimoines génétiques différents », à l'image de cette bête monstrueuse composée de plusieurs animaux. On appelle donc ces cas particuliers des chimères.

Pour combattre cet animal, Bellérophon bénéficia de l'aide du cheval Pégase qui était né du sang de Méduse. Ce magnifique cheval ailé permit à son cavalier de dominer son adversaire et d'en venir rapidement à bout. La légende raconte que Pégase a fait jaillir d'un coup de sabot la source Hippocrène sur le mont Hélicon, en Béotie. Cette source fut consacrée aux Muses, ce qui explique que le personnage de Pégase est associé à l'inspiration poétique.

L'expression **enfourcher Pégase** signifie en effet « faire des vers ». Cependant, elle est souvent employée de façon ironique pour indiquer une certaine exagération dans la recherche poétique au point d'atteindre le ridicule. Peut-être est-ce aussi une allusion au destin de Bellérophon, qui accomplit d'autres exploits en compagnie de ce cheval mais finit humilié à tout jamais après avoir tenté de gagner l'Olympe grâce à sa monture. Les dieux, mécontents de cette intrusion, décidèrent de le châtier en le faisant chuter. Piteusement désarçonné et privé de Pégase, il finit sa vie en proscrit. Quant au fameux cheval ailé, il se mit au service de Zeus et devint une célèbre constellation.

Contrairement aux héros précédemment évoqués, Orphée n'a pas combattu de créature fabuleuse, mais ses talents et sa destinée ont frappé les esprits et les termes dérivés de son nom ne manquent pas. Orphée était un poète et un musicien si extraordinaire qu'il arrivait à émouvoir hommes et bêtes ; la Nature elle-même était sensible à son art. Il arrive donc que l'on appelle un **Orphée** « un musicien ou un poète de grand talent », et on a même créé l'adjectif **orphéen** pour qualifier les œuvres d'un tel artiste. Le mot **orphéon** a plusieurs sens, tous en rapport avec la musique : il peut qualifier une « école de chant », une « société de chanteurs pratiquant l'art choral », voire, plus simplement, une « fanfare ». C'est aussi le nom d'un « instrument de musique à cordes et à clavier, qui produit du son à l'aide d'une sorte de roue ». De ce mot dérive l'adjectif **orphéonique** qui s'applique à « ce qui concerne la musique chorale populaire ». Mais ces termes, parfois teintés d'ironie, ne rendent pas vraiment hommage aux dons merveilleux d'Orphée. D'autres mots dérivés de son nom nous renvoient à certains aspects de la religion ou plus exactement à l'ésotérisme, car Orphée faillit triompher de la mort. Alors que sa femme, Eurydice, courait dans l'herbe, elle fut mordue par un serpent et elle mourut. Prêt à tout pour la retrouver, Orphée descendit aux Enfers. Il y chanta son amour perdu devant les diverses créatures infernales, tant et si bien qu'il obtint d'Hadès la permission exceptionnelle de ramener son épouse sur terre. Mais il ne devait en aucun cas se retourner pour la regarder. Malheureusement, presque arrivé au jour, il ne put tenir son engagement. Il provoqua ainsi irrémédiablement le retour définitif d'Eurydice aux Enfers. Orphée ne parvint jamais à surmonter son chagrin et se détourna des femmes. Il finit déchiqueté par de charmantes créatures qui n'avaient pas apprécié de se sentir négligées. Mais ce n'est pas cette fin tragique qui a le plus frappé les esprits : c'est évidemment la descente aux Enfers. En effet, Orphée, ayant réussi à pénétrer dans ces lieux inconnus, passa pour disposer de connaissances sur l'existence après la mort et la conception de l'âme. On lui attribua une « doctrine religieuse secrète » que l'on baptisa **orphisme,** et qui influença fortement la pensée grecque antique mais aussi le christianisme. Quant à l'adjectif **orphique,** il est généralement relatif à l'orphisme, mais il peut aussi qualifier « ce qui est l'œuvre d'Orphée ou qui en est digne ».

Il existe enfin des « héros » de légende qui n'ont rien accompli d'héroïque mais qui sont restés célèbres pour leur sort hors du commun. C'est le cas de Narcisse, un jeune homme aux origines divines, fils du dieu d'un fleuve et d'une nymphe, mais néanmoins mortel. Narcisse était très beau et suscitait l'amour aussi bien chez les femmes que chez les hommes. Il ne s'y montrait jamais sensible. La nymphe Écho était tombée amoureuse de lui, mais ne pouvait le lui dire. Elle avait un jour bavardé avec Héra, détournant ainsi l'attention de certaines frasques de son époux infidèle, Zeus. La déesse, rancunière, l'avait condamnée à ne pouvoir que répéter les derniers mots qu'elle entendait. Malgré toutes ses tentatives de séduction, Narcisse ne lui manifesta que de l'indifférence. Alors la pauvre Écho, désespérée, cessa de se nourrir et son corps finit par disparaître : il ne resta plus que sa voix. Cette nymphe et sa légende sont à l'origine du terme écho qui désigne un phénomène acoustique bien connu mais qui prend parfois le simple sens de répétition. Cependant, le triste sort de cette amoureuse (et peut-être d'autres encore) finit par irriter certaines divinités. Artémis, déesse protectrice d'Écho, ou Némésis, la déesse de la Vengeance divine, allaient se charger de châtier le bel indifférent. Puisqu'il refusait de comprendre la souffrance qu'il infligeait aux autres en refusant leur amour, il allait lui-même tomber amoureux, sans espoir de pouvoir jamais assouvir ses désirs : il fut condamné à s'éprendre de lui-même. Un jour, Narcisse découvrit sa propre image dans l'eau d'une source et ne put s'en détacher. Il se laissa ainsi mourir ; et à sa place, au bord de l'eau, poussa une sorte de fleur appelée aujourd'hui encore le **narcisse**. Mais le nom de notre héros est plus souvent utilisé en français pour qualifier une « personne particulièrement satisfaite d'elle-même et surtout de son physique ». Le terme **narcissisme** et l'adjectif **narcissique** en sont également dérivés : si le narcissisme est considéré par les psychanalystes comme une étape normale et bénéfique dans la petite enfance, il devient plus tard synonyme d'égocentrisme et prend donc un sens très péjoratif. Comme son modèle antique, l'être que l'on dit narcissique est insensible à ce que ressentent les autres et n'est préoccupé que de lui-même et de son propre plaisir.

La présence de tel ou tel personnage ou exploit de la mythologie dans notre langue ne s'explique pas par l'importance de ses prouesses puisque l'on peut citer bien des héros qui n'ont en rien inspiré notre langage alors que nous les connaissons à travers la littérature, la peinture ou la sculpture. Ainsi le Troyen Énée, l'ancêtre des Romains, semble avoir subi la concurrence d'Ulysse, car ses hauts faits racontés dans l'*Énéide* n'ont jamais atteint la notoriété des épisodes de l'*Odyssée*. En tout cas, la langue française ne s'est pas vraiment inspirée de ses aventures. Quant au héros grec Jason, ni son nom, ni ses exploits lors de la conquête de la Toison d'or n'ont trouvé leur place dans nos expressions. Cependant, sa terrible épouse Médée (évoquée dans le chapitre sur Thésée) a laissé sa trace dans notre langue du fait de sa cruauté et de sa personnalité de mère infanticide. En fait, pour qu'un personnage ou qu'un fait perdurent à travers nos mots, sans doute faut-il qu'ils soient aisément définissables et surtout « transposables » en d'autres temps et en d'autres lieux. Le héros lui-même doit susciter une certaine empathie pour marquer les esprits et rester dans les mémoires. Quant à ses adversaires ou aux épreuves qu'il subit, il leur arrive parfois de le dépasser en célébrité s'ils nous renvoient à nos préoccupations conscientes ou inconscientes. Peut-être est-ce là une forme de narcissisme qui entre en action : quand un héros ou un acte nous touchent par-delà leur côté spectaculaire, nous les rappelons volontiers dans nos propos.

Conclusion

Nous voici arrivés au bout de notre « promenade » parmi les mots de la mythologie. Bien entendu, il ne s'agit là que d'une partie de ce que la culture antique a pu apporter à notre langue. Il existe aussi de nombreux autres termes ou expressions issus de l'Antiquité, comme « rejoindre ses pénates », « franchir le Rubicon » ou « renvoyer aux calendes grecques ». Cependant, ce sont là des références aux mœurs et à l'histoire gréco-romaine, qui ont également enrichi notre langue mais n'ont rien de mythologique.

En fait, cette riche source qu'est la mythologie possède un charme unique et très particulier avec toutes ses anecdotes souvent piquantes mais aussi ses noms si originaux. C'est ce qui a permis à de facétieux auteurs de créer le texte que vous trouverez ci-dessous, qui reprend certains de ces noms pour s'en servir en français, d'une manière… peu orthodoxe ! Claude Gagnière l'a reproduit dans son ouvrage *Au bonheur des mots*[1] : il s'agit en fait d'une création collective de la fin du XIXe siècle dans laquelle les mots de la mythologie ne sont qu'un prétexte pour former

1. Claude Gagnière, *Pour tout l'or des mots. Au bonheur des mots. Des mots et merveilles*, Robert Laffont, coll. « Bouquins ».

des calembours et des à-peu-près, constituant ainsi un récit plutôt leste ! On ignore qui en sont les véritables créateurs : les noms de Vigny, Gautier ou même Baudelaire ont été avancés sans aucune confirmation. Il semblerait que ce soit l'œuvre d'étudiants en médecine en mal de distractions. Toujours est-il que cette « salade mythologique » témoigne d'une très bonne culture classique, puisque la plupart des termes employés (en italiques dans le texte) appartiennent vraiment au monde de la mythologie, de l'histoire et de la géographie antiques. Vous y reconnaîtrez quelques-uns des noms que vous avez déjà vus dans ce livre... dans un contexte bien différent qui, si vous n'avez pas l'âme trop prude mais plutôt indulgente, devrait vous faire sourire.

(Si vous n'y comprenez rien, pas de « panique » ! Lisez-le tout haut et ce sera moins « hermétique » !)

Salade mythologique

CHANT PREMIER

Pénélope Énée d'Oreste Héra sis
Que je vous *archonte Ulysse Troie.*
Nous *Phéniciens* de *Déjanire,*
Il n'était pas *Tartare,*
Encore était *Titan* que cela *phénix* !
Je m'étais *Borée* d'*Homère Encelade,*
Et peu s'en *phallus* que je n'*Eurotas*
Tant je sentais l'*Éros*

Se *reBellérophon* de mon estomac.
Somme toute, j'étais *Achéron*...

CHANT SECOND

J'étais *Vénus* à *Pâris* pour faire la fête.
Fallait voir comme j'ai *Thémis* !
J'avais ma casquette à *Hellespont*,
Un *nœud gordien*, un *colchique*,
Et je tenais mon *Styx* à *Pomone* d'*Hécate*
J'avais *Pluton* l'air d'un *Aristote*
Que d'un *Pelée !*

CHANT TROISIÈME

J'allais rendre visite *Amathonte*
Je frappe à sa *Cambyse*... *Pan* !... *Pan* !...
Atrée ! dit-elle.
J'*Atrée*... *Égérie* car j'arrivais fort *Atropos*.
Elle était *Anchise Persée* en train d'Uranie.
Elle se leva et *gynécée* comment elle *Cypris*,
Mais après un *Paphos* sur *Dédale numide*,
Alphée le grand *Icare* et je lui ai *Vulcain*.
Il n'est pas *Aphrodite*,
Il est *Pollux* et *Apollon*
Et je crois même qu'elle *Circé* poils,
Afin qu'ils *Narcisse*.
Ce n'est pas vraiment la *Toison d'or* !

CHANT QUATRIÈME

La voyant *Cybèle*, je tombe à ses *Junon*
Je commence par des pattes *d'Arachnée*
Puis j'*Illyssus Lycaon*
Hélène Enée qu'elle a *Vénus*
Car j'avais mis ses Jupiter.

CHANT CINQUIÈME

Alors je *Tityre* mon *Dardannus*
Qui *satyre* d'une *Bellone* sans qu'on *Léda*.
Dès qu'elle le voit elle s'écrie :
« Qu'il *Érèbe* ! *Phédon* ! »
On se met *Thalie*, je l'*Euterpe* à bras-le-corps
Et d'un seul coup, je la *Chloé*.
Je pousse, il faut *Cassandre* ou *Calchas*.
Télémaque ! L'*Atrée, Oreste*, n'était pas *Thésée*
Bien que tout le monde *Hymette*.
Médée qu'elle *Laocoon*,
Voilà *Castor* et qu'elle en *Rhadamanthe* !

CHANT SIXIÈME

Elle crie : « *Odyssée* bon !... *Iliade* quoi mourir ! »
Ça *Prométhée* !... J'en *Tircis* !... C'est *Baucis* !
Mais, je ne puis Alexis
Car cela n'arrange *Pallas Antée*.
Que *Cérès* si j'avais *Proserpine* !
Ménélas je n'en *Neptune* !

Alors, on *Nessus* pas ? demandai-je.
Quand *Céphée*, elle soupire :
« Qu'est-ce que ça *Minerve* !… Fais-moi donc *Minos.* »
« *Hébé*, que je fais, ç'*Atlas* pas ? »
« Au contraire… surtout si tu me caresses aussi les *Thétis.* »
Après, elle *Saturne* vivement
Et je l'*Hercule* par *Troie* fois sans qu'elle m'en *Priape*.

CHANT SEPTIÈME

Au plus fort de l'*Ixion*, voilà qu'elle fait un *Pégase ;*
Elle *Vesta* si vous aimez mieux.
Ce doux *Zéphyr*, bien qu'éphémère,
N'était pas parfumé *Osiris* !
Cela sentait *Pluton* le *Chloris Dryade* d'*Ammon Éaque*,
Elle *Amphion*. Elle en fit *Zeus*. Elle *Amphitrite* ! Faudrait bien *Ganymède* un *Python*
Dans la ligne mais *Diane d'Éphèse*
Pour forcer l'*Uranus* à *Cythère* !
Mais tout a une fin :
Je retire mon *Eupolis* car je crains que son *Péluse*.
Elle supplie : « *Oreste* encore… Est-ce que je *Thessalie* ? »
« Bah ! que je *Lydie*, ce n'est qu'un peu de Mède ! »

CHANT HUITIÈME

Hécate jour après mon *Nestor...*
Je me mets à *Psyché* des lames de rasoir.
Hellas ! Que m'avait-elle *Danaé* là !
Que *Phaéton* en pareil cas ?
On *Centaure Lapithe* de *Harpie*,
On se fait des *Ajax Io*, mais ce n'est pas des *Sisyphe*
Cela ne sert presque *Ariane.*
Et je *Daphné* chaque jour plus malade.
Après *Simoïs* ou un *Andromède* au *Mercure*
Le mal avait *empyrée*
Fallait-il qu'on me la *Cupidon* ?
Agamemnon ! J'aimerais mieux qu'on me la *Pinde*
L'*Armide Épire* que le mal !

Passant, *Silène* te démange,
Némésis Ithaque de *Corinthe Calchas*
Ou *callipyge* la *Éole* !

Annexes

Mythologie gréco-romaine : arbre généalogique simplifié

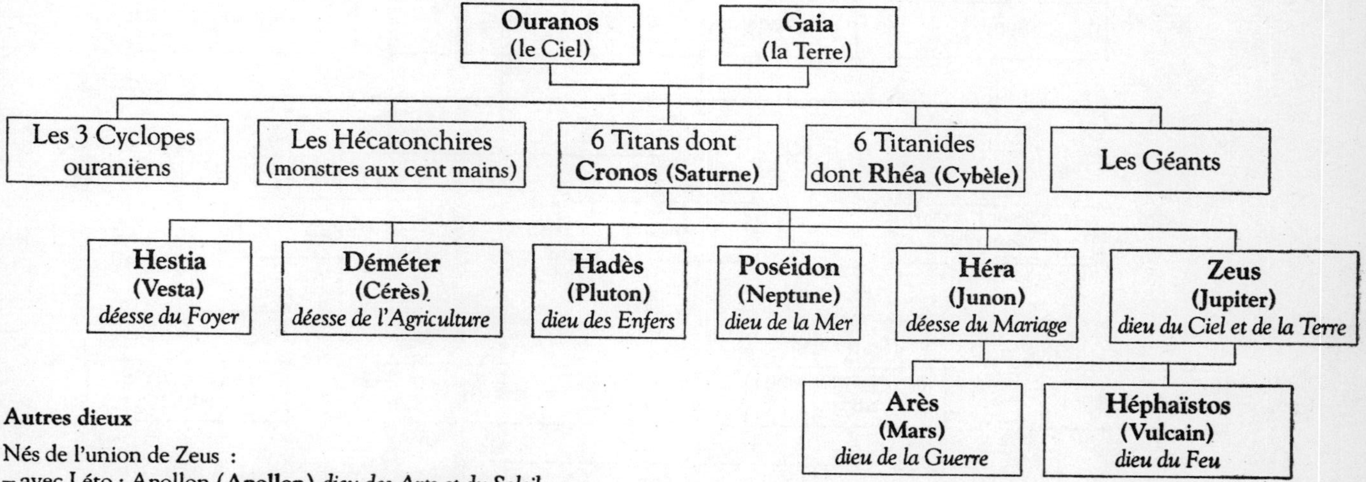

Autres dieux

Nés de l'union de Zeus :

– avec Léto : Apollon (**Apollon**), *dieu des Arts et du Soleil*
Artémis (**Diane**), *déesse de la Chasse et de la Lune*

– avec Maia : Hermès (**Mercure**), *dieu du Commerce*

– avec Sémélé : Dionysos (**Bacchus**), *dieu du Vin*

– avec Europe : Minos, Rhadamante, *juges des Enfers*

– avec Déméter : Perséphone (**Proserpine**), *déesse des Enfers*

Née d'Ouranos : Aphrodite (**Vénus**), *déesse de l'Amour*

Née de Zeus seul : Athéna (**Minerve**), *déesse de l'Intelligence*

Arbre généalogique de la famille d'Œdipe (Les Labdacides)

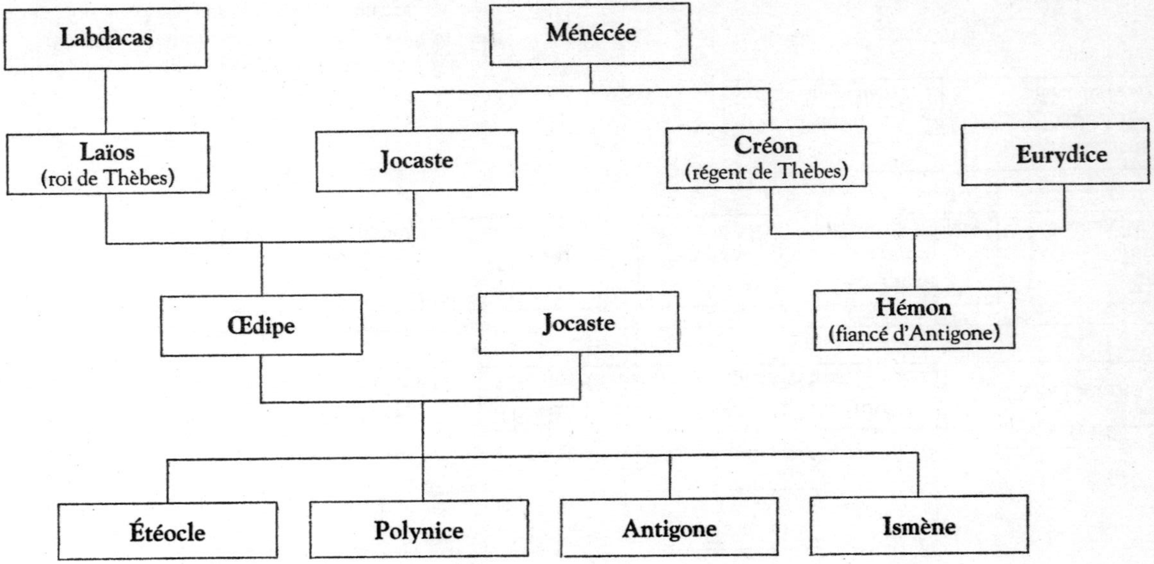

ANNEXE 3

Principaux ouvrages consultés

Les sources antiques

Les légendes de la mythologie évoquées dans ce livre sont extraites de nombreuses œuvres d'auteurs antiques, grecs ou romains. Parmi ces auteurs, on peut notamment citer :

— chez les Grecs : Homère (l'*Iliade* et l'*Odyssée)*, Hésiode *(La Théogonie)*, les tragiques grecs Eschyle *(Les Sept contre Thèbes, Prométhée enchaîné...)*, Sophocle *(Œdipe roi, Antigone...)* et Euripide *(Médée, Les Bacchantes, Andromaque...)*.

— chez les Romains : Plaute *(Amphitryon)*, Virgile *(Les Géorgiques, L'Énéide)*, Ovide *(Les Métamorphoses)*.

On trouve des résumés de différents mythes rédigés en grec dans ce qu'on appelle *La Bibliothèque d'Apollodore*, texte sans doute écrit vers le Ier ou le IIe siècle de notre ère.

Ouvrages sur la mythologie

Dictionnaire de l'Antiquité par l'université d'Oxford, sous la direction de M. C. Howatson ; traduction française, Éditions Robert Laffont, collection « Bouquins », 1993.

Dictionnaire culturel de la mythologie gréco-romaine, sous la direction de R. Martin, Nathan, 1993.

La Mythologie, E. Hamilton ; traduction française, Marabout université, 1978.

Dictionnaire de la mythologie grecque et romaine, J. Schmidt, Larousse, 1993.

Petite Encyclopédie de la mythologie romaine, J. Schmidt, Éditions Molière, 2004.

Les Mythes grecs, R. Graves, 2 vol. ; traduction française, Hachette, collection « Pluriel », 1989.

Guide mythologique de la Grèce et de Rome, G. Hacquard, Hachette, 1990.

L'Univers, les Dieux, les Hommes, J.-P. Vernant, Éditions du Seuil, 1999.

Ouvrages sur la langue française

Les Expressions bibliques et mythologiques, Y. D. Papin, Belin, collection « Le français retrouvé », 1989.

La Cuisse de Jupiter, B. Klein, Librio, 2006.

Trésor des expressions françaises, S. Weil et L. Rameau, Belin, collection « Le français retrouvé », 1981.

Les Personnages devenus mots, J. D. Lesay, Belin, 2004.

Le Grand Robert de la langue française, P. Robert / A. Rey, Le Robert, 1989, 9 volumes.

Le Larousse du XXe siècle, sous la direction de P. Auge, Larousse, 1928, 6 volumes.

Trésor de la langue française informatisé (TLFI) (site web) http://atilf.atilf.fr/

Dictionnaires de langues anciennes

Dictionnaire grec-français, A. Bailly, Hachette, 1963.

Dictionnaire latin-français, F. Gaffiot, Hachette, 1937.

Index des dieux et des personnages mythologiques, des expressions et des noms communs

Les entrées en caractères romains font référence aux dieux et aux personnages mythologiques, les entrées en caractères italiques font référence aux expressions et aux noms communs.

Table

SECONDE PARTIE
Les héros

ANNEXES

Composé par Nord Compo Multimédia
7, rue de Fives, 59650 Villeneuve-d'Ascq

Achevé d'imprimer par N.I.I.A.G.
en décembre 2010
pour le compte de France Loisirs, Paris

N° d'éditeur : 62258
Dépôt légal : septembre 2010

Imprimé en Italie